古代史サイエンス 2

DNAと最新英語論文で
日本建国、邪馬台国滅亡、巨大古墳、
渡来人の謎に迫る

金澤正由樹

A Scientific Study of
Ancient Japanese History 2.0

鳥影社

弥生人少年の復顔像（鳥取市の青谷上寺地遺跡）

約 1700 年前の弥生人少年の復顔像。当初は骨の形から若い女性と思われていたが、ゲノム解析により男性だと分かった。髪の毛は太く、肌の色はやや濃く、二重まぶたでアルコール耐性が強いことが判明。公募により青谷《あおや》来渡《らいと》と名付けられた。

【出典】『とっとり弥生の王国』2024 Spring 鳥取県発行

【写真提供】鳥取県立青谷かみじち史跡公園

弥生人女性の復元CG（山形県米沢市の戸塚山古墳）

第137号墳から出土した約1600年前の「置賜《おきたま》の女王」を、CGにより復元した画像。ゲノム（DNA）解析の結果では、肌の色は縄文人より薄く、目は黒か茶色、髪は直毛で黒、現代人同様アルコール耐性が低かった。核ゲノムは弥生人や現代日本人とほぼ同じで、ミトコンドリアはM7a（縄文系）の祖先型。

【出典】『米沢市埋蔵文化財調査報告書』第124集 2023年ほか

【写真提供】米沢市教育委員会

縄文人女性の復顔像（北海道・礼文島の船泊遺跡）

遺跡から出土した、3800 年前と推定される縄文人「船泊 23 号」の人骨から復元された復顔像。
ゲノム解析により、この人は女性で、シミができやすく、肌の色は濃いめで、虹彩の色は茶か黒、耳あかは湿ったタイプ、血液型はA型でRｈ＋、お酒には強い……などという数々の特徴が明らかになった。
【出典】国立科学博物館 特別展「人体―神秘への挑戦―」2018 年 3 月 13 日
【画像提供】国立科学博物館

ホモ・サピエンス（現生人類）は複数のグループが東アジアに到達

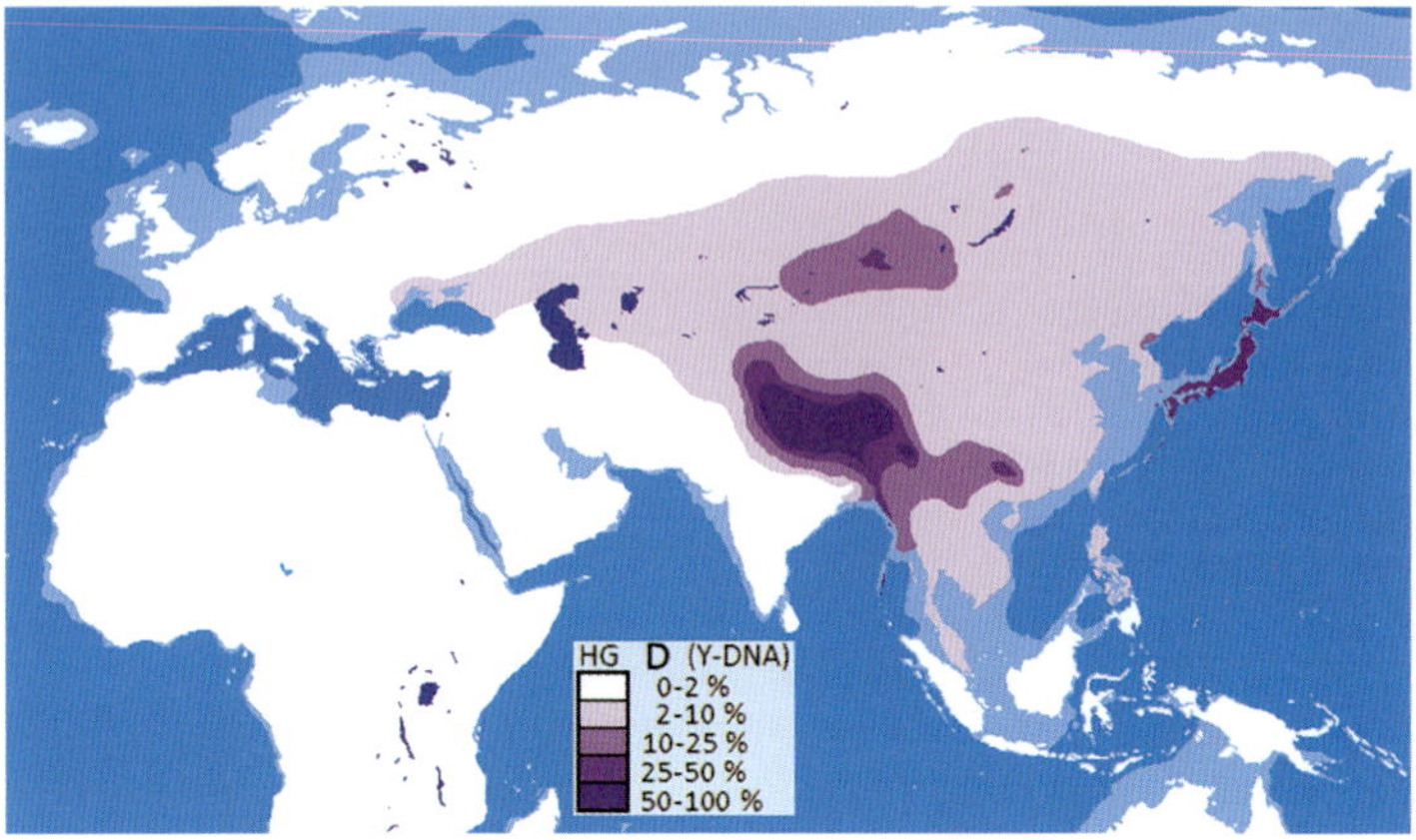

上がＹ染色体のハプログループD、下がOの分布。Dが約４万年前に東アジアに到達したが、その後約３万年前に到達したOに圧迫され、周辺だけに残ったことを示している。【出典】Wikipedia

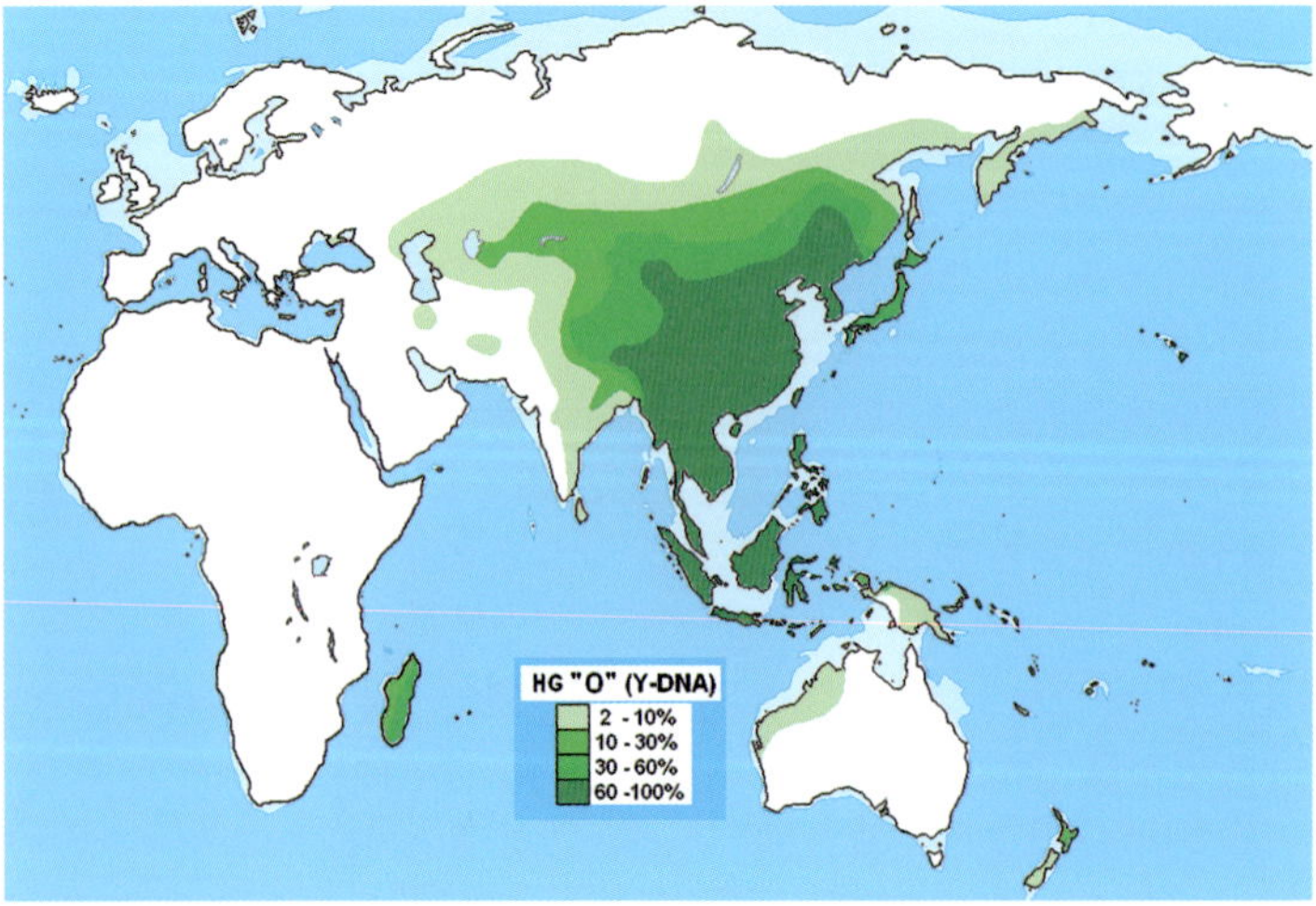

ホモ・サピエンスは海沿いのルートで東アジアに到達

氷河期には、海退により海水面は現在より100ｍ以上も低く、東南アジアの島嶼部は「スンダランド」というひと続きの陸地で、アジア大陸とも陸続きだった。ゲノム解析の結果によれば、ホモ・サピエンスの多くは、海沿いのルートで東アジアに到達したとされる。山沿いのルートの痕跡はほとんどない。

【出典】千葉県酒々井町ホームページ　旧石器時代とは（図）

氷河時代の日本列島はアジア大陸と陸続き

氷河期には、海退により海水面は現在より100 m以上も低く、日本列島は、アジア大陸ともほぼ陸続きだった。ただし、対馬海峡の最深部は100m以上あるため、完全に陸続きだったかどうかについては見解が分かれている。
【出典】千葉県酒々井町ホームページ　旧石器時代とは（図）

朝鮮半島は２万年前から 7000 年前ぐらいまでほぼ無人

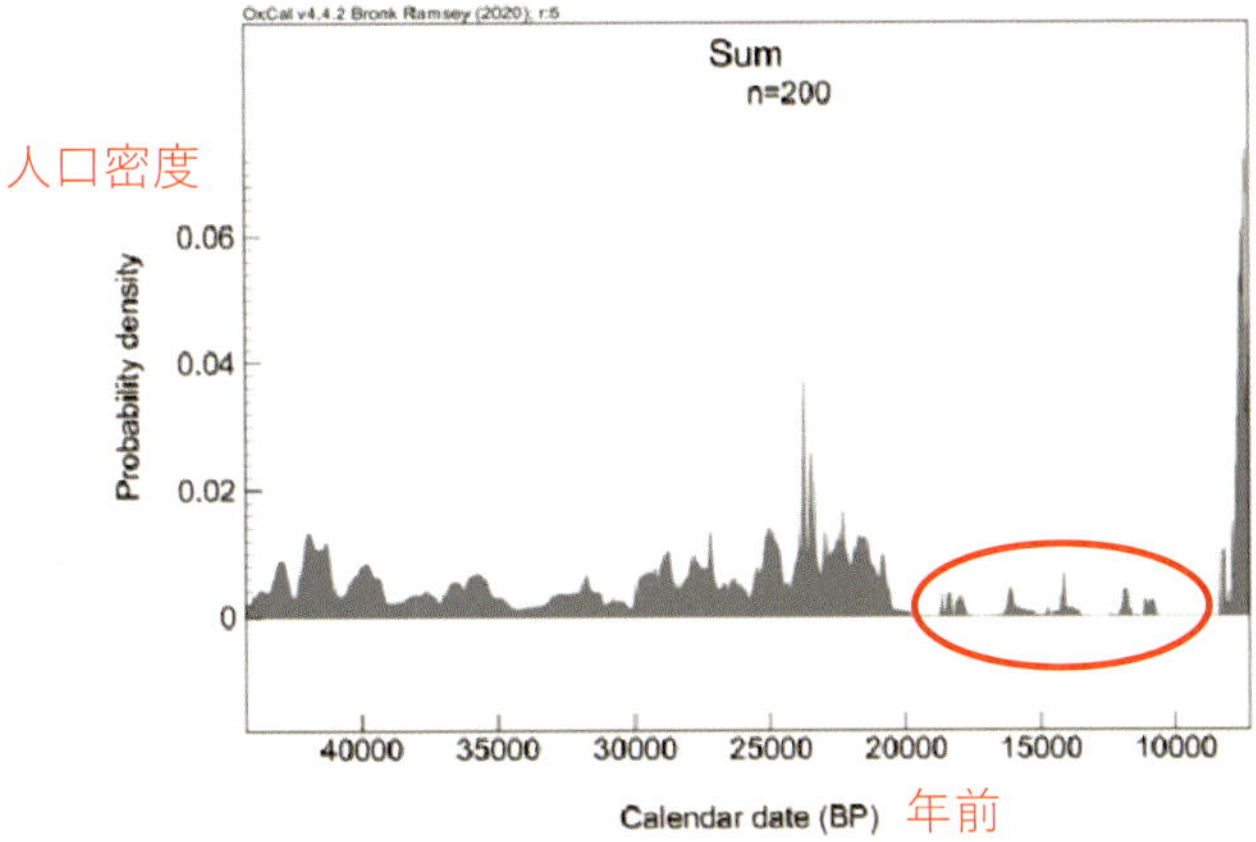

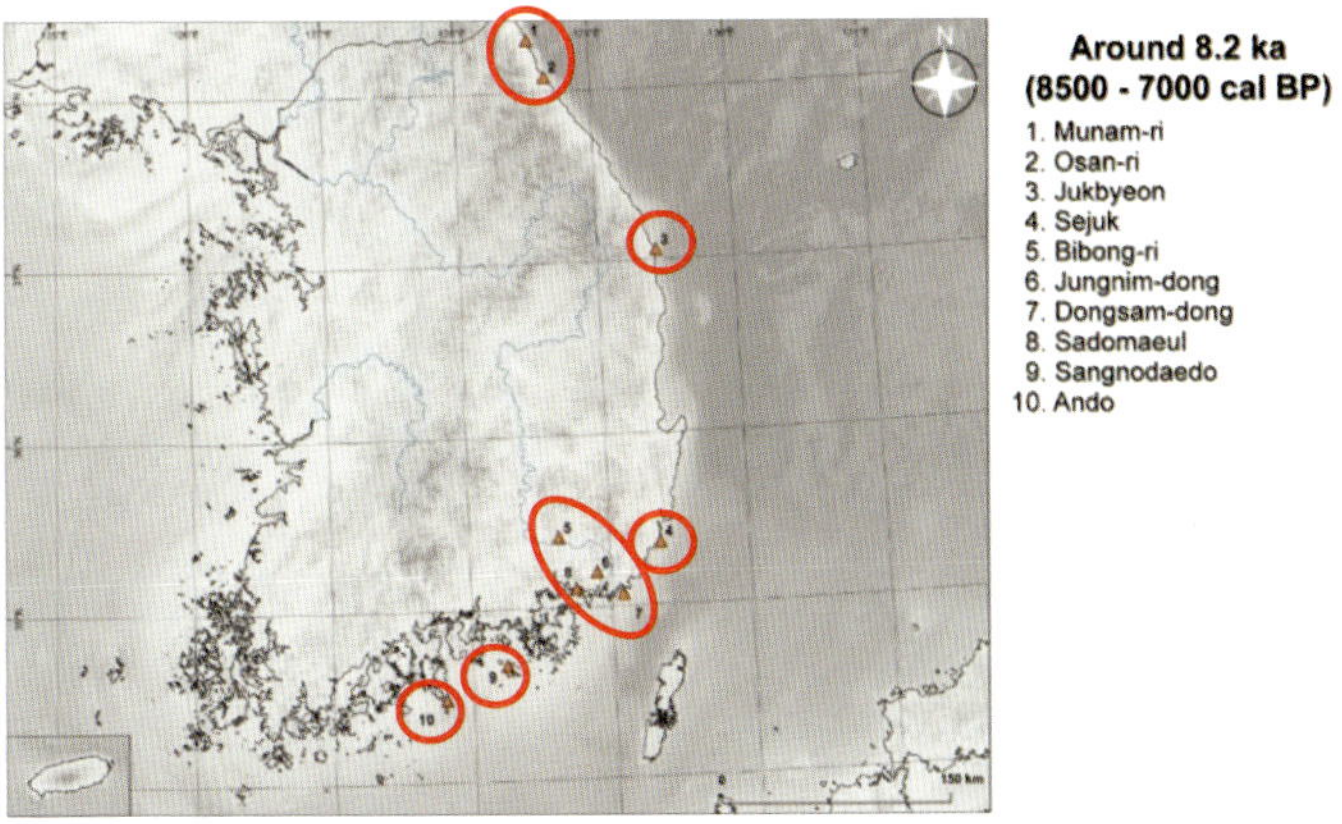

約２万年前に氷河期が終了すると、朝鮮半島の住民は北に移動し、7000 ～ 8000 年前ぐらいまではほぼ無人に（上図○）。その後に人口が急増したが、場所はすべて日本寄りの海岸だった（下図○）。
【出典】Chuntaek Seong et al. Moving in and moving out: Explaining final Pleistocene-Early Holocene hunter-gatherer population dynamics on the Korean Peninsula. 2022.

縄文前期前半期の主な遺跡で出土する隆起文土器（朝鮮系）

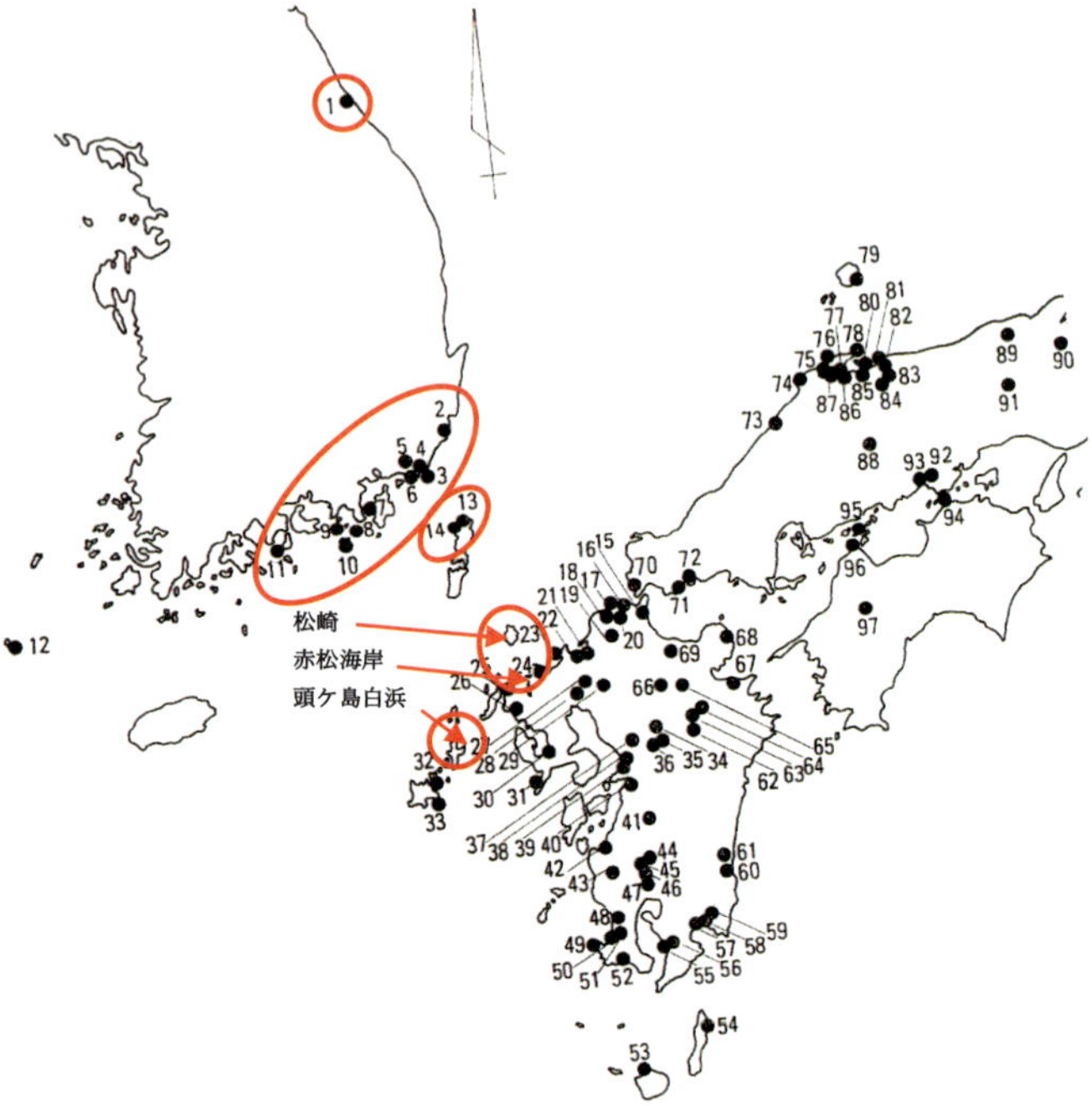

1.鰲山里　2.新岩里　3.東三洞　4.瀛仙洞　5.凡方　6.多大浦　7.山達島　8.煙台島　9.上老大島
10.欲知島　11.突山松島　12.黒山島　13.越高　14.越高尾崎　15.貫川　16.黒崎　17.山鹿　18.新延
19.目尾　20.楠橋　21.柏原　22.四箇　23.天神山　24.菜畑　25.つぐめのはな　26.岩下洞穴
27.六本黒木　28.船塚　29.野口　30.伊木力　31.深堀　32.堂崎　33.大板部洞窟　34.瀬田裏
35.谷頭　36.桑鶴土橋　37.竜田陣内　38.曽畑　39.轟　40.岩立C　41.狸谷　42.荘　43.大畝町園田
44.山崎B　45.花ノ木　46.山神　47.桑ノ丸　48.黒川洞穴　49.西之園　50.阿多　51.上焼田
52.永野　53.一湊松山　54.下剝峰　55.榎木原　56.鎮守ヶ迫　57.野久尾　58.片野　59.鎌石橋
60.赤坂　61.内野々　62.右京西　63.下菅生B　64.三反田　65.二日市洞穴　66.平草　67.横尾
68.羽田　69.枌洞穴　70.神田　71.月崎　72.美濃が浜　73.久根ヶ曽根　74.菱根　75.後谷
76.佐太講武　77.西川津　78.含霊塔下　79.宮尾　80.目久美　81.鮒ケ口　82.上福万　83.下山南通
84.長山馬籠　85.陰田　86.竹ノ花　87.タテチョウ　88.帝釈峡遺跡群　89.神鍋山　90.志高
91.皆木神田　92.羽島　93.島地　94.大浦浜　95.大見　96.江口　97.上黒岩

朝鮮半島の古代遺跡は日本より圧倒的に少なく、しかも日本寄りの海岸だけ。赤線内の遺跡の多くでは、隆起文土器（朝鮮系）と轟B式土器（縄文系）が両方出土している。

【出典】李相均「縄文前期前半期における轟B式土器群の様相」1994年（地図）に追記

7300年前に発生した鬼界カルデラの破局的大噴火

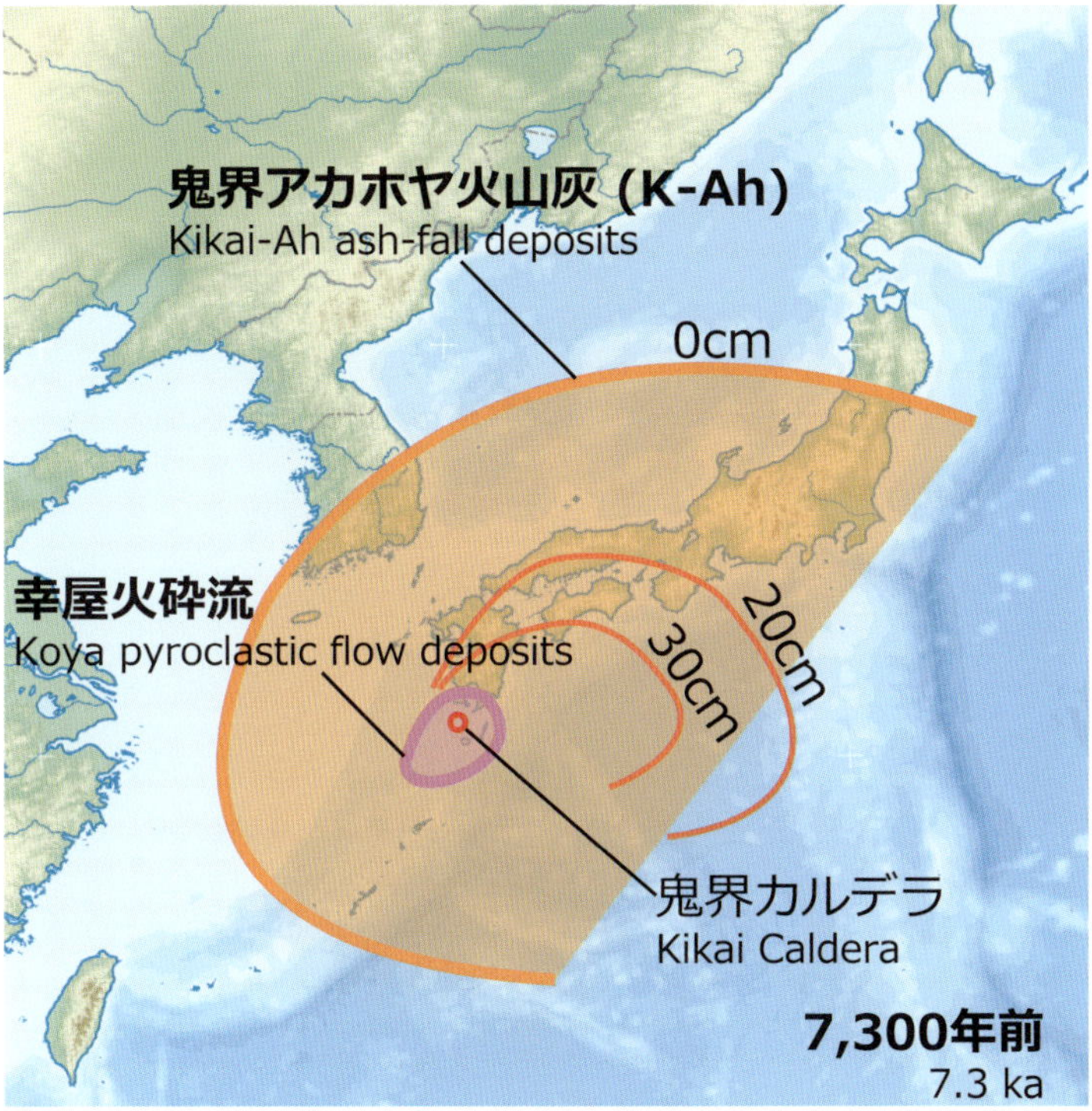

鹿児島県の南海上50kmほどにある鬼界カルデラでは、過去1万年内で世界最大級となる破局的大噴火が発生。南部九州の縄文人は壊滅し、周辺には分厚い**オレンジ色**の火山灰が降り積もった。
7頁のように、朝鮮半島は7000～8000年前まで事実上無人だったが、それ以後は日本寄りの海岸に遺跡が増えてくる。11頁からのゲノム解析の結果と併せ、日本列島から縄文人や弥生人が避難・移住した可能性が高いことを示唆している。
【出典】Wikipedia　鬼界カルデラ

縄文人が朝鮮半島南部に移動

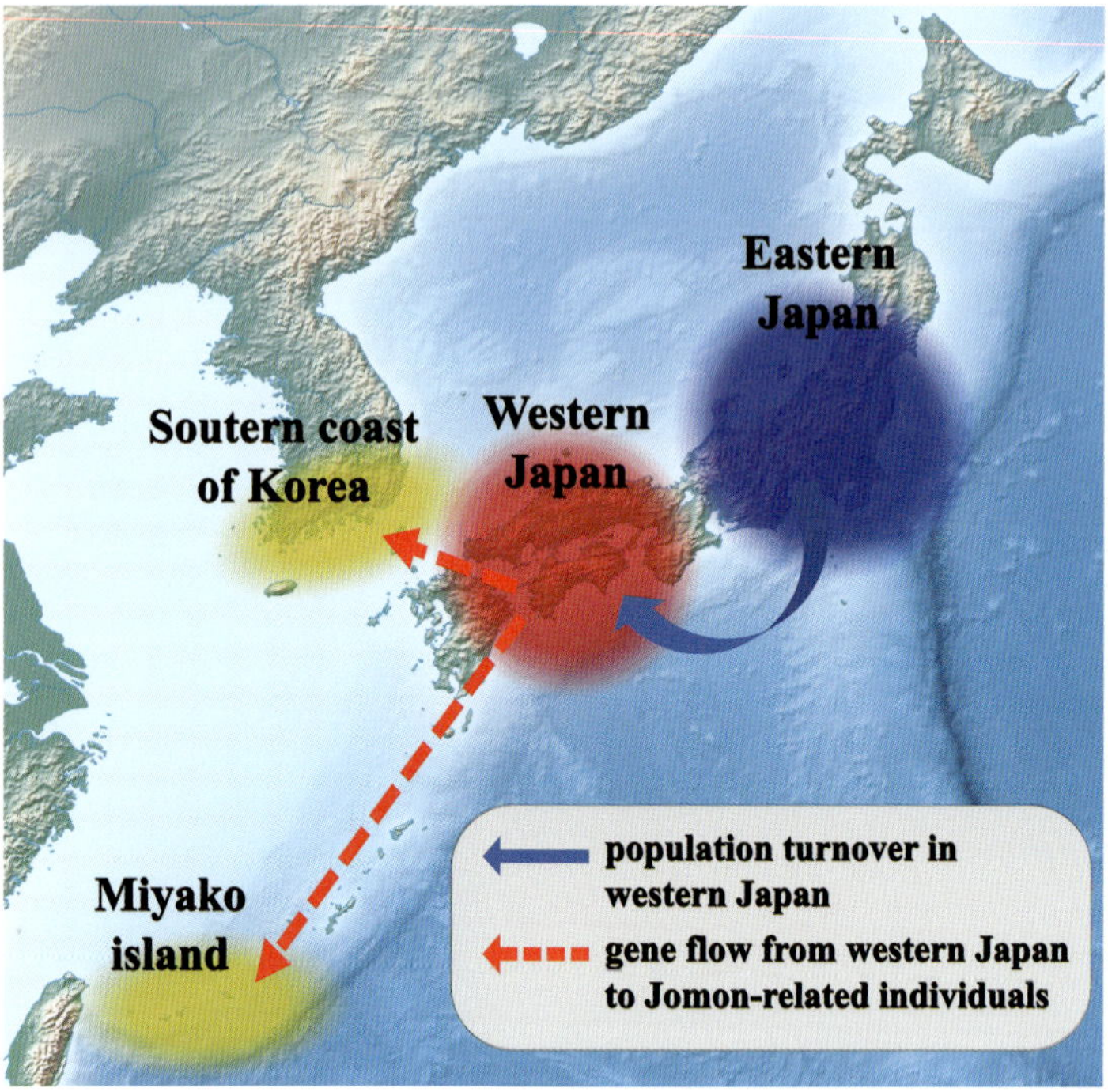

韓国人著者によるこの論文は、東日本の縄文人が西日本に移動し、さらにその後、朝鮮半島南岸や宮古諸島に移動したという可能性を示している。
【出典】Gichan Jeong et al. An ancient genome perspective on the dynamic history of the prehistoric Jomon people in and around the Japanese archipelago. 2023.

朝鮮半島南部古代人のゲノム解析の結果①

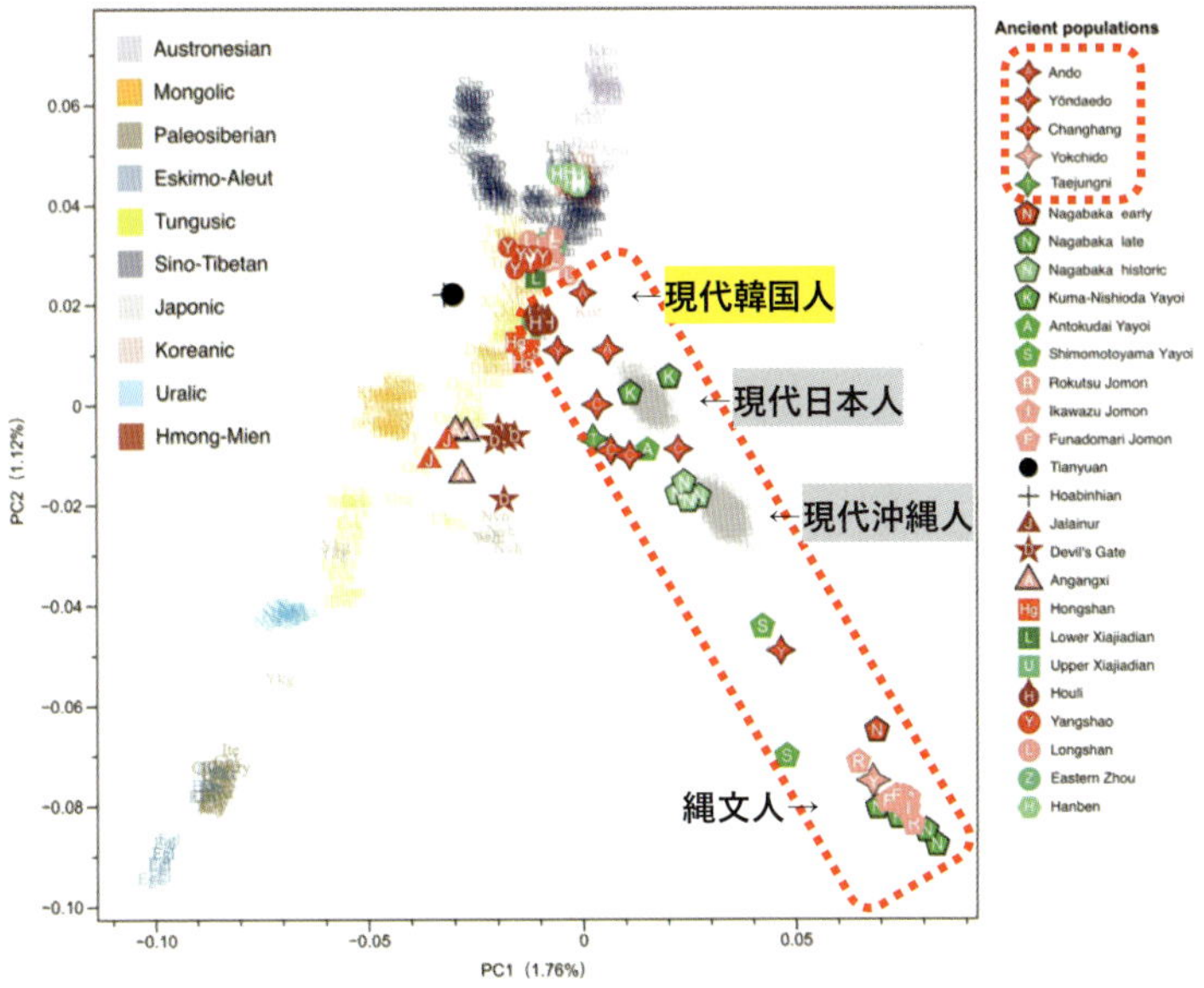

2021 年に公開された、主成分分析によるゲノム解析の結果。物理的な距離が近いほど DNA が似ていることを示す。**朝鮮半島南部古代人（十字の星形）**は、すべて赤点線内にあり、現代韓国人（**黄色**）よりは、現代日本人・現代沖縄人（**灰色**）や縄文人・弥生人（**五角形**）に似ているケースが大半であることが分かる。

【出典】Robbeets M et al. Triangulation supports agricultural spread of the Transeurasian languages. 2021.

朝鮮半島南部古代人のゲノム解析の結果②

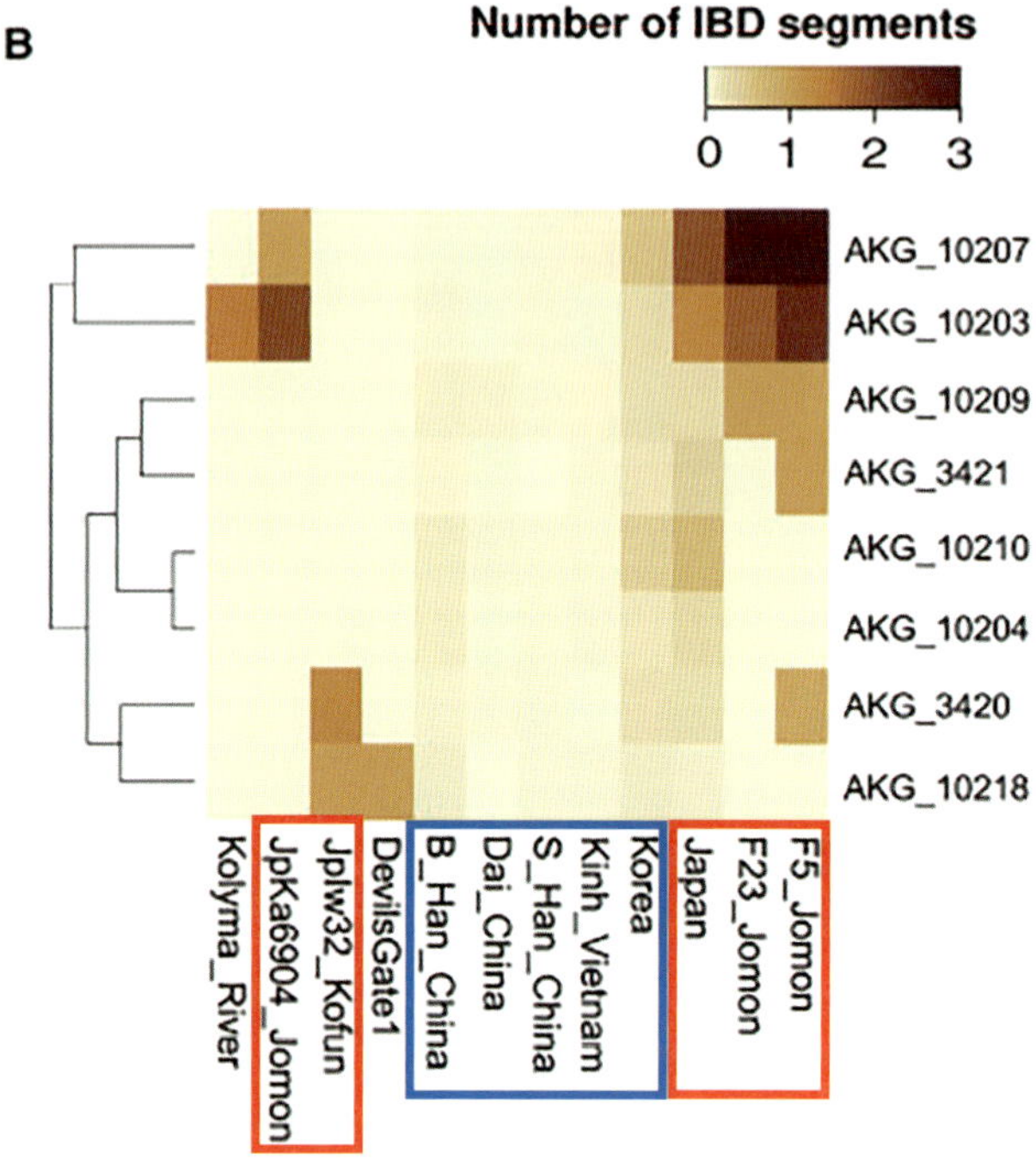

2022年に公開された、IBDセグメント分析によるゲノム解析の結果。縦軸と横軸に示されたゲノムが似ているほど、交差する部分の色が濃くなる。4～6世紀の**朝鮮半島南部古代人（右・AKG_XXX）**は、**現代韓国人・現代ベトナム人・現代中国人（青）**などより、**縄文人・弥生人・古墳人・現代日本人（赤）**に似ていることが分かる。
【出典】Pere Gelabert et al. Northeastern Asian and Jomon-related genetic structure in the Three Kingdoms period of Gimhae, Korea. 2022.

ゲノム解析の対象となった朝鮮半島南部古代遺跡の所在地

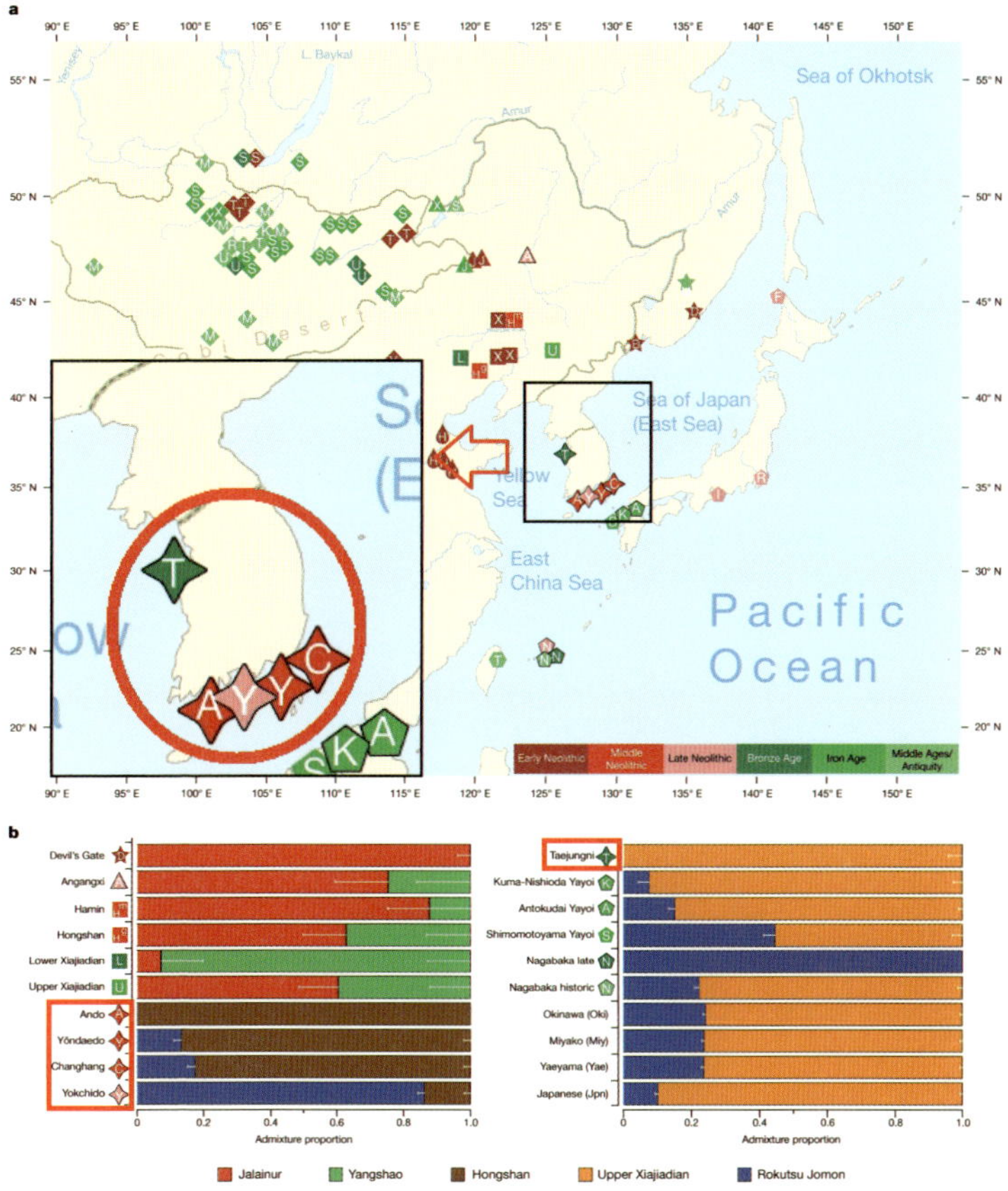

赤円内が、10 頁の解析対象となった人骨が出土した韓国の遺跡。
【出典】Robbeets M et al. Triangulation supports agricultural spread of the Transeurasian languages. 2021.（拡大図を追加）

日中韓を比較したゲノム解析の結果

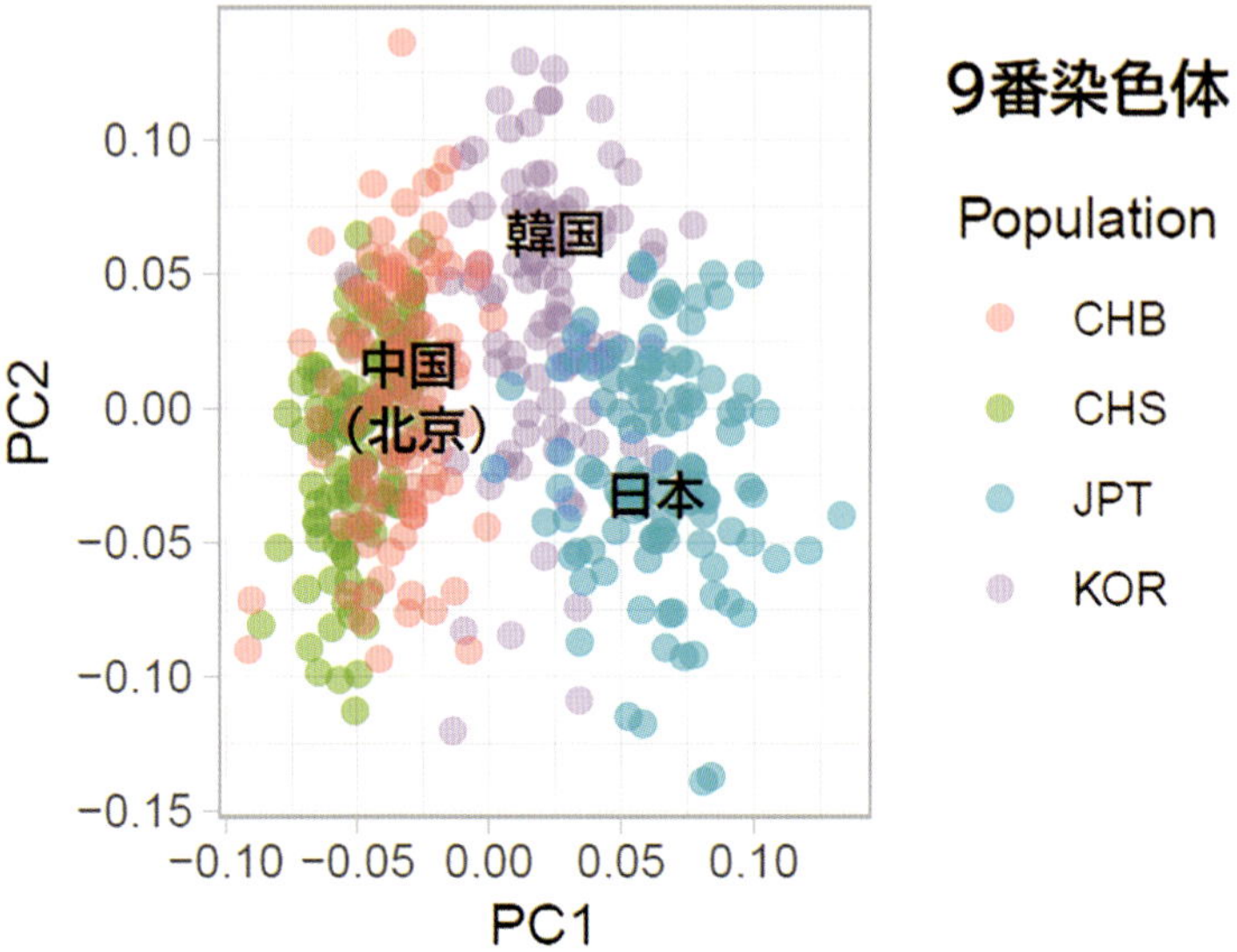

無料で公開されている1000 Genome Projectのデータを使用し、日中韓の現代人を比較した主成分分析の結果を示す図を作成した。**韓国人のDNAは、日本人と中国人の中間**であり、言い換えれば混血である可能性を示唆している。
【出典】Masayuki Kanazawa. New perspective on GWAS: East Asian populations from the viewpoint of selection pressure and linear algebra with AI. 2022.

中国大陸古代人のＹ染色体の分布

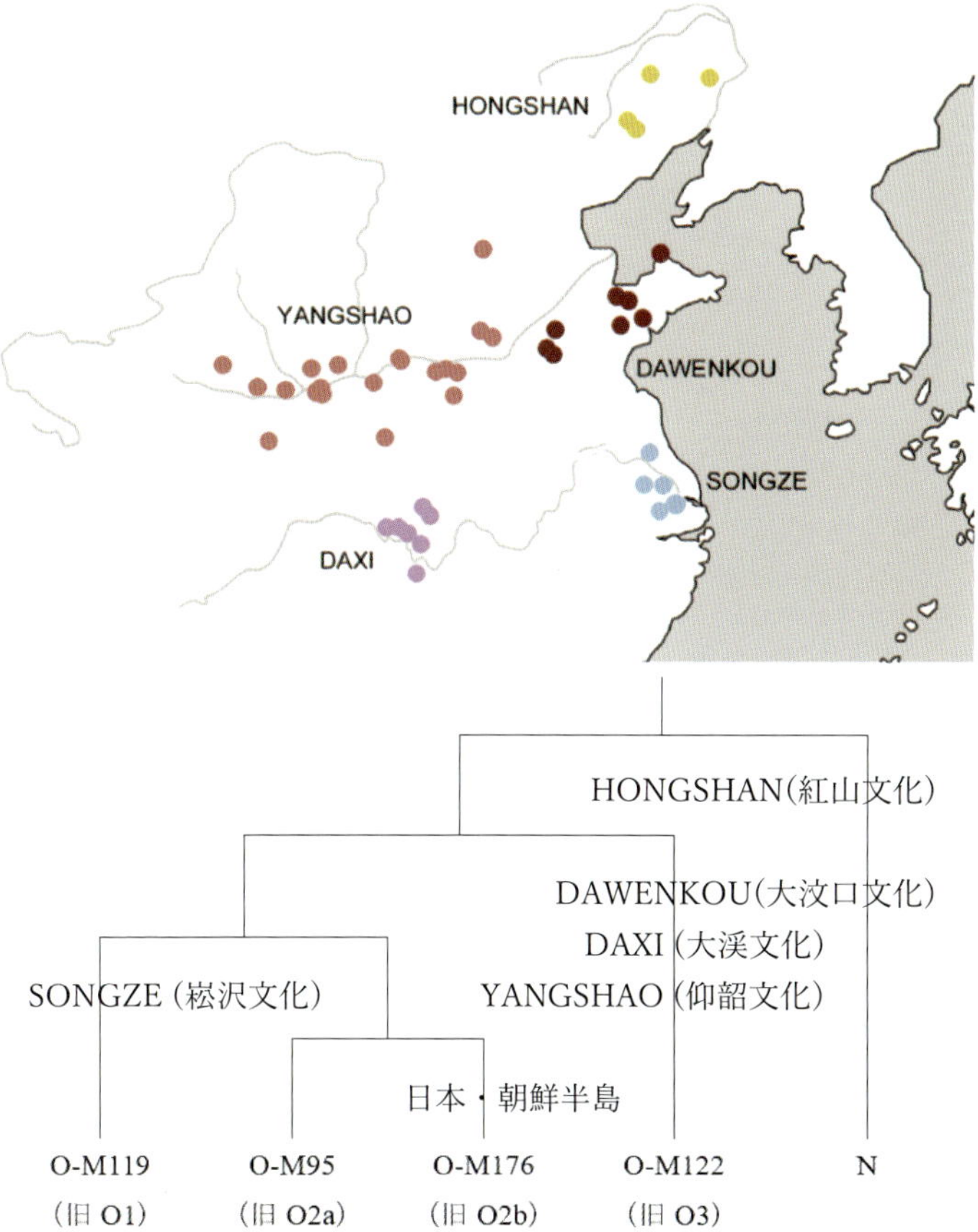

中国大陸古代人のＹ染色体のハプログループを調べたところ、明確に異なる５つの集団が存在していることが分かった。
【出典】日本語の意外な歴史　パズルの最後の１ピースを探し求めて、注目される山東省の DNA のデータ Wen et al. 2016. Shen et al. 2024.

DNA から見るイネの運ばれたルート

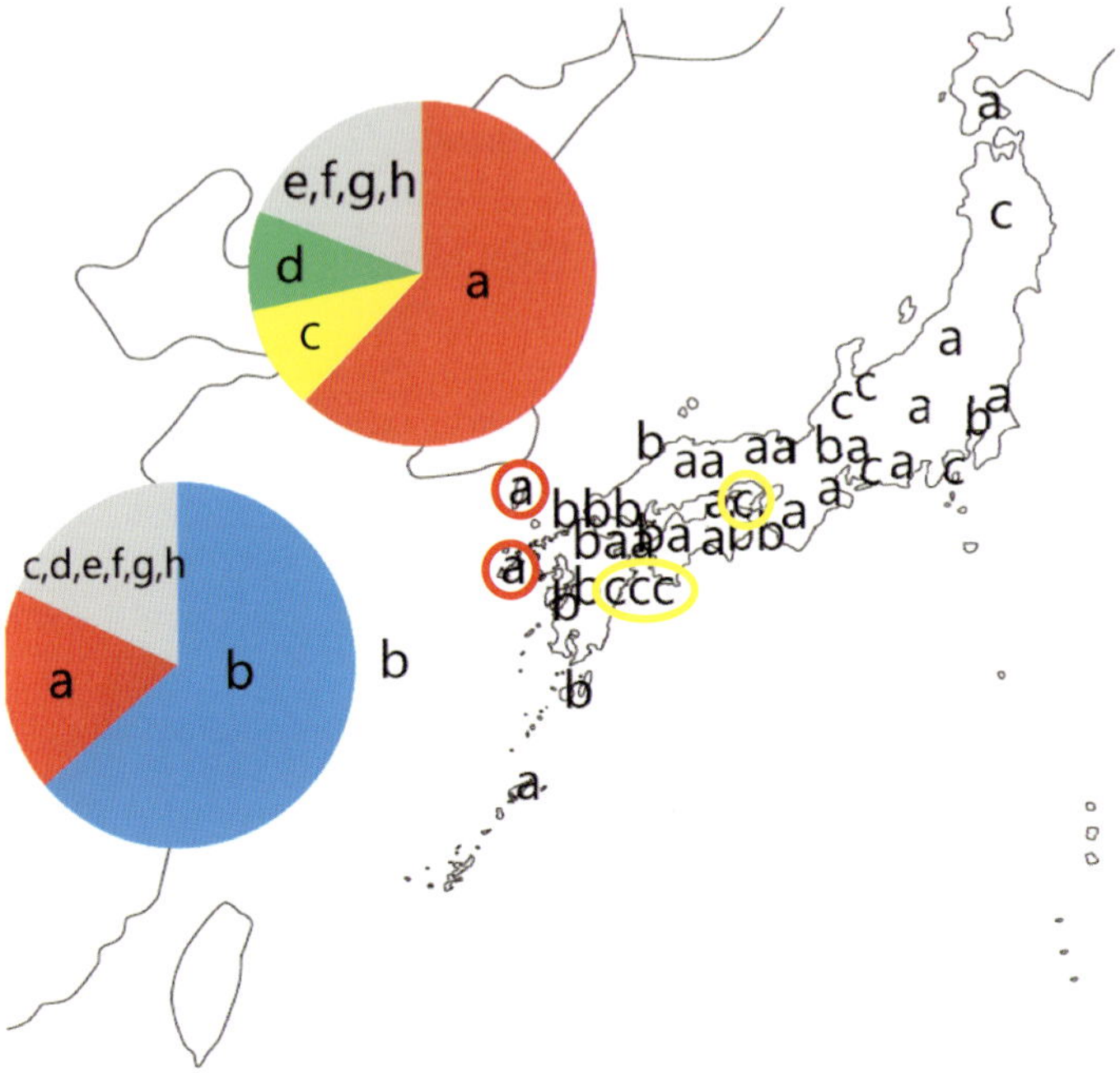

a ～ h はイネの在来種における RM1 遺伝子の種類を示す。イネの運ばれたのが陸上ルートで、中国→朝鮮半島→日本だとすると、b は中国大陸では圧倒的多数なのに、朝鮮半島にないのは極めて不自然。逆に、海上ルートにより a が中国→日本→朝鮮半島と伝わったとするなら、対馬も北部九州も a なので、合理的に説明可能。また、神武東征の出発地・日向と、3 年滞在した吉備が同じ c なのも印象的。籾を持ち込んで技術指導をした可能性を示している。

【出典】佐藤洋一郎『稲の日本史』2002 年　Wikipedia 弥生時代（図）

現存している日本書紀の写本

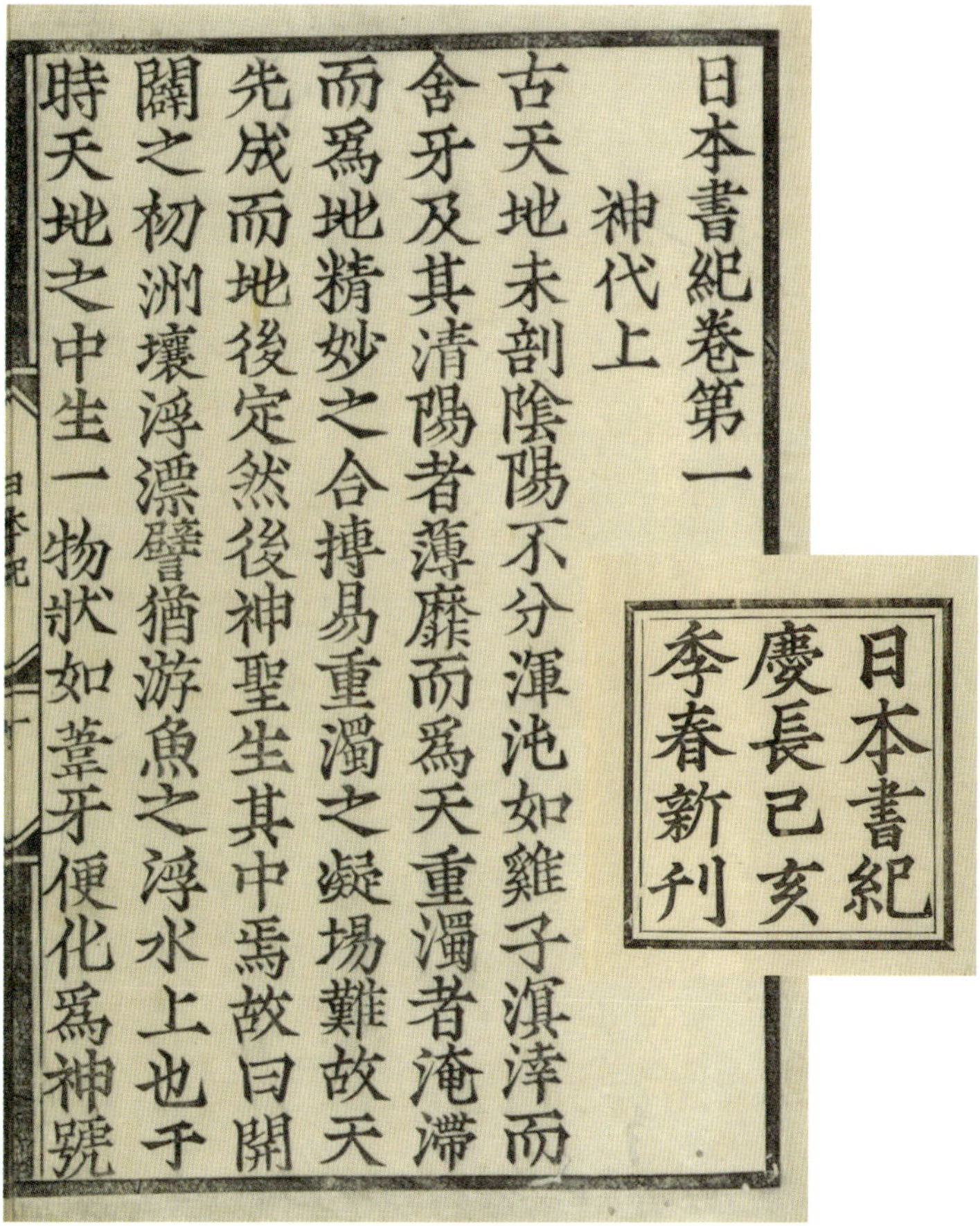

日本書紀卷第一

神代上

古天地未剖陰陽不分渾沌如雞子溟涬而含牙及其清陽者薄靡而爲天重濁者淹滯而爲地精妙之合摶易重濁之凝場難故天先成而地後定然後神聖生其中焉故曰開闢之初洲壤浮漂譬猶游魚之浮水上也于時天地之中生一物狀如葦牙便化爲神號

日本書紀
慶長己亥
季春新刊

写真は日本書紀の冒頭である第１巻の神代
【出典】Wikipedia 日本書紀

戦前の教科書での神武東征

大神の御心を國中にひろめよう。」と仰せられ、皇兄《くわうけい》五《いつ》瀬命《せのみこと》たちといろいろ御相談の上、陸海の精兵を引きつれて、勇ましく日向をおたちになりました。

日向灘《なだ》から瀬戸《せと》内海《ないかい》へ、御《み》軍《いくさ》船《ぶね》は波をけたてて進みました。

行く行く御《み》船をおとどめになつて、各地のわるものをお平げになり、また苦しむ民草をお惠みになりました。

御稜威《みいつ》をしたつて御軍に加るものも、少くありませんでした。

島山の多い内海のことて、春の朝《あした》、秋の夕《ゆふべ》の美しい眺めが、御軍

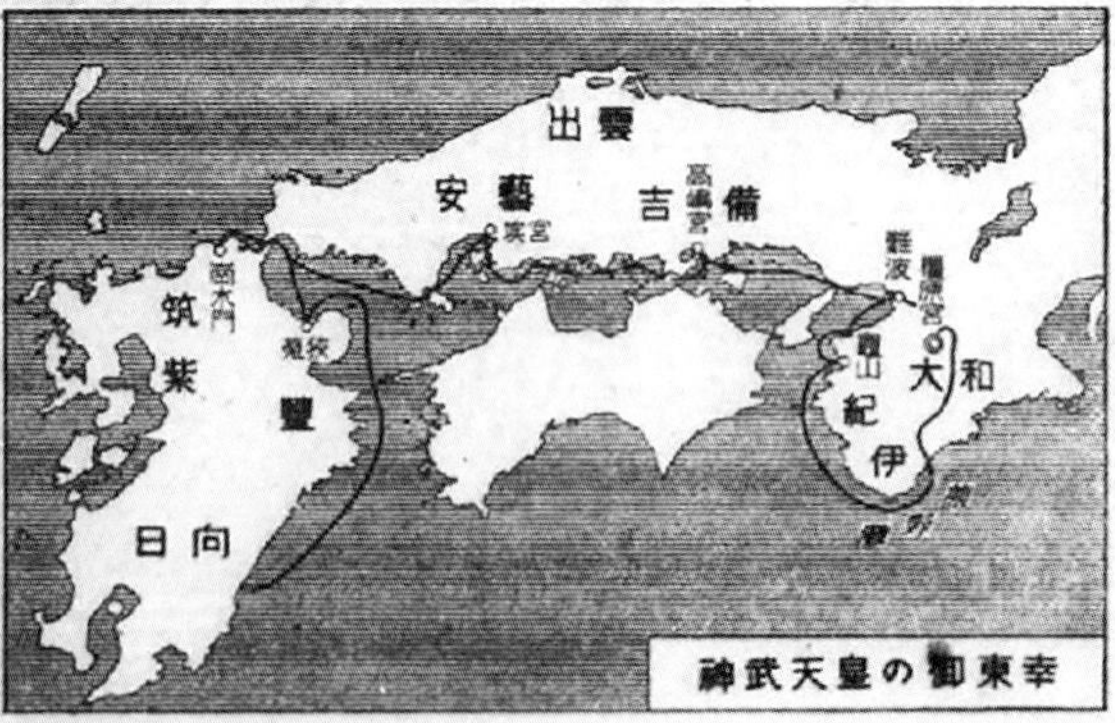

神武天皇の御東幸

【出典】Wikisource 初等科國史

神武東征の寄港地と前方後円墳

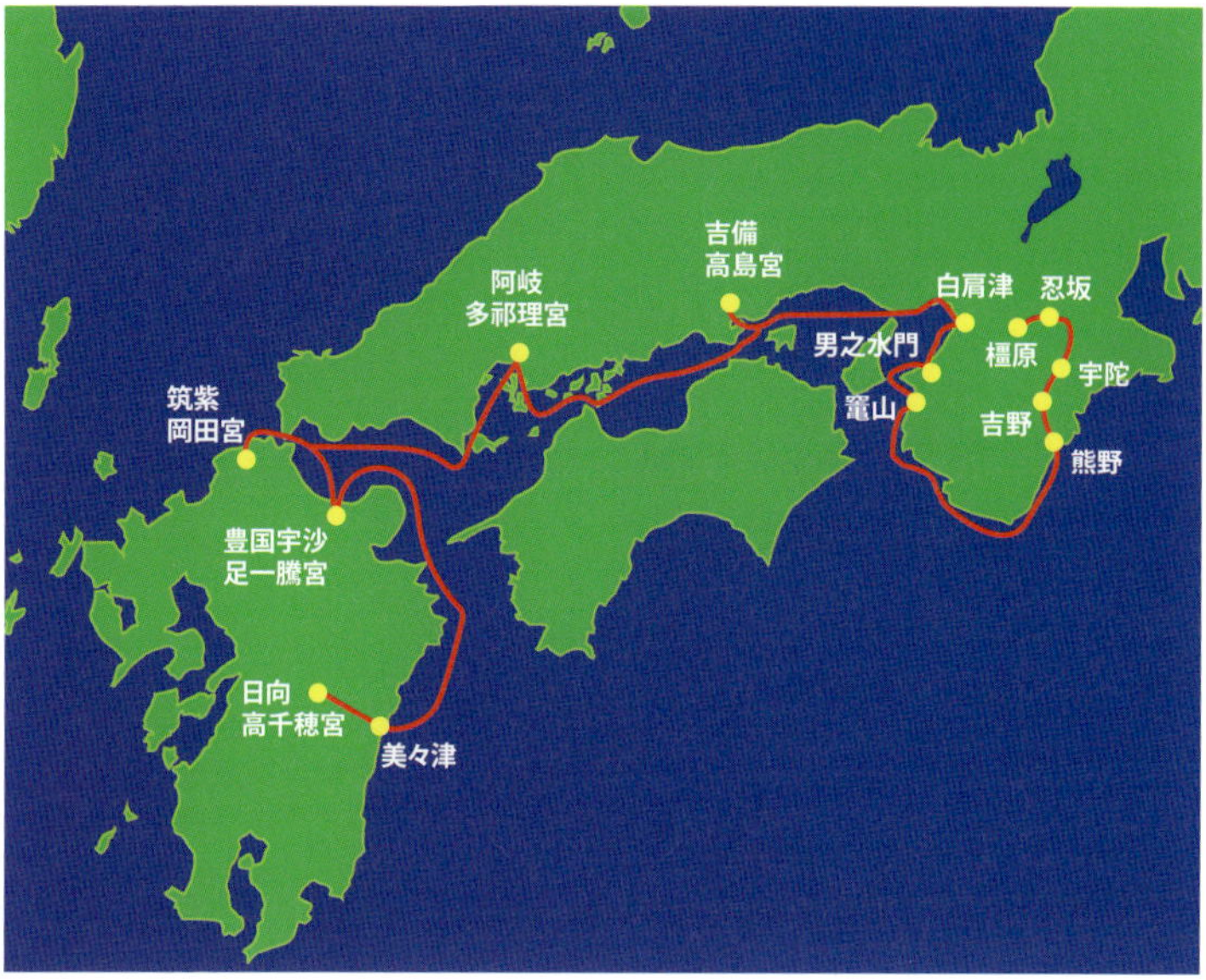

神武東征のすべての寄港地には、**大和朝廷のシンボルである大規模な前方後円墳**が、古墳時代の初期に建造されていた。

○大和・**橿原**	→	箸墓古墳	278m
○**日向**	→	生目古墳３号墳	143m
		生目古墳１号墳	130m
○吉備・高島宮	→	浦間茶臼山古墳	138m
		中山茶臼山古墳	120m
○豊国・**宇沙**（宇佐）	→	赤塚古墳	57.5m
○筑紫・**岡田宮**（岡水門）	→	島津丸山古墳	57m
○安（阿）岐・**多祁理宮**	→	宇那木山２号墳	35m

【出典】「神武東征」江古田原・沼袋合戦などを参考に作成

弥生時代の鏡の数から再現した邪馬台国と北部九州

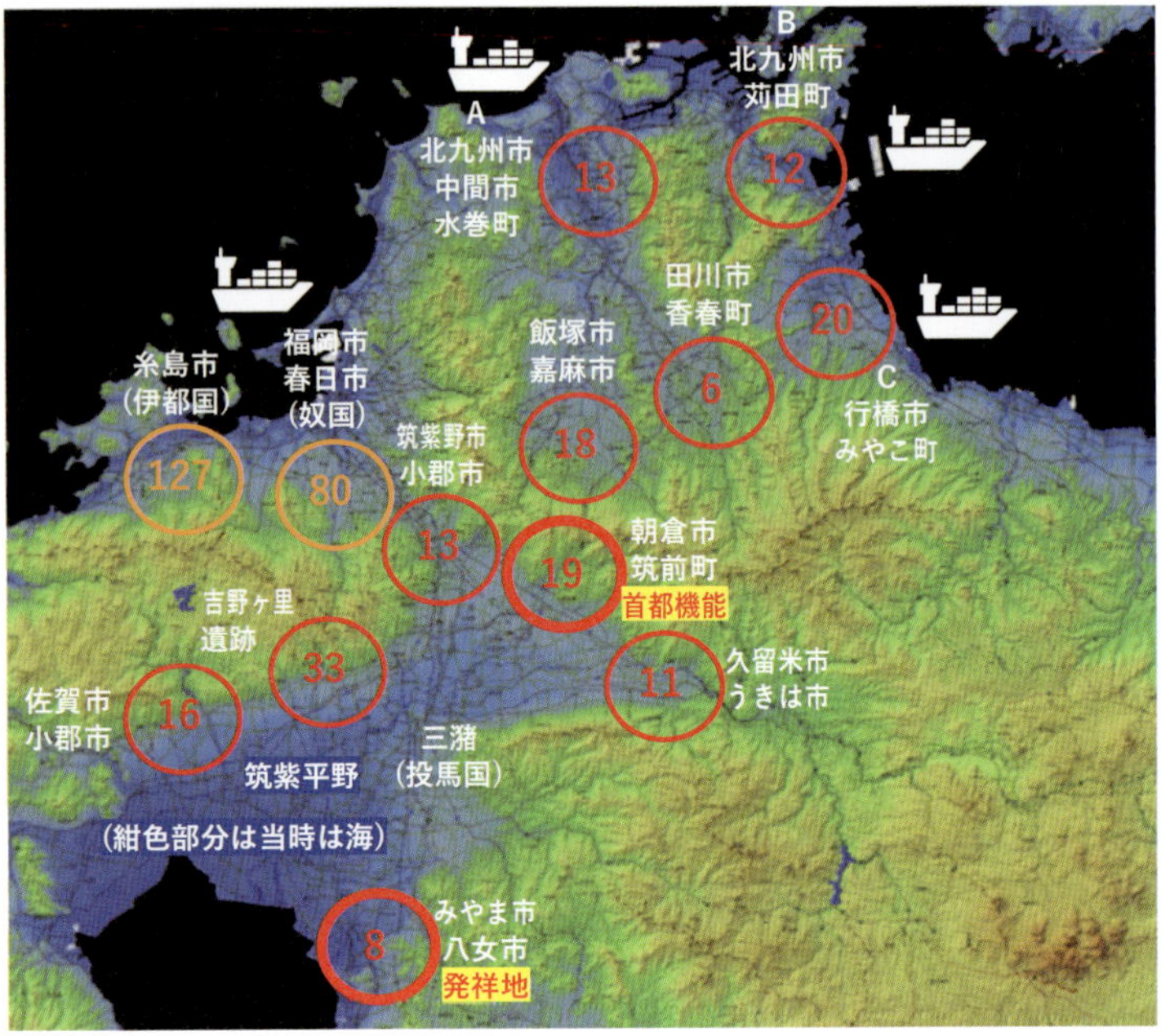

弥生時代の鏡が多く出土した地域を丸で、数字はその地域で出土した数を示す。筑紫平野の大部分（**紺色**）は当時は海であり、多くの集落や水田は沿岸部に立地していた。
邪馬台国（**赤円**）は山門（みやま市）が発祥地で、夜須（朝倉市）が首都機能を担っていた。北西は強力な奴国が押さえていたため、北東部の港（A、B、C）により九州や本州への海上ネットワークを確保。出土場所の詳細は次頁。
『魏志倭人伝』で投馬国や邪馬台国への行程に「水行」が入るのは、筑紫平野の大部分が海だとするなら妥当な記述。
【出典】下垣仁志『日本列島出土鏡集成』2016 年、国土地理院（地図）1:500,000 デジタル標高地形図 九州 【技術資料 D1-No.1053】

弥生時代の鏡が出土した場所（北部九州と近畿地方）

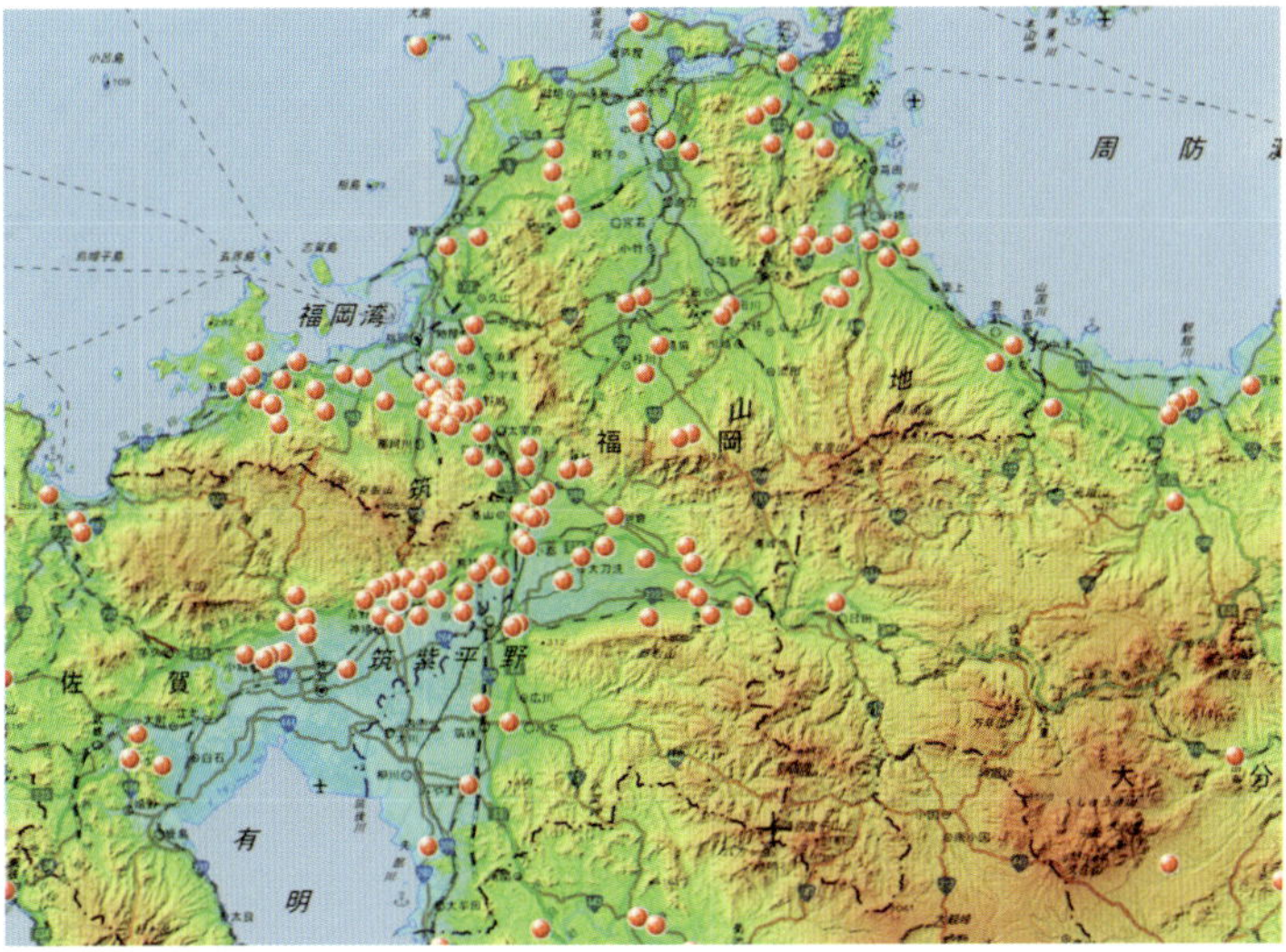

数は圧倒的に北部九州が多く、当時の海岸線も推測できる。
【出典】下垣仁志『日本列島出土鏡集成』2016 年、国土地理院 GSI Map（地図）

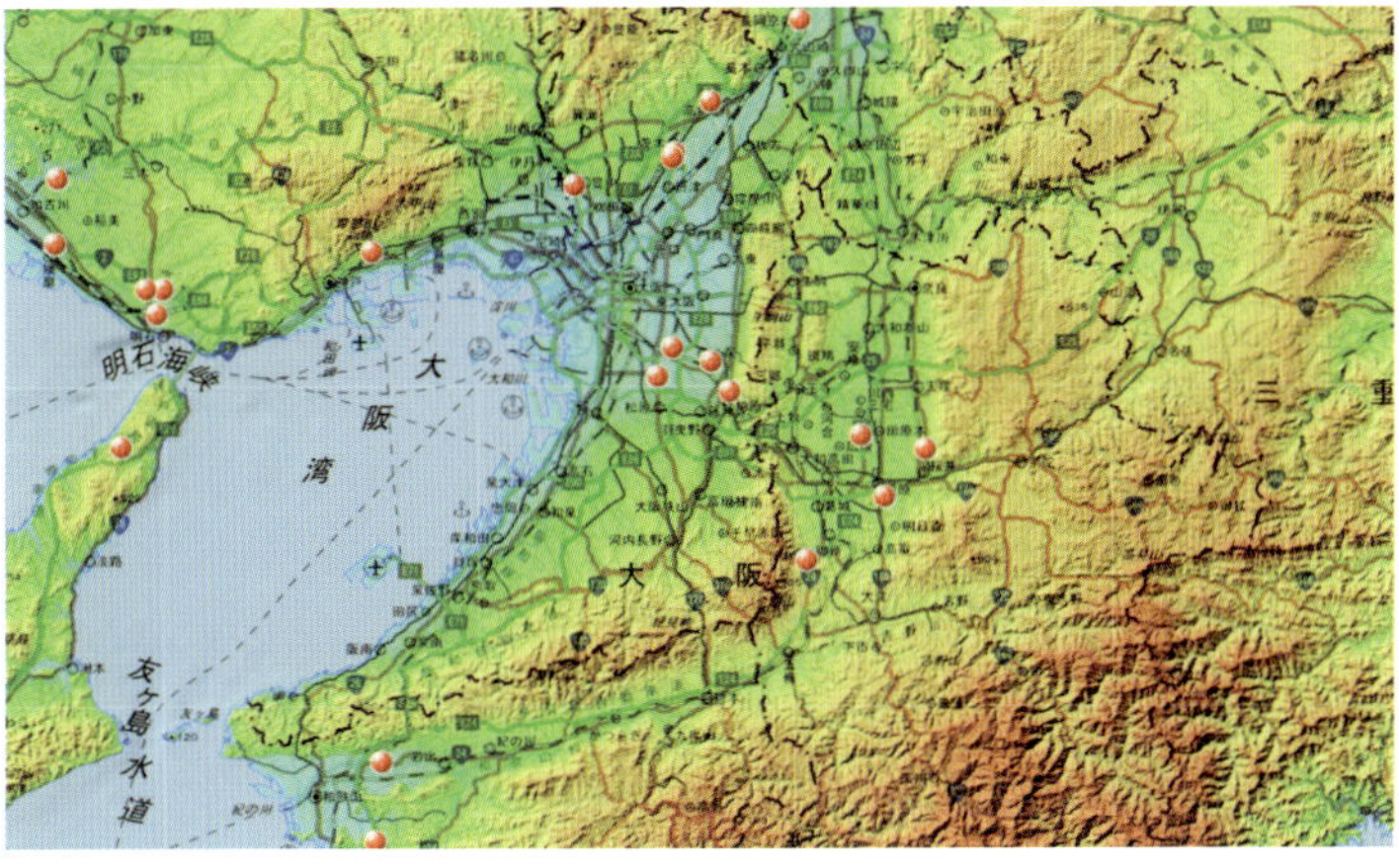

日本建国（大和朝廷）のシンボルである巨大な仁徳天皇陵

日本最大の前方後円墳である大仙陵古墳（伝仁徳天皇陵）は、墳長525m で、世界でも最大級の墳墓。**建造された５世紀中頃には、近畿地方の人口が以前より大幅に増加**し、大和朝廷の力が驚くほど強大になったことを示している。
Copyright © 地図・空中写真閲覧サービス 国土地理院

神武東征出発地の日向にある墳長 143m の巨大前方後円墳

神武東征の出発地である日向（宮崎市）にある生目古墳３号墳の墳長は 143m で、古墳時代のごく初期（1 期）に建造されたものとしては、大和の箸墓《はしはか》古墳（墳長 278m）に次ぐ大きさ。同時期に建造された 1 号墳も、墳長 130m と同規模の大きさである。このことは、**かつての日向は、大和朝廷と強いつながりがあった**ことを物語っている。

【出典】Wikipedia 生目古墳群

イギリス国旗「ユニオンジャック」のデザイン

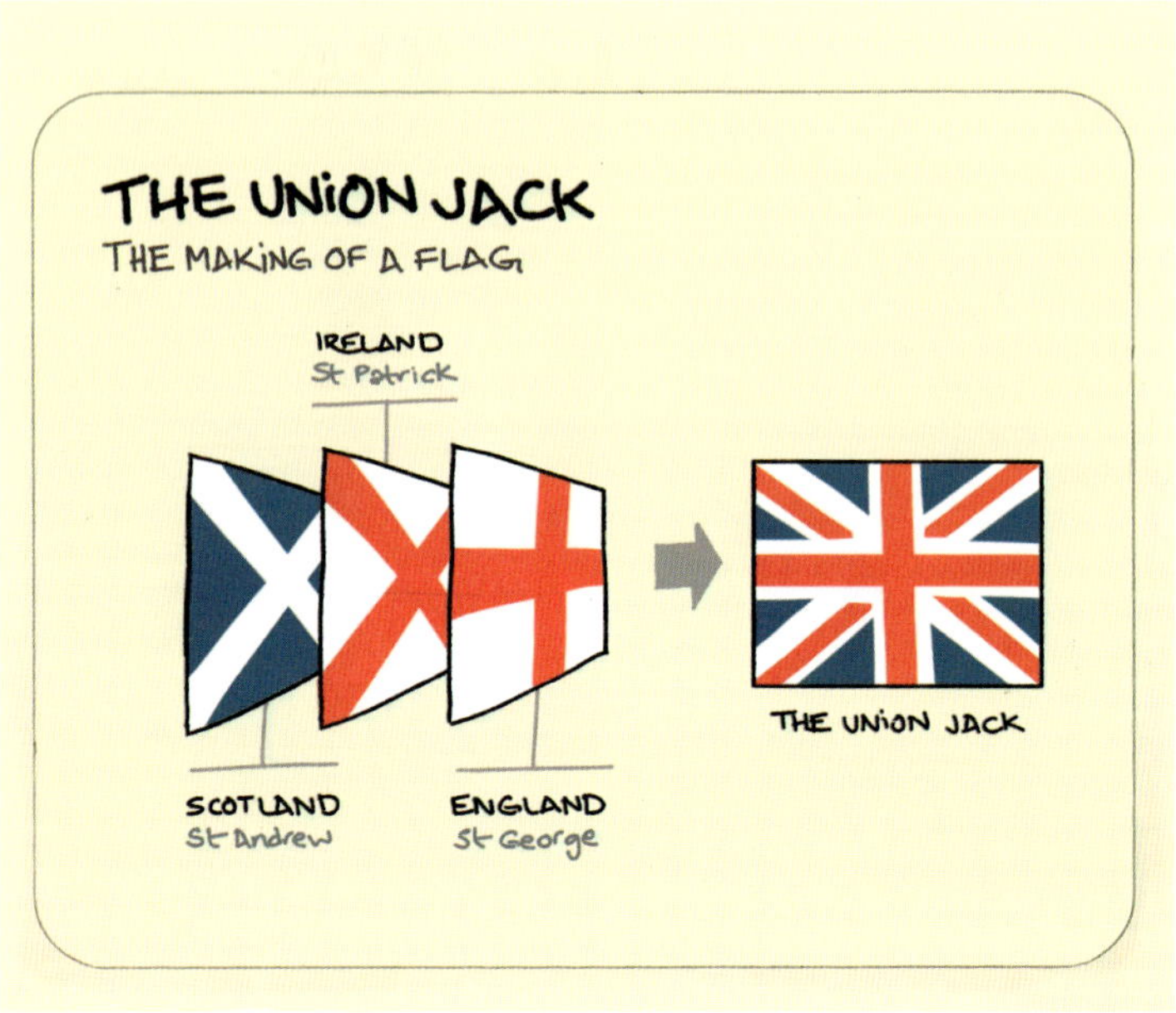

イギリス国旗「ユニオンジャック」のデザインは、その元となった３つの国である、スコットランド、アイルランド、そしてイングランドの国旗のデザインを組み合わせたもの。イギリスが連合王国であることを明確に示している。
【出典】Skecthplantations

前方後円墳や前方後方墳の独特なデザイン

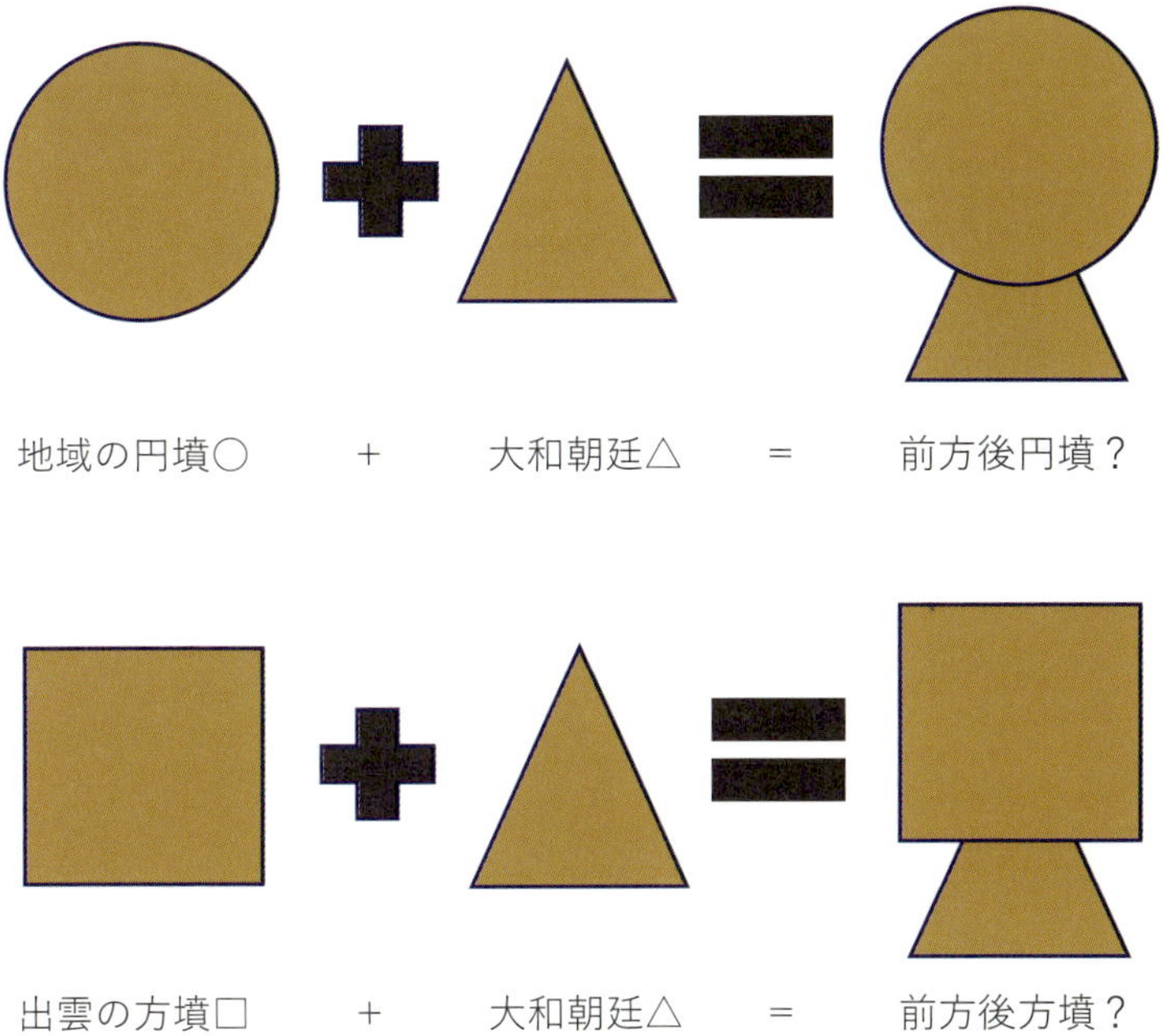

古墳時代に入ると、大和朝廷の力が強大になり、日本列島の各地で続々と巨大な前方後円墳が建造されるようになった。
前頁のイギリス国旗のデザインや、他国の国旗の成り立ちからから推察すると、前方後円墳や前方後方墳は、その地域独自の古墳（円墳○や方墳□）に、**大和朝廷のシンボル△を組み合わせた**ものであることを連想させる。

都道府県別の古墳密集度（すべての古墳）

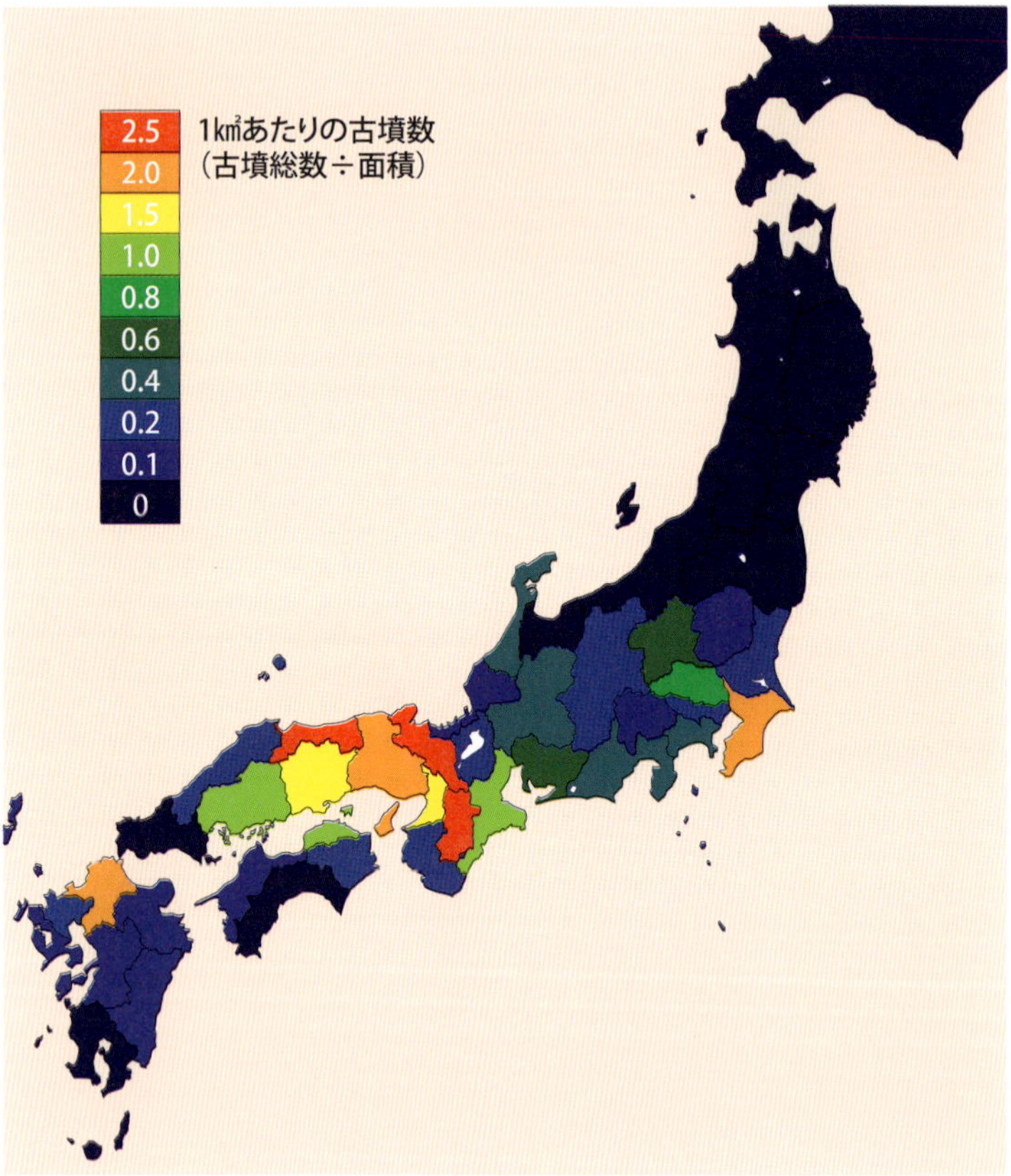

古墳は、圧倒的に近畿地方に集中しており、そのほかに福岡県や千葉県でも多い。ただし、千葉県は比較的小規模で新しいものが大半を占める。
巨大な前方後円墳は近畿地方で特に多く、大和朝廷の政治力や経済力が強大になったことを示している。
【出典】ぺんの古墳探訪記を参考に作成

前方後方墳の分布

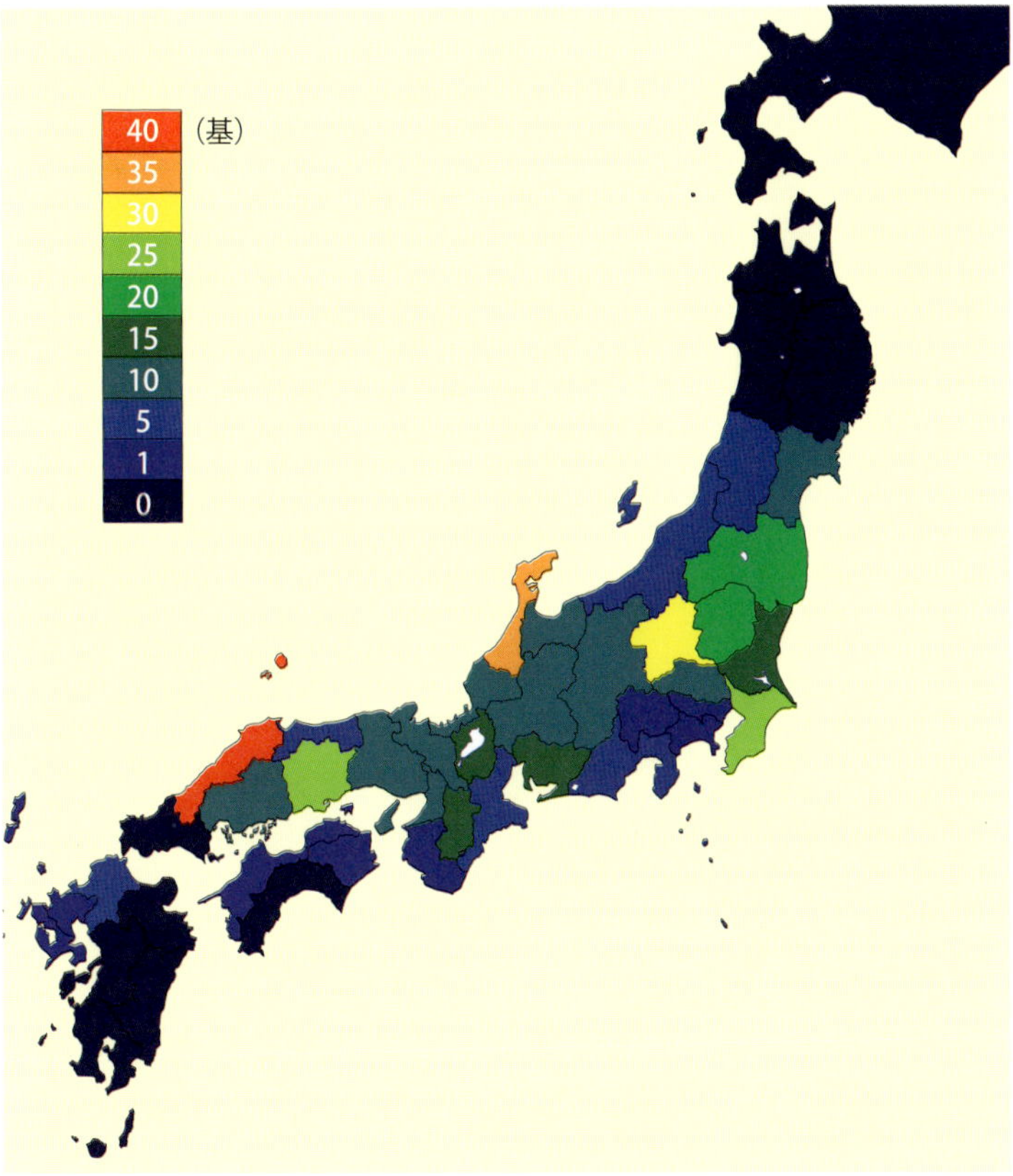

前方後方墳は、圧倒的に出雲地方（島根県）に集中しており、そのほかに日本海側の石川県でも多い。
大和朝廷や邪馬台国の伝統的な墳墓は、「円墳」や「前方後円墳」であるため、出雲地方にはこれら以外の独自勢力が存在していたことを示している。
【出典】ぺんの古墳探訪記を参考に作成

神武東征の出発地は日向なのか

図版1　縄文時代から弥生時代までの遺跡分布図

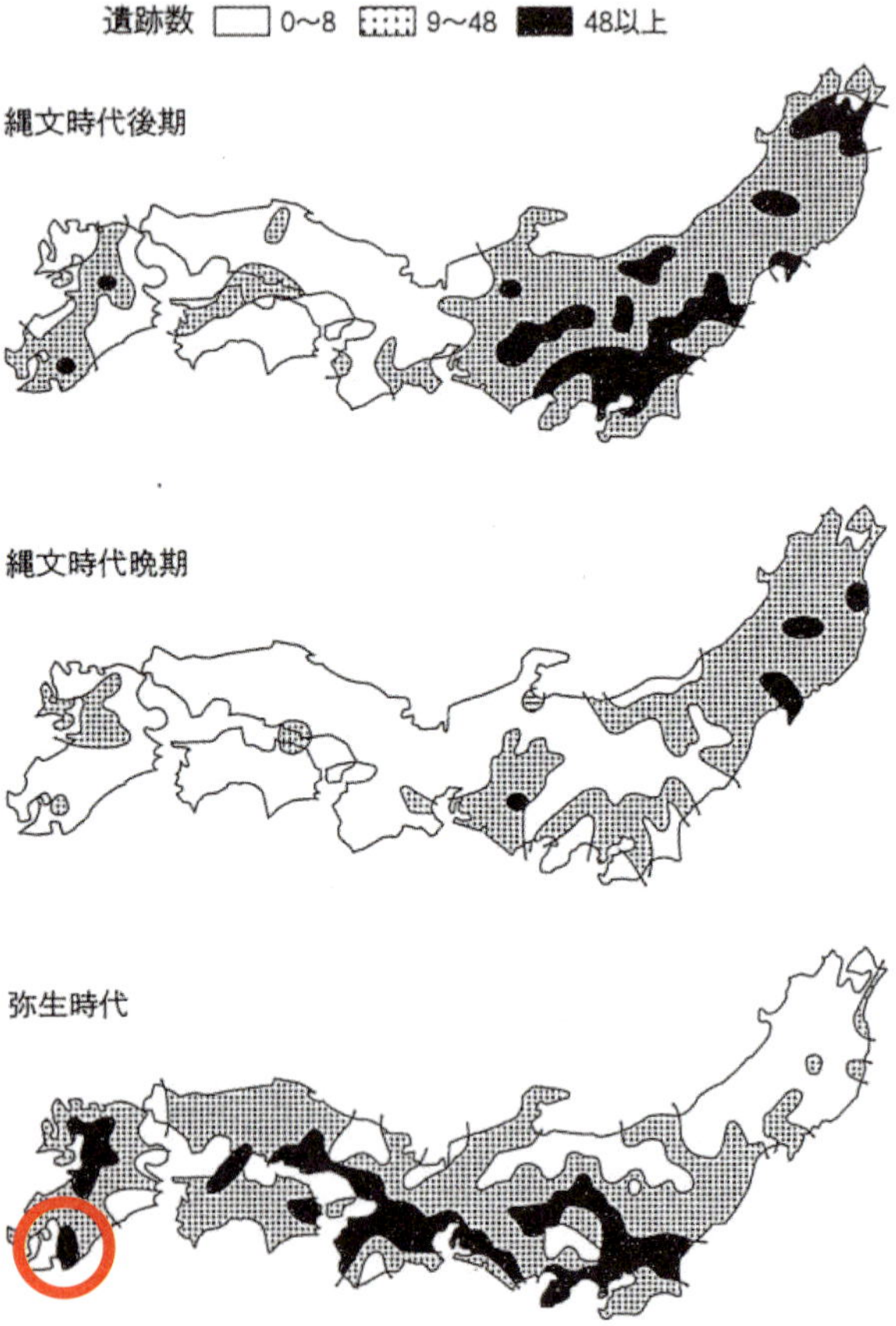

弥生時代になると、縄文時代晩期に比べて人口が大きく増加していることがわかる。九州南部では、宮崎市とその周辺の人口が特に多く（**赤丸部分**）、神武東征の出発地であることを連想させる。
【出典】小山修三『縄文時代』1984 年

縄文時代の三内丸山遺跡

青森市にある三内丸山遺跡では、500人ほどが定住生活をしていたとされる。当時は気候が温暖で、気温は現在より1～2度ほど高く、海面も数m高かった。次頁の弥生時代の吉野ヶ里遺跡（環濠集落）とは違い、**戦争を連想させるものは見られない。**
陸奥湾の海水温を測定した研究によると、4000年前ぐらいから寒冷化が進んだため、この遺跡は放棄されたものと考えられる。
【出典】東京大学大気海洋研究所「三内丸山遺跡の盛衰と環境変化—過去の温暖期から将来の温暖化を考える」2009年12月24日

弥生時代の吉野ヶ里遺跡

日本最大級の 40ha もの環濠集落が発見された、弥生時代を代表する吉野ヶ里遺跡。佐賀県吉野ヶ里町と神埼市にまたがり所在。
前頁の縄文時代の三内丸山遺跡とは違い、**戦争に明け暮れる毎日を連想させる。**弥生時代に発掘された人骨を調査したところ、縄文時代に比べ、殺人による死亡が数倍と大幅に増加していた。
【出典】Tomomi Nakagawa et al. Population pressure and prehistoric violence in the Yayoi period of Japan. 2021.

「倭国大乱」と「天の岩戸」の皆既日食

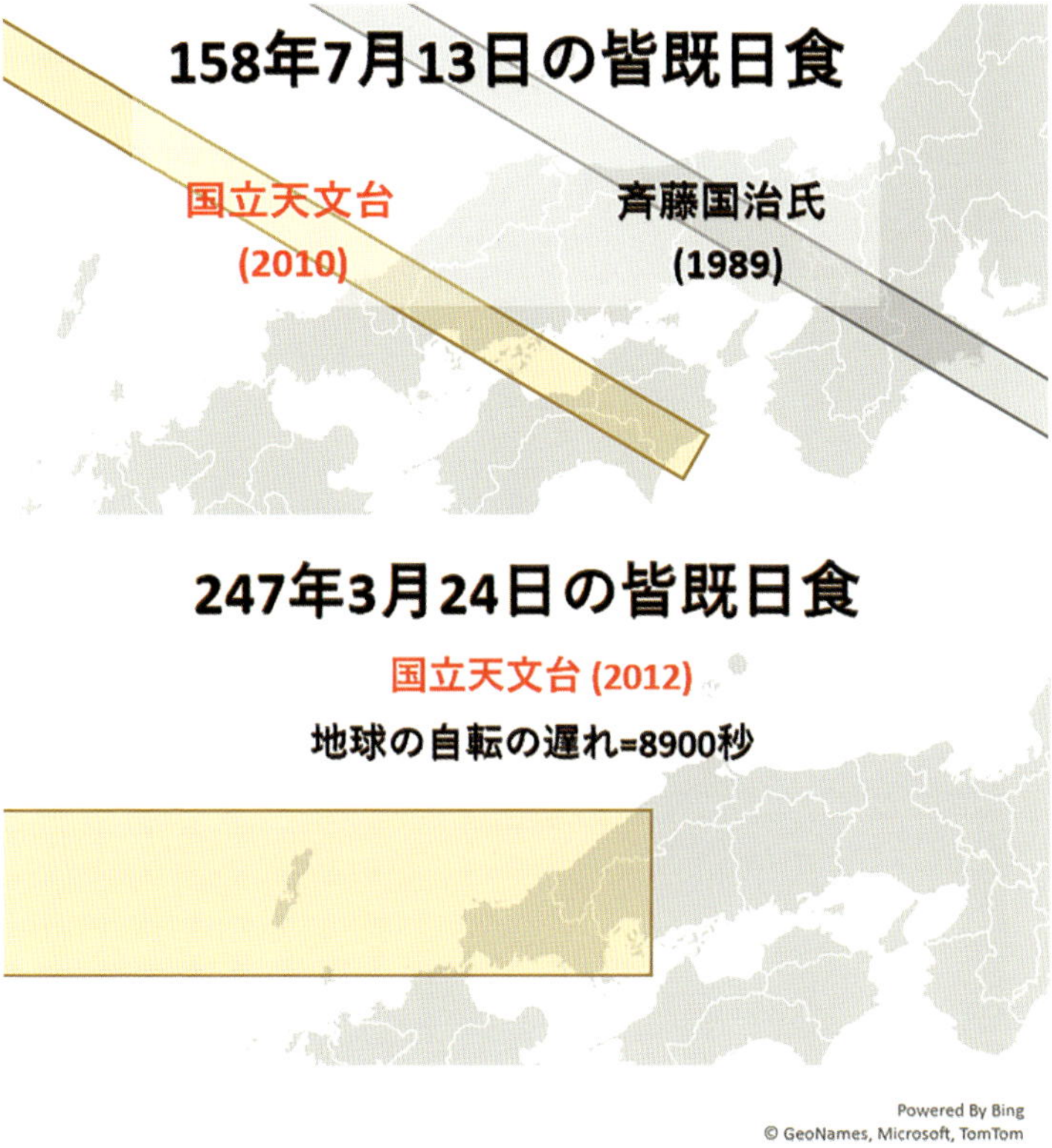

「倭国大乱」や「天の岩戸」の原因とされる、158 年と 247 年の日没時に起きた皆既日食の様子。国立天文台の計算では、いずれも九州や西日本で**太陽が真っ暗になり、不気味に地平線に沈んでゆく**（☞次頁）。提唱者である斉藤国治氏の計算では、当初は 158 年と 248 年とされていたが、国立天文台が再計算した。

【出典】斉藤国治氏の著書と国立天文台の論文（☞参考文献）を参考に作成

158年に起きた「倭国大乱」の皆既日食のシミュレーション

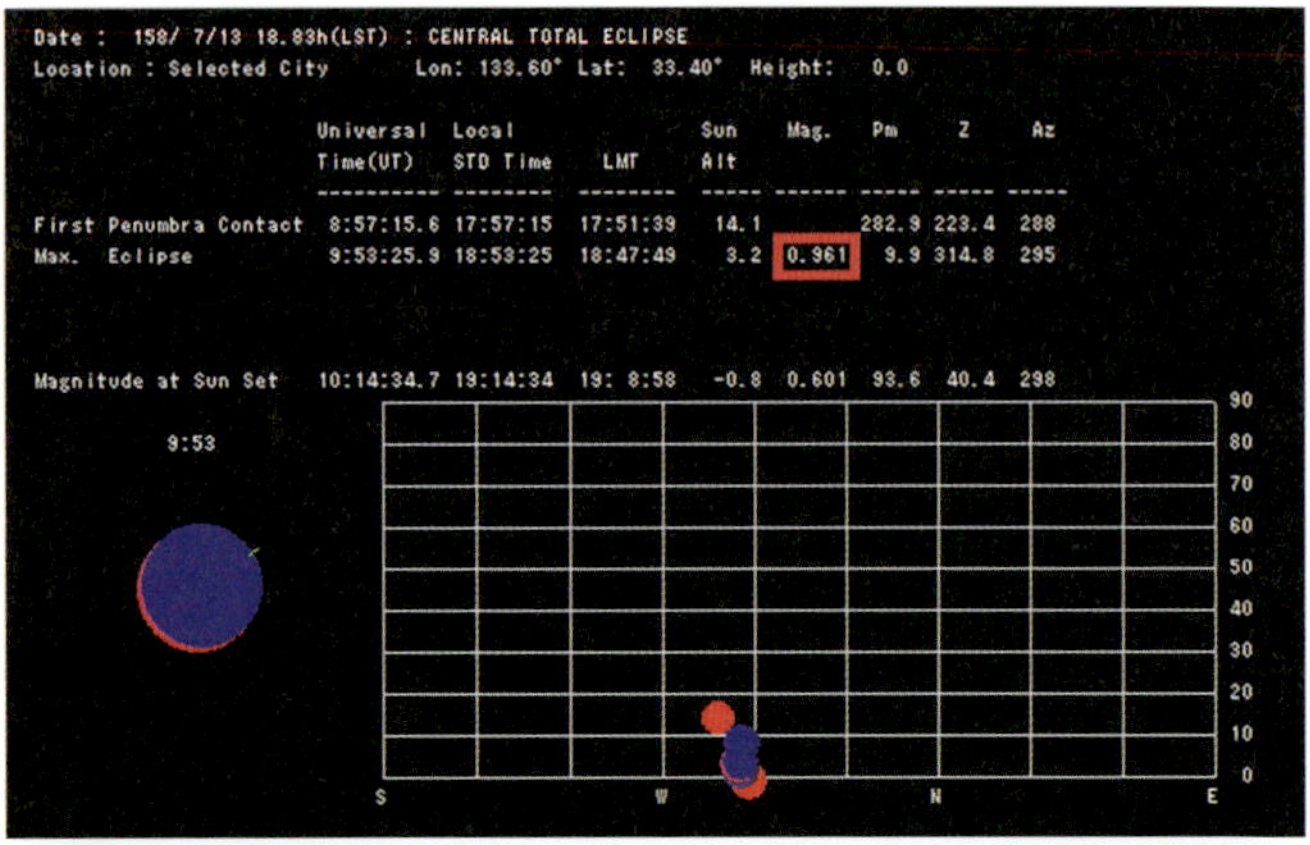

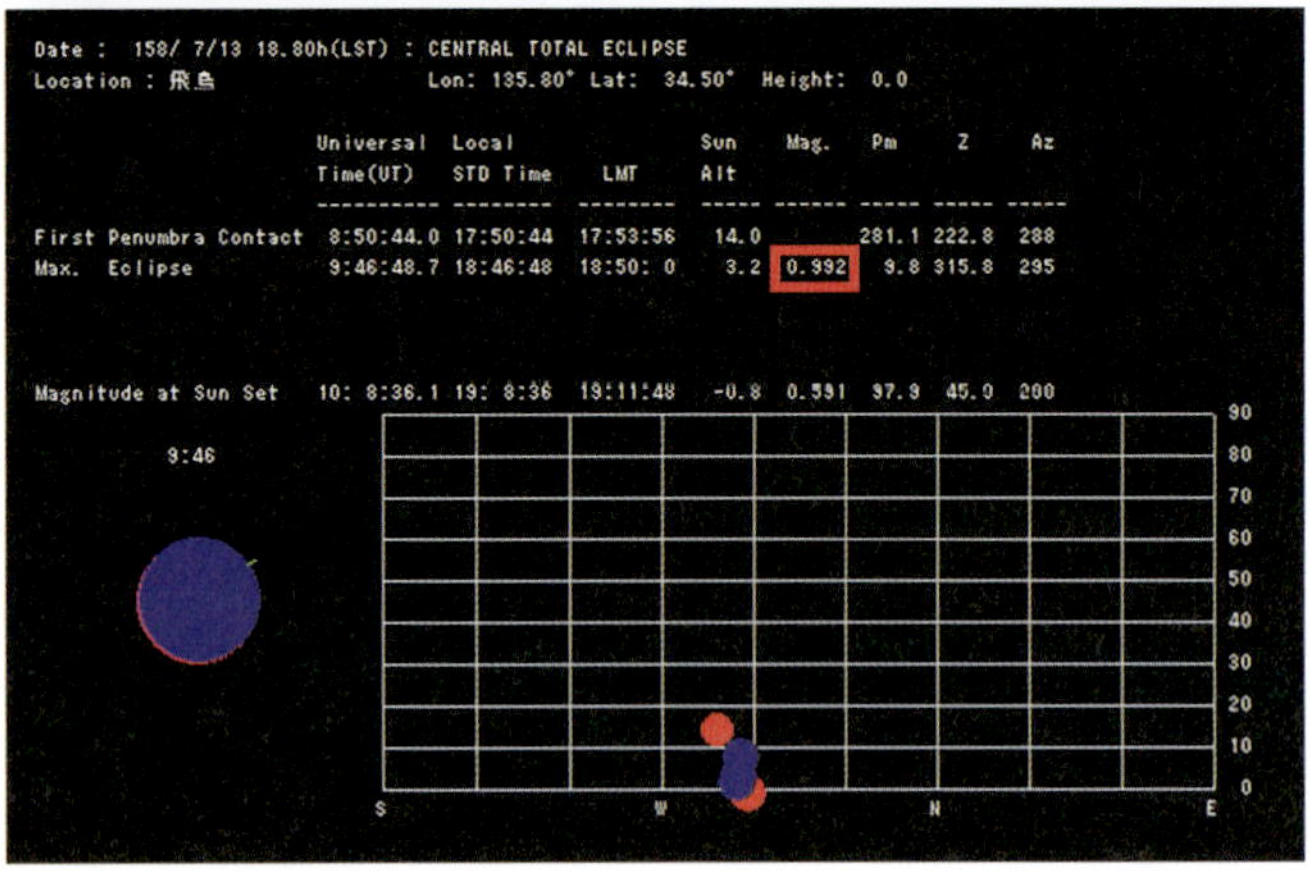

国立天文台の計算どおり、九州（上）や西日本（下）では、**太陽（赤）が月（青）にすっぽり隠されて真っ暗になり、不気味に地平線に沈んでゆく**特異な様子が再現された。247年の皆既日食も同様。
使用ソフト　EmapWin 3.4（地球自転の遅れΔ T=9,000秒）

まえがき

前著『古代史サイエンス』は、お陰様で予想以上の好評をいただきました。読者の皆様に厚くお礼を申し上げます。出版から2年ほどが経過し、その間にも多くの研究成果が公開され続けています。そこで、前著を補完しアップデートするという意味を込め、本書『古代史サイエンス2』を上梓することにしました。

このため、邪馬台国や大和朝廷の成立について、引き続き軍事面と経済面を中心とした分析を行っています。その他に、韓国における最新のゲノム解析の成果を反映。気になる結果ですが、**朝鮮半島南部古代人のＤＮＡは、同時代の縄文人や弥生人と酷似していたのです。**縄文人や弥生人の朝鮮半島南部への移住は、前著では「仮説」として扱っていましたが、かなり確度が高くなってきたように思えます。驚くべきことに、韓国人による最新英語論文でも同じイメージが示されているのです（☞口絵10頁）。こうなると、**水田稲作は北部九州の縄文人が半島南部の縄文人に伝えたと考えた方が自然**で、イネのＤＮＡや出土する土器も合理的に説明可能となります。

また、邪馬台国の興亡の謎を解明するため、新たに朝鮮半島の正史『三国史記』、古代日本の人口、吉野ケ里《よしのがり》遺跡の歴史、そして古墳のデータベースなど、多彩なオープンデータを活用して解析を行いました。これらを総合すると、神武東征から大和朝廷まで、巨大古墳の建造も含めて、統一的に説明できる可能性が出てきたのです。それは、①**「卑弥呼」は2人いた、②邪馬台国は2重首都の強大な海洋国家、③大和朝廷は邪馬台国の正統な後継国家で、後に出雲王権も併合した「連合王国」であり、④そのシンボルが巨大古墳**、となります。この極めてSF的な展開には、私自身も驚きました。もしも本当なら、三種の神器のルーツも、邪馬台国（九州王権）や出雲王権にまで遡《さかのぼ》ることになります。

ただし、前著『古代史サイエンス』と同様、本書のストーリーは論理的に一貫しているわけではありません。引き続き、『日本書紀』や『魏志倭人伝』などの文献資料、ゲノム解析の結果、軍事・経済面の考察、考古学的な知見、宗教面の検討などを重視し、なるべく事実と矛盾しない仮説を組み立てる、という形式を採用しています。よって、私の仮説が絶対に正しい、と主張するつもりもありません。とは言っても、わずかとはいえ、読者の皆さんの知的好奇心を満足させることができるなら、著書として望外の喜びです。

現在の古代史研究の方法を確立したのは、どうやら『古事記及び日本書紀の研究』を執筆した津田左右吉のようです。彼は、神がかり的なものをはっきり否定しており、戦前という時代背景を考慮すると、その事実を尊重する学問的態度は尊敬に値します。しかし、宗教面の軽視は残念というしかありません。

たとえば、綏靖《すいぜい》天皇以下の「欠史八代」はありえないはず。なぜなら、祖先を美化するのならともかく、〝捏造〟してしまうなら、それは祖先に対する最大の侮辱であり、神話自体も無価値になってしまうからです。

もっとも、戦前という時代には、考古学による知見は極めて乏しく、ましてや現在では強力なツールであるＤＮＡも未発見だったため、日本神話をそのまま「史実」として教えていました。つまり、『聖書』と同じ扱いということです。言い換えれば、現在大きなブームとなっている縄文と弥生は、戦後に学問が発展したことによる新たな産物です。その意味でも、津田左右吉による研究の原点に立ち返り、新たな視点に立って古代史を見直すべきではないでしょうか。

幸いなことに、他の国とは違い、日本は古代から国家が継続しているので、意外に難しくない……とも感じました。楽しみながら『日本書紀』や『古事記』を読み進め、考古学的な証拠、ゲノム解析の結果、数多くのオープンデータなどを組み合わせ、それらに最新英語論文による研究成果を加味するという作業により、最終的に出来上がったものが本書となります。
読者の皆様には、前著と同様お楽しみいただければ幸いです。

２０２４年７月　著者記す

古代史サイエンス２
―ＤＮＡと最新英語論文で日本建国、邪馬台国滅亡、巨大古墳、渡来人の謎に迫る―

目次

A Scientific Study of Ancient Japanese History 2.0

第四章　日本建国のサイエンス

本書では一部で敬称を省略しています。

［　］内と**太字**は、特に断り書きがない限り著者によるものです。

「ヤマト王権」は、当時の感覚を重視して「大和朝廷」と記します。

「九州王権」は卑弥呼が統治した邪馬台国を、「出雲王権」は大国主命が統治したとされる出雲地方の国を指します。

『三国史記』は、特に断りがない限り『新羅本紀』を指します。

序章　はじめに

日本人はどこから来たのか

日本人は、本当はどこから来たのか？　いままでも様々な議論が活発に行われていますが、DNA、そして気温や地形の変化を考慮すれば、ほぼ結論は出ていると言ってもいいでしょう。

２０１０年以降のゲノム（DNA）解析では、男性だけが持つY染色体のタイプを示す「ハプログループ」も詳しく調べられています。これは、たとえて言えば、父親から受け継ぐ血液型のようなもの。どこまでも男系の祖先を辿ることが可能なのです。東アジアでは、口絵４頁と次頁に示すように、中国大陸を中心とする地域では「O」が圧倒的に多く、その周辺の日本やチベットでは「D」が多い。そして、このハプログループのアルファベットは、原則として古い順から名前が付けられています（一部例外あり）。

こうなると、察しのいい人なら、既にお分かりかもしれませんね。①ホモ・サピエンス（現生人類）は、約７万年前にアフリカから世界各地に広まった、②「D」（約４万年前）より「O」（約３万年前）が新しい。つまり、Dが約４万年前に東アジアに到着したものの、その後１万年ほど経過した約３万年前にOが中国大陸に定着し、以前から住んでいたDを周辺部に追いやった、ということになります。

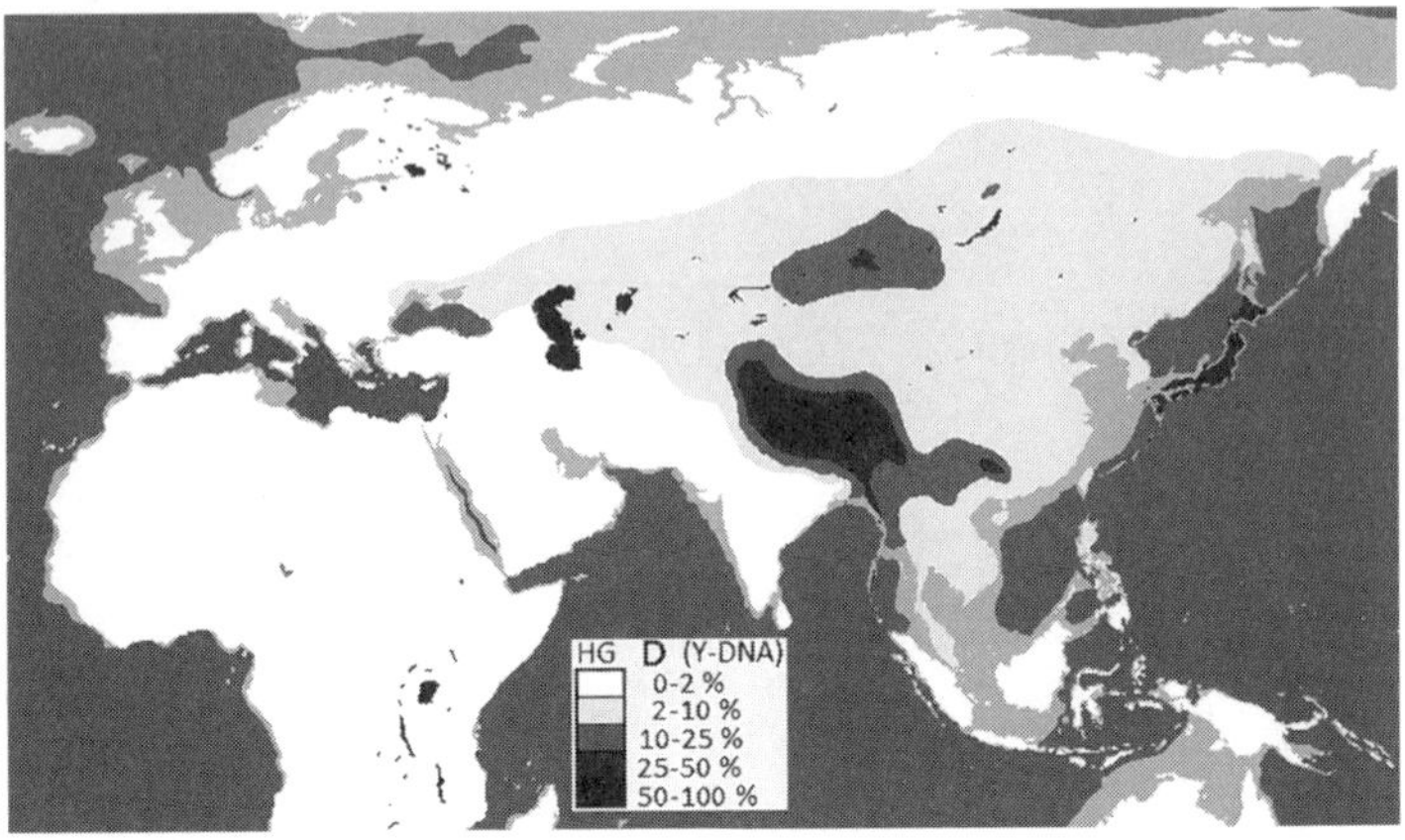

ホモ・サピエンス（現生人類）は複数のグループが東アジアに到達

上がＹ染色体のハプログループD、下がOの分布。Dが約４万年前に東アジアに到達したが、その後約３万年前に到達したOに圧迫され、周辺だけに残ったことを示している。【出典】Wikipedia

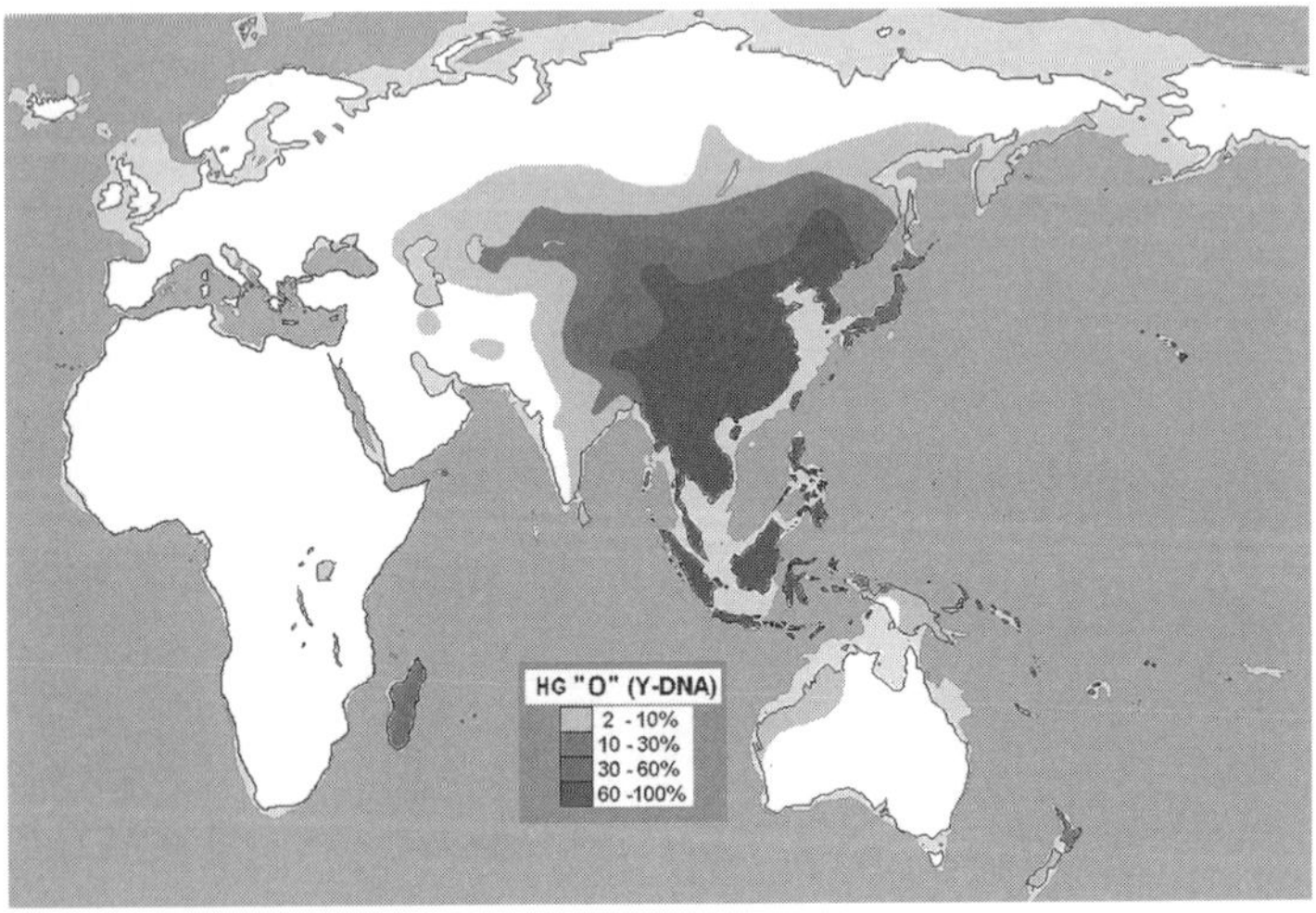

氷河時代とスンダランド

さて、他にも大きな影響を与えるものとして、地形も考慮する必要があります。次頁の図にあるように、現在は間氷期で温暖なため、氷河が溶けて海面が大きく上昇し、東南アジアの島々はアジア大陸と切り離されています。氷河期が終了したのは約2万年前。以前のこれらの島々は、「スンダランド」というまとまった陸地で、大陸とも陸続きでした。

日本列島も、氷河時代は大陸と陸続きだったと考えられます。もっとも、対馬海峡まで陸地化したかどうかには諸説あり、まだ定説はないようです。対馬海峡が陸地ではないとしても、水深は極めて浅かったはずで、大陸との交流は容易だと考えられます。この時期に人類が移動したルートを東大グループが調査したところ、東南アジアから海沿いが主流だった事実がゲノム解析により明らかになりました。[★1] 51、52頁（☞口絵5、6頁）の地図を見れば、容易に理解できるかと思います。

このように、アフリカを出た我々の祖先ホモ・サピエンス（現生人類）は、複数のグループがそれぞれ異なる時期に東アジアに到達したようです。その後、約2万年前になると、氷河期が終了するとともに、海面は短期間で１００ｍ以上も上昇。日本列島は大陸から完全に切り離されることになりました。

図1　過去80万年間の氷河・氷床の量の変化

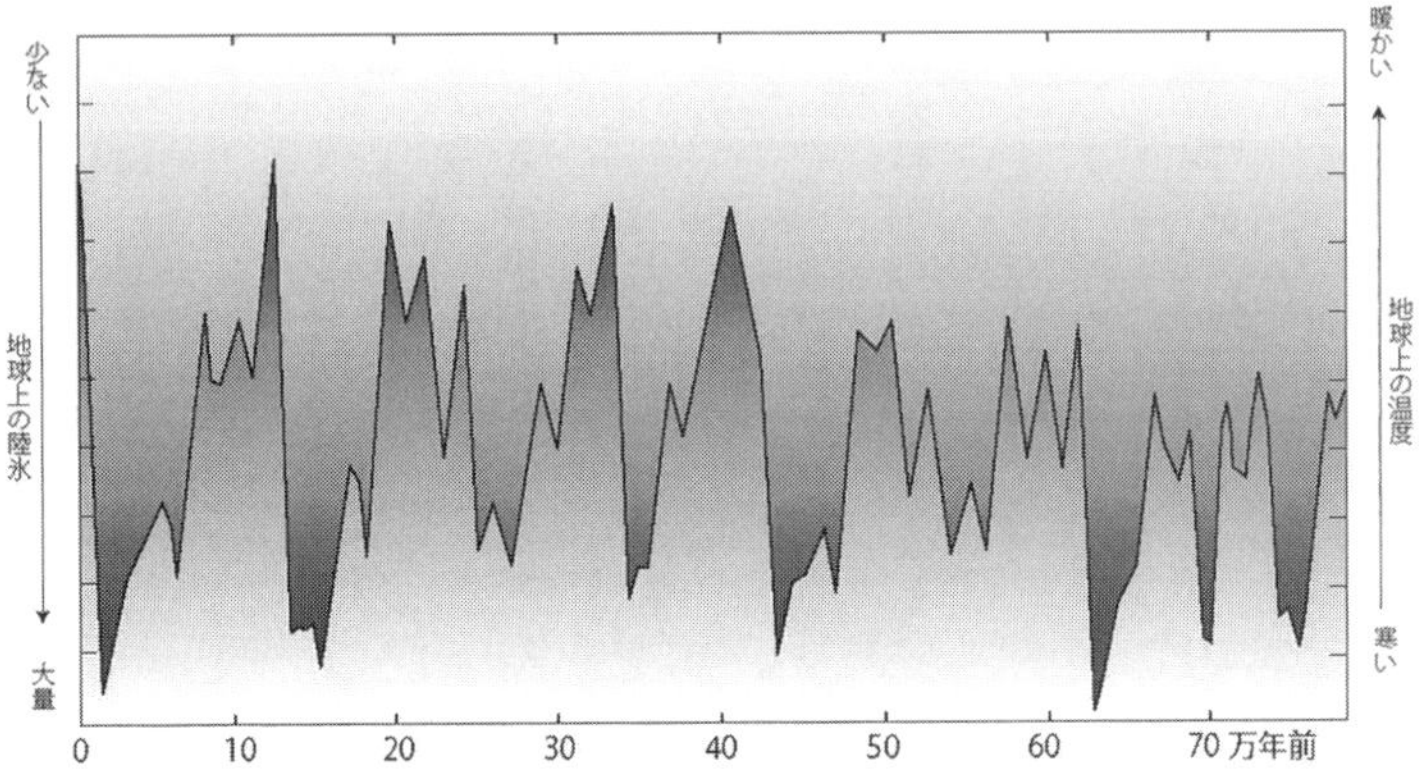

図2　過去15万年間の氷河・氷床の量の変化

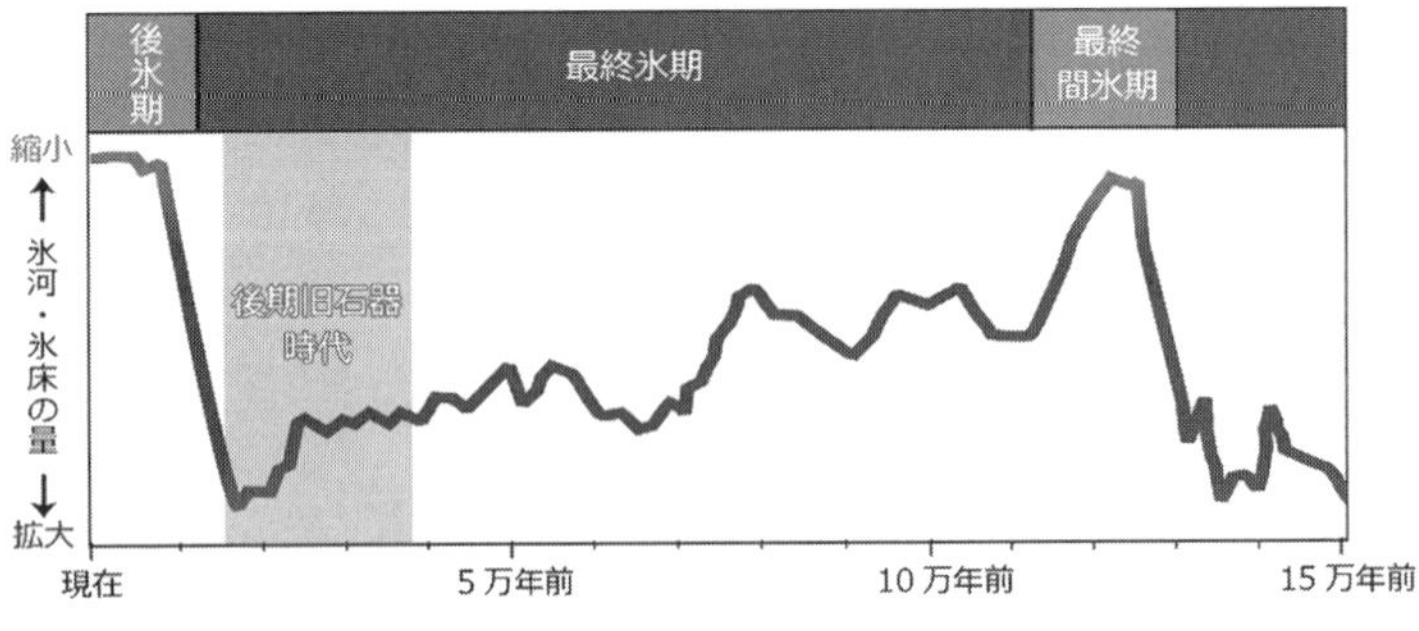

ホモ・サピエンスが東アジアに到達したのは最終氷河期

Ｙ染色体の解析 (☞48頁) では、ホモ・サピエンスは数万年前に東アジアに到達したが、この時期は氷河期だったことがわかる。

【出典】日本旧石器学会ホームページ 旧石器時代の教科書 旧石器時代はどんな環境だった？ 工藤雄一郎（国立歴史民俗博物館）

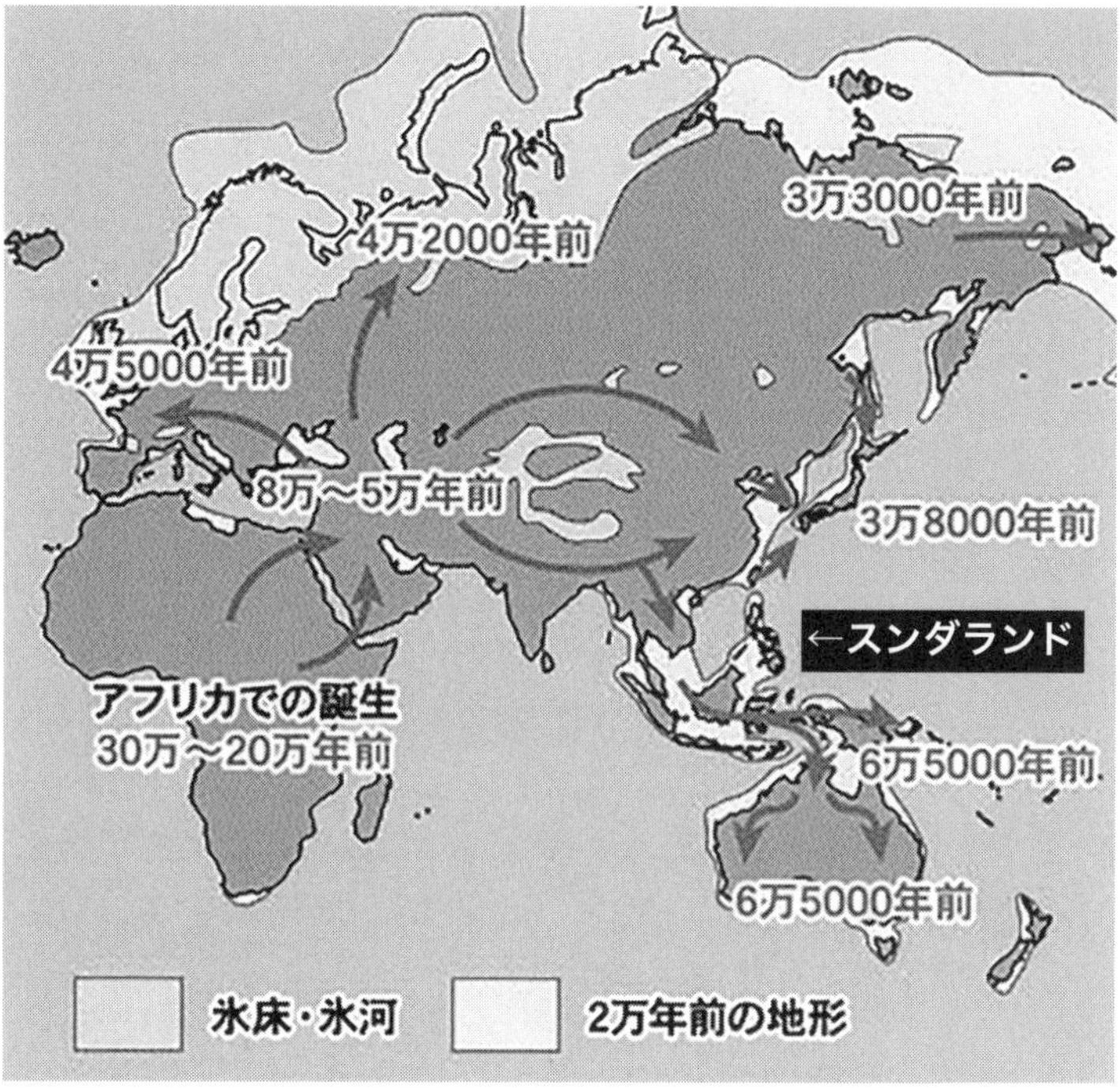

ホモ・サピエンスは海沿いのルートで東アジアに到達

氷河期には、海退により海水面は現在より 100 m以上も低く、東南アジアの島嶼部は「スンダランド」というひと続きの陸地で、アジア大陸とも陸続きだった。ゲノム解析の結果によれば、ホモ・サピエンスの多くは、海沿いのルートで東アジアに到達したとされる。山沿いのルートの痕跡はほとんどない。

【出典】千葉県酒々井町ホームページ　旧石器時代とは（図）

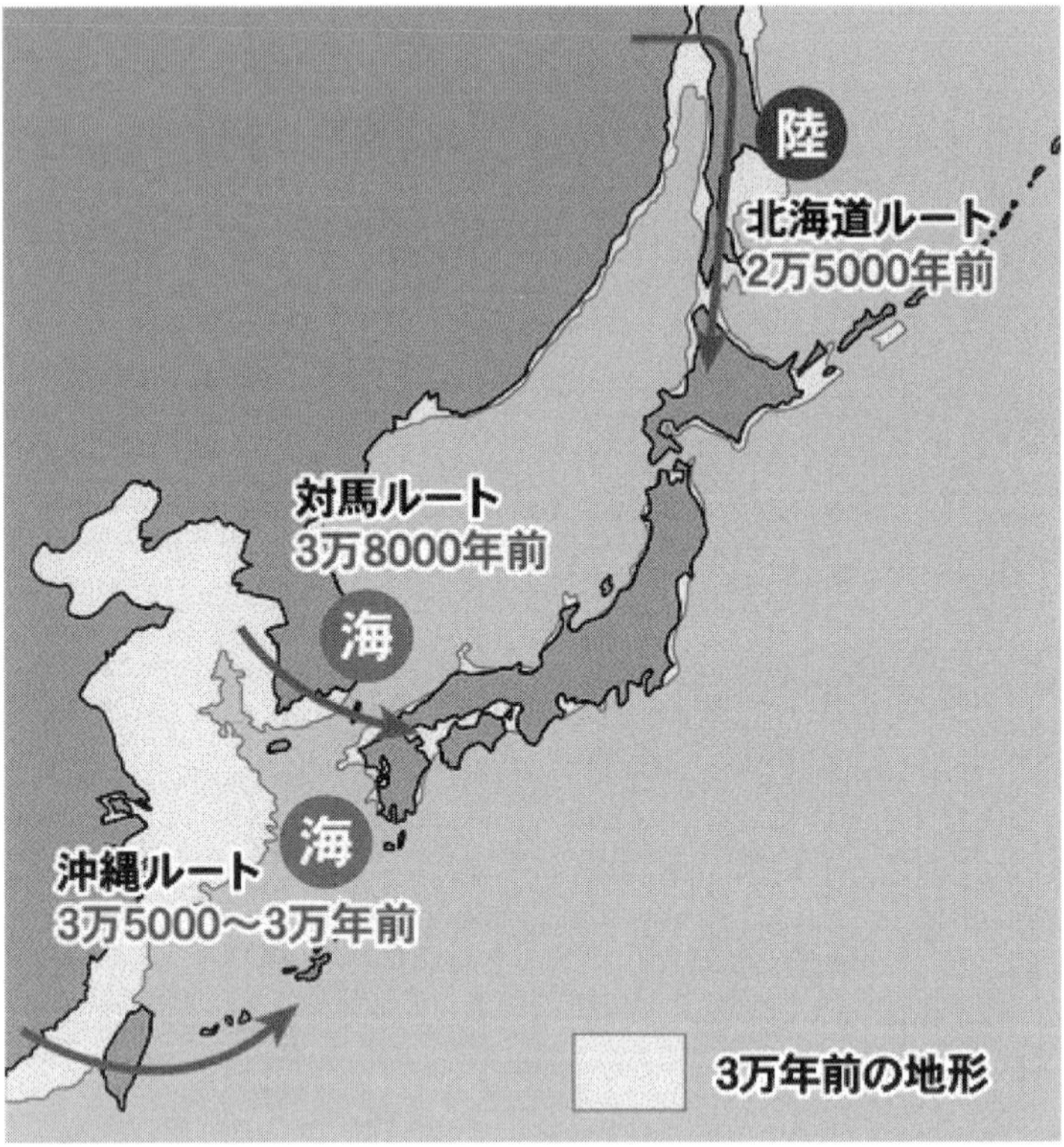

氷河時代の日本列島はアジア大陸と陸続き

氷河期には、海退により海水面は現在より100 m以上も低く、日本列島は、アジア大陸ともほぼ陸続きだった。ただし、対馬海峡の最深部は100m以上あるため、完全に陸続きだったかどうかについては見解が分かれている。

【出典】千葉県酒々井町ホームページ　旧石器時代とは（図）

日本が他国と大きく違う理由

日本語や日本人は、東アジアの近隣国とさえ大きく違うとよく言われます。前述のように、約２万年前から大陸と海で隔てられ、異なる環境が長く続いたことが、その大きな理由でしょう。日本は、その後まもなくして、約１万６５００年前から縄文時代に。では、縄文時代には、大陸から大量の移民が流入したのでしょうか。このことも、ＤＮＡと考古学的な証拠から、ある程度は推測が可能です。

日本人のＤＮＡで、前述したＹ染色体の「ハプログループ」では、単独で過半数を占めるものはありません。特に、Ｏ２が過半数を占める中国に比べると、極めて多様性に富んでいるのです（☞次頁）。また、縄文時代には、殺傷されたと推測される人骨はほとんど発見されず、非常に平和な時代だとされます（☞第一章のコラム）。これは、他国と比較すると非常に際立つ特徴です。

これらのことから、日本列島は約２万年前に大陸から分離した後、人口の流入は少なく、多くのグループが平和的に共存してきた、ということが最も可能性の高いシナリオとなります。日本語や日本人は他国との違いが大きい、と言われていることとも一致するのです。

日本と近隣国でのＹ染色体ハプログループの比較

1　C1a1（縄文系）

グループ	人数	比率	出　　所
日本	**2,390**	**4.7%**	Sato 他 2014
日本以外	2,248	なし	Hammer 他 2006

2　D1a2a（縄文系）

グループ	人数	比率	出　　所
日本	**2,390**	**32.1%**	Sato 他 2014
韓国	1,094	1.4%	Jeon 他 2020
日本以外	2,248	<1.0%	Hammer 他 2006

3　O1b2（縄文系※）

グループ	人数	比率	出　　所
日本本土	**800**	**32.0%**	Wikipedia 2023
沖縄	**132**	**22.7%**	Wikipedia 2023
韓国	677	29.8%	Wikipedia 2023
北朝鮮	123	24.3%	Wikipedia 2023
漢族(中国)	166	16.3%	Karafet 2005 (O1b)
満州	218	3.3%	Wikipedia 2023

4　O2（中国大陸系）

グループ	人数	比率	出　　所
日本本土	**2,390**	**19.7%**	Sato 他 2014
韓国	506	44.3%	Kim 2011
漢族(中国)	166	55.4%	Karafet 2005

※ O1b2 の発生は約 8000 ～ 9000 年前とされ、当時ほぼ無人だった朝鮮半島由来とは考えにくい。

中国大陸のめまぐるしい変化

日本とは対照的に、中国大陸では多くのグループがめまぐるしく入れ替わっているようです。前述のように、約4万年前に到達したとされるハプログループDは、その後の約3万年前に到達したハプログループOから圧迫された歴史を持ちます。その結果、現在の中国ではDは少数派で、後発のハプログループOが過半数に。しかし、中国周辺の日本やチベットでは、現在も先に到着したDが多数を占めています。

古代における中国大陸の様子をもう少し細かく見ていきましょう。各ハプログループにはいくつかのバリエーション（サブグレード）があり、数千年前には、少なくとも次の5つのグループに明確に分かれていました（☞口絵15頁☞次頁）。

○遼河流域の紅山《こうさん》文化（HONGSHAN）
○黄河上流域・中流域の仰韶《ぎょうしょう》文化（YANGSHAO）
○黄河下流域の大汶口《だいぶんこう》文化（DAWENKOU）
○長江中流域の大渓《だいけい》文化（DAXI）
○長江下流域の崧沢《すうたく》文化（SONGZE）

中国大陸古代人のＹ染色体

中国大陸古代人のＹ染色体のハプログループを調べたところ、明確に異なる５つの集団が存在していることが分かった。

【出典】日本語の意外な歴史　パズルの最後の１ピースを探し求めて、注目される山東省の DNA のデータ Wen et al. 2016. Shen et al. 2024.

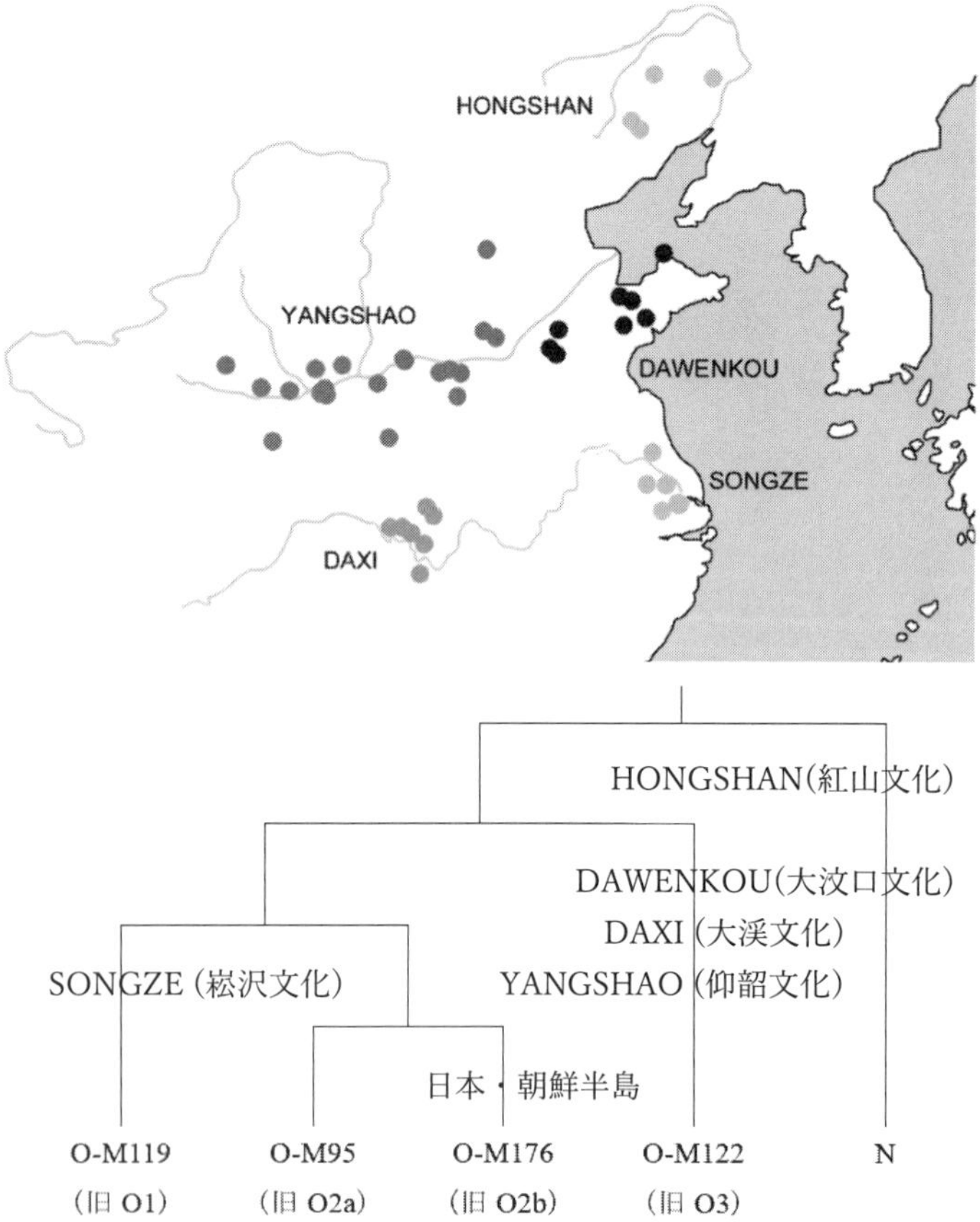

しかし、時代が下るにつれて、中原（黄河上流域・中流域の仰韶文化）のO２（旧O３、M―１２２）が増え、最終的にはほぼ中国全土で過半数に達します（☞54頁）。このことは、中国では中原のグループが全土統一をした歴史と見事に一致。なお、この中国に多いO２は、日本列島や朝鮮半島に多いO１ｂ２（旧O２、M―１７６）とは違います。これまた、ハプログループと民族が見事に一致しているのです。

そんな事情は、ヨーロッパやインドでも同じで、デイヴィッド・ライク氏の『交雑する人類』によると、広大な平野を持つ国では、次々と新しいグループが到達し、先住民を圧迫してどんどん周辺に追いやっています。このように、いままで大きな謎だった民族のルーツについても、最新のゲノム解析の成果により、毎年のように情報がアップデートされているのです。

【まとめ】

○アフリカで誕生したホモ・サピエンスは、Y染色体のハプログループ「D」が約4万年前に東アジアに到着、その約1万年後に到着した「O」が中国大陸に定着して、以前から住んでいたDを周辺部に追いやった

○この時期は氷河期であったため、東南アジアの「スンダランド」から東アジアへの移動は、

海沿いがほとんどだった
○日本列島は約2万年前に大陸から分離した後、人口の流入は少ないものと推測される
○その後は多くのグループが平和的に共存し、このことが日本語や日本人と他国との違いが大きい理由と考えられる
○数千年前の中国大陸は、少なくとも5つのグループに明確に分かれていた
○時代が下るにつれて、中国大陸では中原（YANGSHAO——黄河上流域・中流域の仰韶文化）のO2（旧O3、M—122）が増え、最終的には過半数となった
○このことは、中国大陸では中原のグループが全土統一をした歴史的事実と一致する

【参考文献】

★1　太田博樹『古代ゲノムから見たサピエンス史』2023年

第一章　縄文人と渡来人のサイエンス

朝鮮半島は7000年前まで無人だった

前著『古代史サイエンス』にも書いたように、約1万2000年前から約7000年前までは、朝鮮半島はほとんど無人だったと考えられます。このことは、長浜浩明氏が著書『日本の誕生』などで以前から指摘。当ヒューマンサイエンスABOセンター理事長・市川千枝子も、ブログでこのように問題を提起しました。

＊　　＊

朝鮮半島の歴史を追っていくと、BC1万年以前には、それよりもっと過去に原始人がいた可能性を除くと、朝鮮半島に人が住んでいた形跡は今のところ見つかっていないとのことです。その後、**BC5000年頃、朝鮮半島の地に、最初に渡ったのはどうやら日本の縄文人だった**わけで、そしてその後、南下してきた北方の漢民族がそれら縄文人と混血したか、あるいは漢民族と馴染めなかった縄文人たちは南方に追われていったのではと思われます。

（日本と韓国を想う〈2〉）

＊　　＊

現在の定説では、朝鮮半島からの渡来人が、水田稲作などの先進技術を持ち込み、縄文人と混血して弥生人を形成。それが現代の日本人へとつながっている、とされます。しかし、市川は逆説を提示。これから説明する最先端のゲノム解析技術を用いて、この新しい仮説を検証してみると、市川の言説が現実味を帯びてきます。

２０２２年の韓国人研究者による有機物の分析（放射線炭素年代測定法）では、約２万年前から７０００〜８０００年前の朝鮮半島南部は、「ほぼ無人」であったと指摘しています（☞口絵７頁 ☞次頁）[★1]。約２万年前に氷河期が終わると、気候変化で住民は北へと移動した可能性が高いとのこと。しかし、時代が下ると徐々に遺跡が増えてきます。

７３００年前の鬼界カルデラ大噴火

この７０００〜８０００年前という時期は、約７３００年前の鬼界カルデラの破局的大噴火（☞口絵９頁 ☞65頁）とほぼ一致[★2]。よって、この噴火で生き残った縄文人は、朝鮮半島南部**沿岸に避難・移住**した可能性が高いと考えられます。後述するように、朝鮮半島古代人のＤＮＡは、同時期の縄文人・弥生人とよく似ていました。

遺跡が日本寄りの海岸や小島ばかりなのは、噴火の火山灰により**内陸には食料が乏しかった**からでしょう。東京大学（当時）の李相均氏は、こう述べています[★3]。

＊　＊

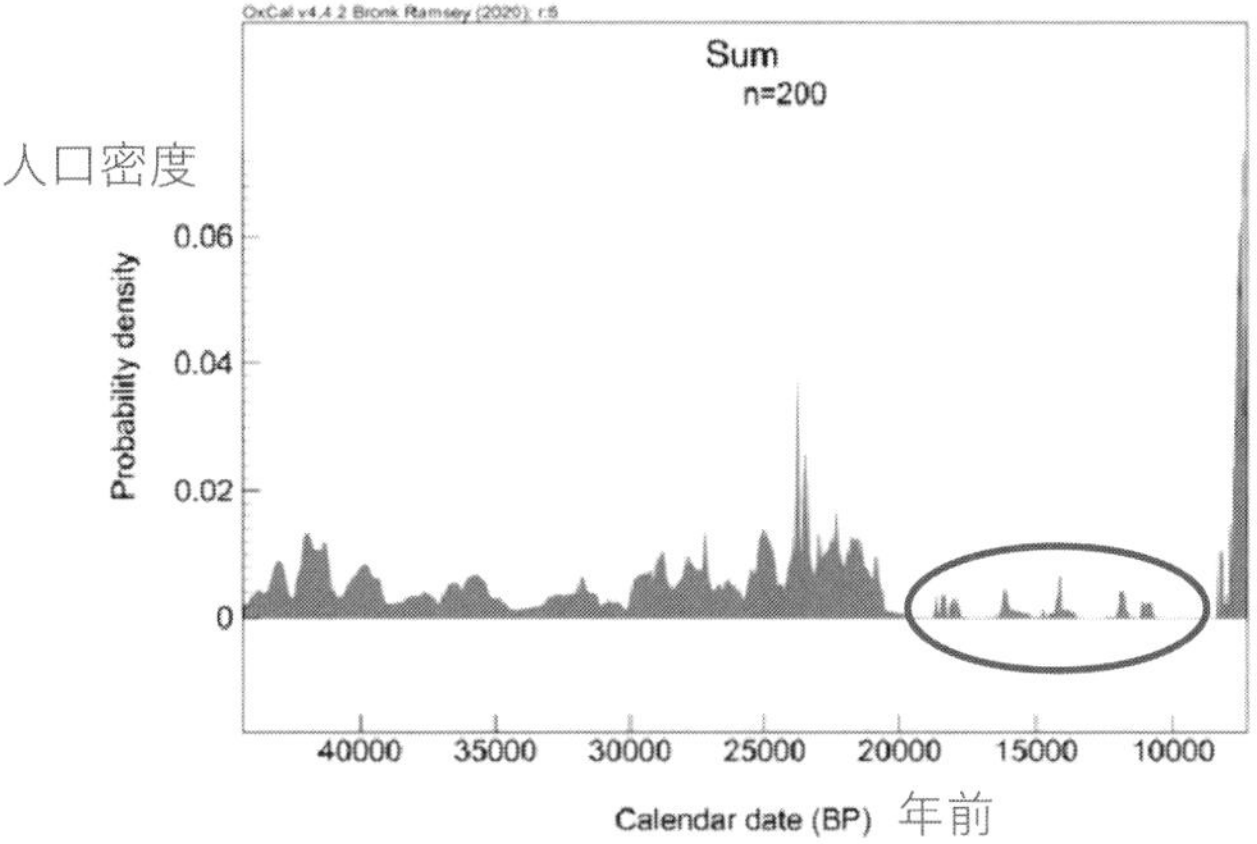

朝鮮半島は２万年前から 7000 年前ぐらいまでほぼ無人

約２万年前に氷河期が終了すると、朝鮮半島の住民は北に移動し、7000 ～ 8000 年前ぐらいまでほぼ無人状態（上図○）。その後に人口が急増したが、場所はすべて日本寄りの海岸だった（下図○）。

【 出 典 】Chuntaek Seong et al. Moving in and moving out: Explaining final Pleistocene-Early Holocene hunter-gatherer population dynamics on the Korean Peninsula. 2022.

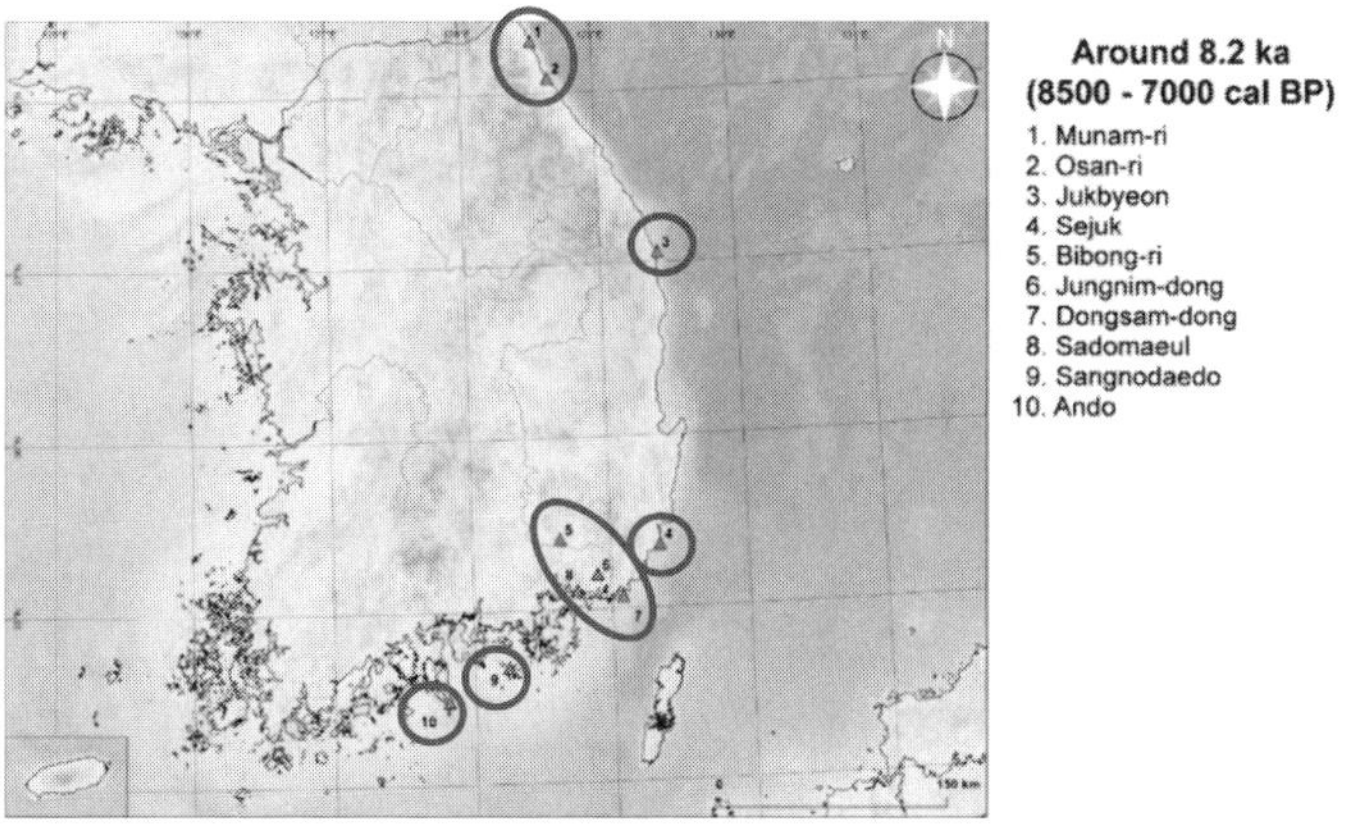

縄文前期前半期の主な遺跡で出土する隆起文土器（朝鮮系）

朝鮮半島の古代遺跡は日本より圧倒的に少なく、しかも日本寄りの海岸だけ。**太枠内**の遺跡の多くでは、隆起文土器（朝鮮系）と轟B式土器（縄文系）が両方出土している。

【出典】李相均「縄文前期前半期における轟B式土器群の様相」1994年（地図）に追記

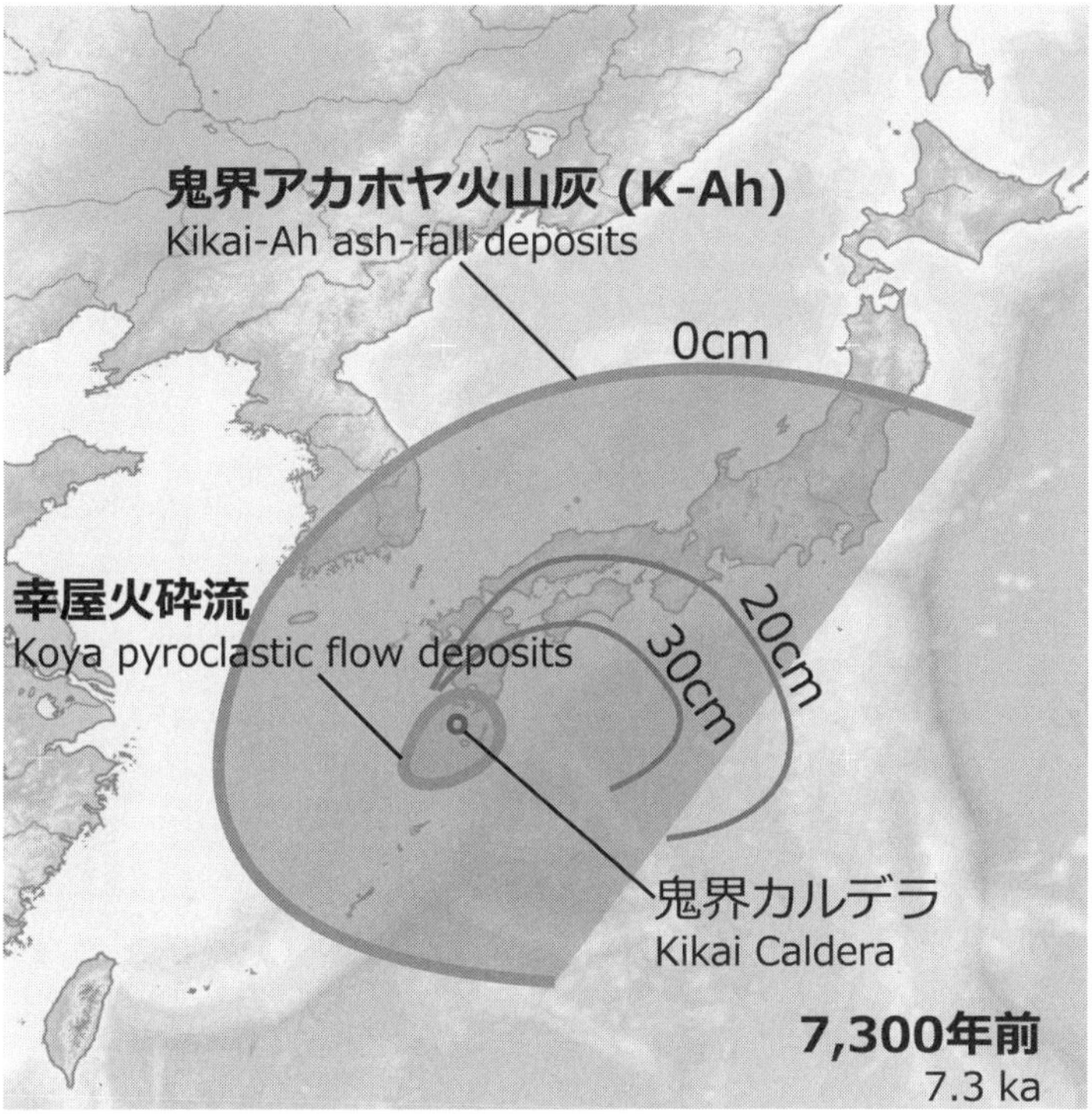

7300 年前の鬼界カルデラの破局的大噴火

鹿児島県の南海上 50km ほどにある鬼界カルデラでは、過去 1 万年内で世界最大級となる破局的大噴火が発生。南部九州の縄文人は壊滅し、周辺には分厚い**オレンジ色**の火山灰が降り積もった。
63 頁のように、朝鮮半島は 7000 〜 8000 年前まで事実上無人だったが、それ以後は日本寄りの海岸に遺跡が増えてくる。11 頁からのゲノム解析の結果と併せ、日本列島から縄文人や弥生人が避難・移住した可能性が高いことを示唆している。
【出典】Wikipedia　鬼界カルデラ

南九州の屋久島付近では鬼界カルデラが噴火し、噴出した火山灰が九州全域はもちろん偏西風に運ばれ関東地方にまで達している。火山灰はきわめて短い時間に広範囲にわたって降下するものであり、火山灰が堆積した地域では大規模な植生の破壊が生じる。特に、九州地域ではアカホヤ火山灰の降下で動・植物が大きな打撃を受けたものと推定される。従って、**内陸・山間部の地域では食糧の供給が十分でなくなり、海洋・沿岸にたよる傾向が高まってきたと考えられる。**沿岸で捕れた魚介類の食糧が大きな比重を占め、貝塚が形成されることになる。その中でもⅡ群土器の集団は、海洋指向的要素が強かったものと考えられる。

（中略）

桒畑光博によると**南九州の轟B式期**［鬼界カルデラ噴火後］**の遺跡の内容は、海岸部の貝塚を中心として遺物も比較的豊富であるが、内陸部では小規模な遺跡しかみられないという**（桒畑1991）。これはアカホヤ火山灰の影響でこれまでの生活基盤が崩れたことを意味する。

（中略）

海へ適応したⅡ群土器の集団は山陰・瀬戸内の沿岸地域にまで達し、**韓国南岸**にも影響を与えたものと考えられる［☞64頁］。

古代人のゲノム解析にノーベル賞

２０２２年のノーベル生理学医学賞は、スウェーデンのスバンテ・ペーボ教授が受賞しました。彼の偉大な業績は、ネアンデルタール人のDNAが現代人に受け継がれていることを発見したこと。その後、彼が生み出した古代人のゲノム（DNA）解析の手法は、世界中で広く使われるようになりました。

２０１９年になると、日本でも国立科学博物館を中心としたグループが、約３８００年前の縄文人女性の全ゲノムの解読を試み、見事に成功を収めています（☞口絵３頁）。以下はプレスリリースからの抜粋です。

○国立科学博物館 プレスリリース（２０１９年5月13日）
遺伝子から続々解明される縄文人の起源～高精度縄文人ゲノムの取得に成功～
独立行政法人国立科学博物館（館長：林 良博）の研究員を筆頭とする国内7研究機関11名からなる共同研究グループが、北海道礼文島の船泊遺跡から出土した約３８００年前の縄文人の全ゲノムを高精度で解読しました。この結果、古代日本人DNA研究が大きく進み、日本人の起源が解明されることが期待されます。

口絵の1、2頁にも示すように、その後も国立科学博物館のグループが中心になり、日本、朝鮮半島などの各地で古代人のＤＮＡが続々と調査され、縄文人や弥生人、そして朝鮮半島の古代人の状況が急速に解明されつつあるのです。

朝鮮半島南部には縄文人が住んでいた

朝鮮半島の古代人のＤＮＡは、同時代の縄文人や弥生人と酷似していました。これから説明する論文の著者3人は韓国人ですが、なぜか使ったデータはほとんど縄文人と現代日本人。驚くべきことに——韓国人著者では初めてだと思いますが——縄文人が朝鮮半島に移動した可能性を示唆しているのです！（☞口絵10頁☞次頁）

また、前著『古代史サイエンス』で、うっかり見落としていた分析結果[★4]を紹介します（☞口絵11頁☞71頁）。図の見方ですが、物理的な距離が近いほど、比較する2つＤＮＡは似ていることになります。見たとおり、朝鮮半島南部の古代人は、縄文人・弥生人とほぼ同じＤＮＡを持っていたのです。

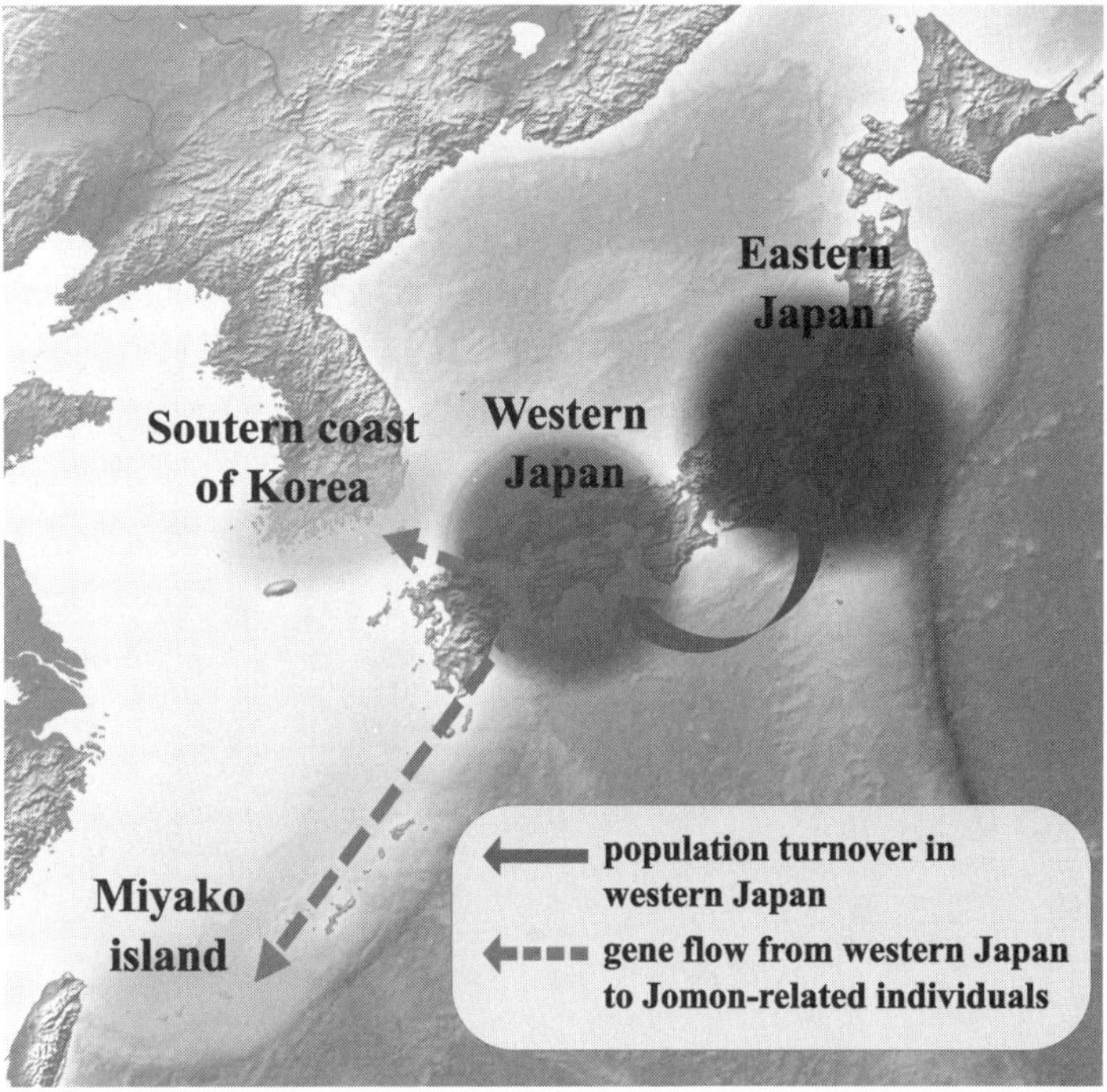

縄文人が朝鮮半島南部に移動

韓国人著者によるこの論文は、**東日本の縄文人**が**西日本に移動**し、さらに**朝鮮半島南岸や宮古諸島に移動**したという可能性を示している。

【出典】Gichan Jeong et al. An ancient genome perspective on the dynamic history of the prehistoric Jomon people in and around the Japanese archipelago. 2023.

別の結果[★5]も紹介します（☞口絵12頁☞72頁）。こちらの図は、右側にＡＫＧ−ＸＸＸという朝鮮半島南部の古代人、下側には縄文人・弥生人、現代日本人・韓国人・中国人などの一覧が示されています。交差する部分の色が濃いほど、２つの個体のＤＮＡが似ていることを意味します。見たとおり、朝鮮半島南部の古代人のＤＮＡは、縄文人・弥生人・現代日本人に近く、なぜか現代韓国人や現代中国人などとは似ていないのです。前述した土器の形式（☞64頁）も考慮すると、**朝鮮半島南部古代人のルーツは、縄文人や弥生人である可能性がますます高くなってきました**[★6][★7]。

このほか、口絵では省略した3編の論文[★5][★8][★9]の図を73〜75頁に掲載しました。これで、前著『古代史サイエンス』で記した、鬼界カルデラが約７３００年前に大爆発し、南部九州の縄文人は壊滅したものの、北部九州の縄文人は朝鮮半島に避難し移住した、という仮説が再び裏付けられたことになります。

細かいことを言うと、遼河流域の紅山文化（中国東北部＝旧満州）の古代人も、日本人や韓国人に似ていることが読み取れます（☞73頁）。しかし、Ｙ染色体のハプログループを調べてみると、遼河流域は「Ｎ」がほとんどですが[★10]（☞口絵15頁☞56頁）、日本人や韓国人ではＮはほとんど見られません。少なくとも男性のＤＮＡに限ると、あまり関係はなさそうです。

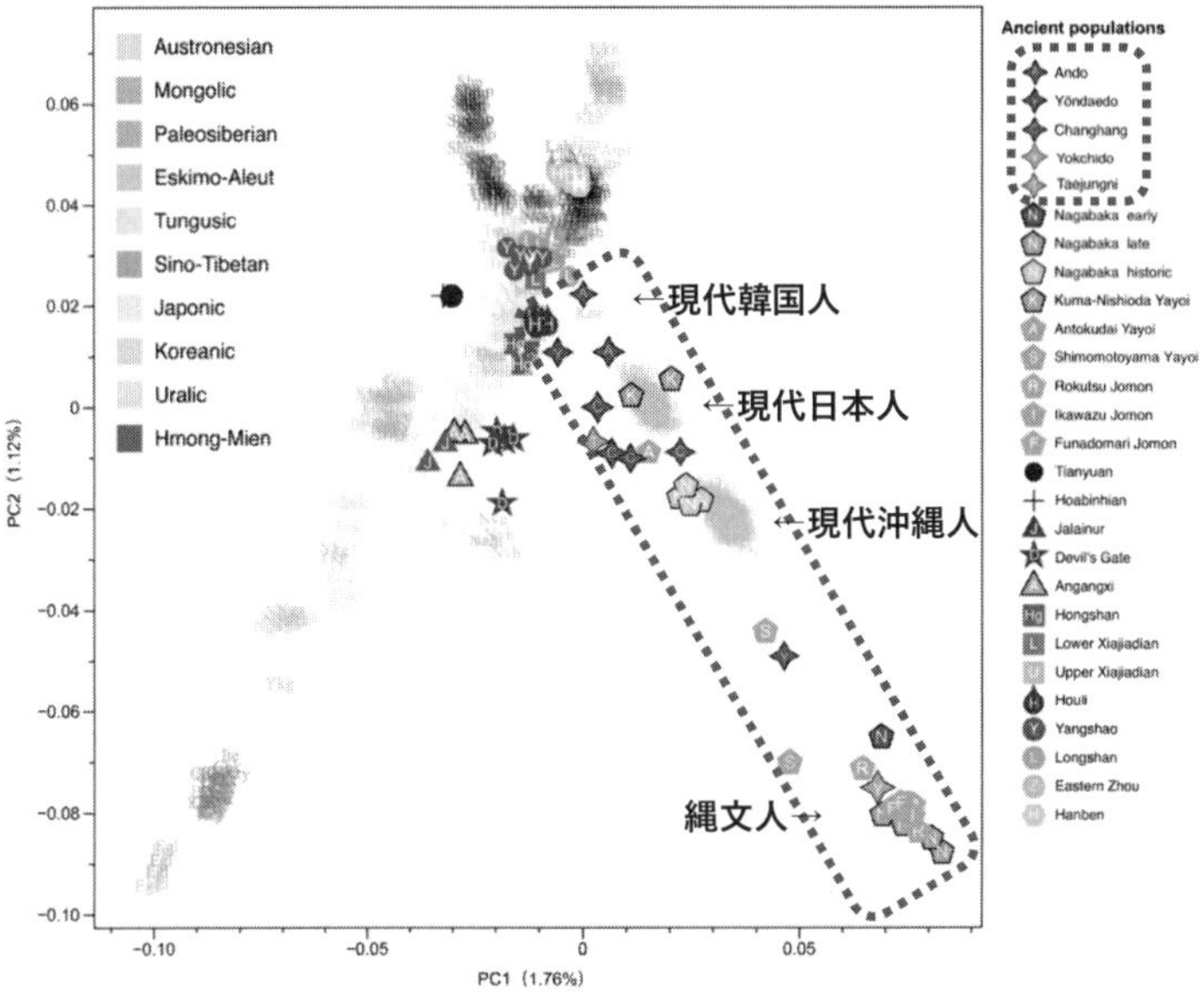

朝鮮半島南部古代人のゲノム解析の結果①

2021年に公開された、主成分分析によるゲノム解析の結果。物理的な距離が近いほどDNAが似ていることを示す。**朝鮮半島南部古代人（十字の星形）**は、すべて**点線**の枠の中にあり、現代韓国人よりは、現代日本人・現代沖縄人や縄文人・弥生人（**五角形**）に似ているケースが大半であることが分かる。

【出典】Robbeets M et al. Triangulation supports agricultural spread of the Transeurasian languages. 2021.

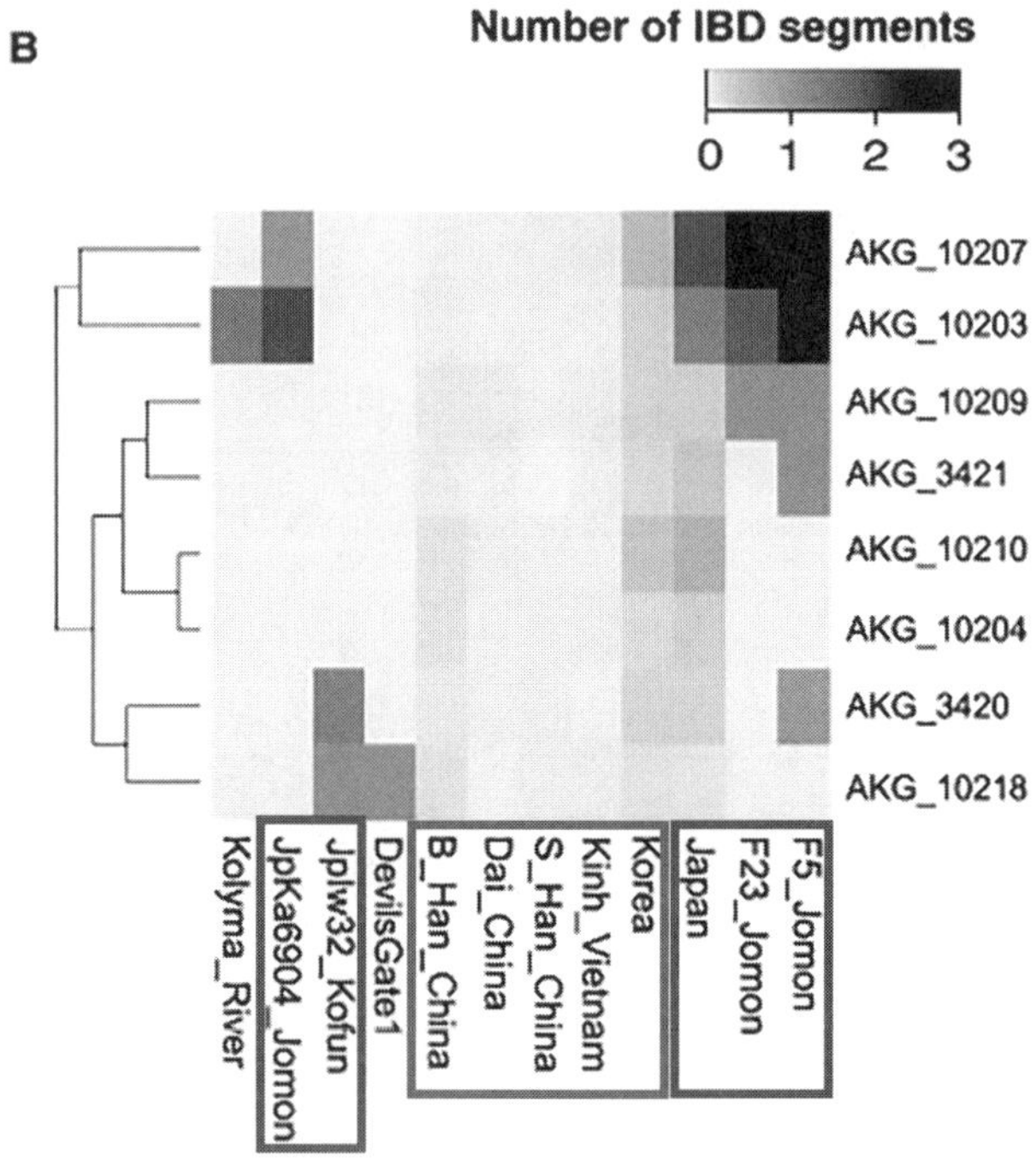

朝鮮半島南部古代人のゲノム解析の結果②

2022年に公開された、IBDセグメント分析によるゲノム解析の結果。縦軸と横軸に示されたゲノムが似ているほど、交差する部分の色が濃くなる。4～6世紀の**朝鮮半島南部古代人（右・AKG_XXX）**は、現代韓国人・現代ベトナム人・現代中国人（下の**破線**）などより、縄文人・古墳人・現代日本人（下の**実線**）に似ていることが分かる。

【出典】Pere Gelabert et al. Northeastern Asian and Jomon-related genetic structure in the Three Kingdoms period of Gimhae, Korea. 2022.

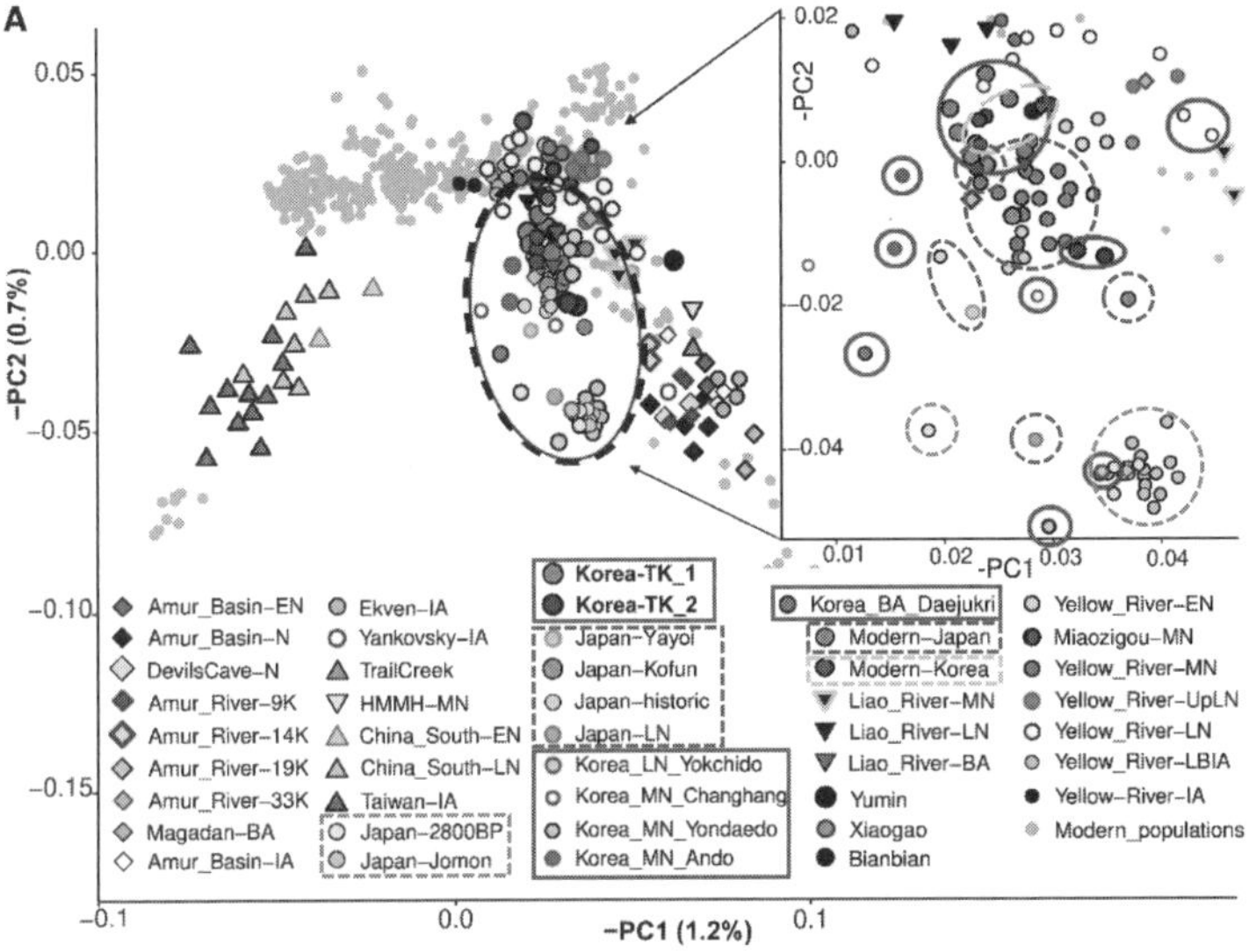

朝鮮半島南部古代人のゲノム解析の結果③

2023 年に公開された、主成分分析による核ゲノム解析の結果。

右上の**朝鮮半島南部古代人（実線内）**は、現代韓国人（**破線内**）よりは縄文人・弥生人・古墳人・現代日本人（**点線内**）に似ていた。この結果は前頁と同じ。朝鮮半島が 7000 ～ 8000 年前まで事実上無人だったため、その後に日本列島から縄文人や弥生人が移住した可能性が高い。

【出典】Pere Gelabert et al. Northeastern Asian and Jomon-related genetic structure in the Three Kingdoms period of Gimhae, Korea. 2022.

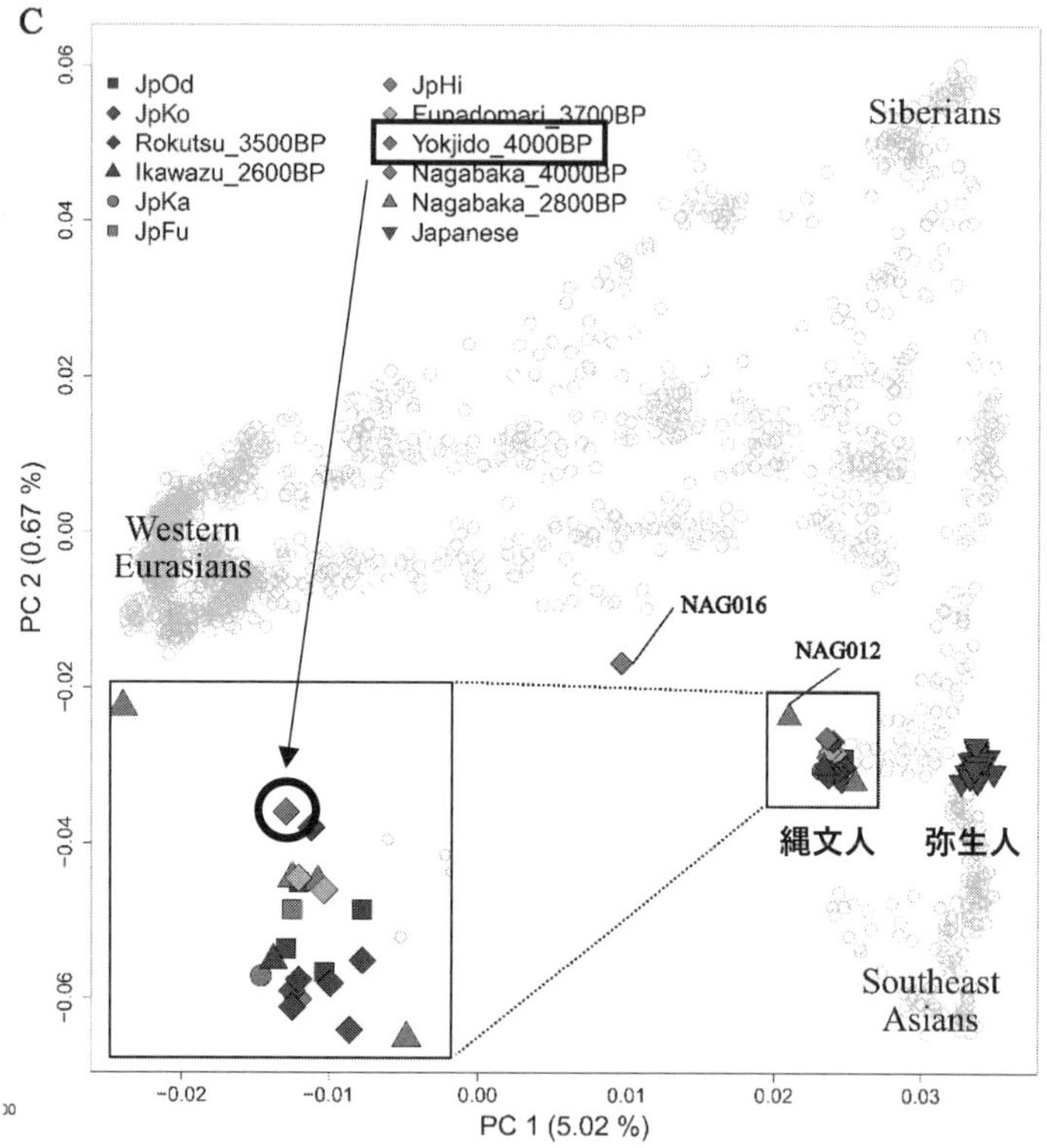

朝鮮半島南部古代人のゲノム解析の結果④

2023年発表の最新核ゲノム解析の結果によると、**朝鮮半島古代人（Yokjido_4000BP）のDNAは、同時代の縄文人に酷似。**

【出典】Gichan Jeong et al. An ancient genome perspective on the dynamic history of the prehistoric Jomon people in and around the Japanese archipelago. 2023.

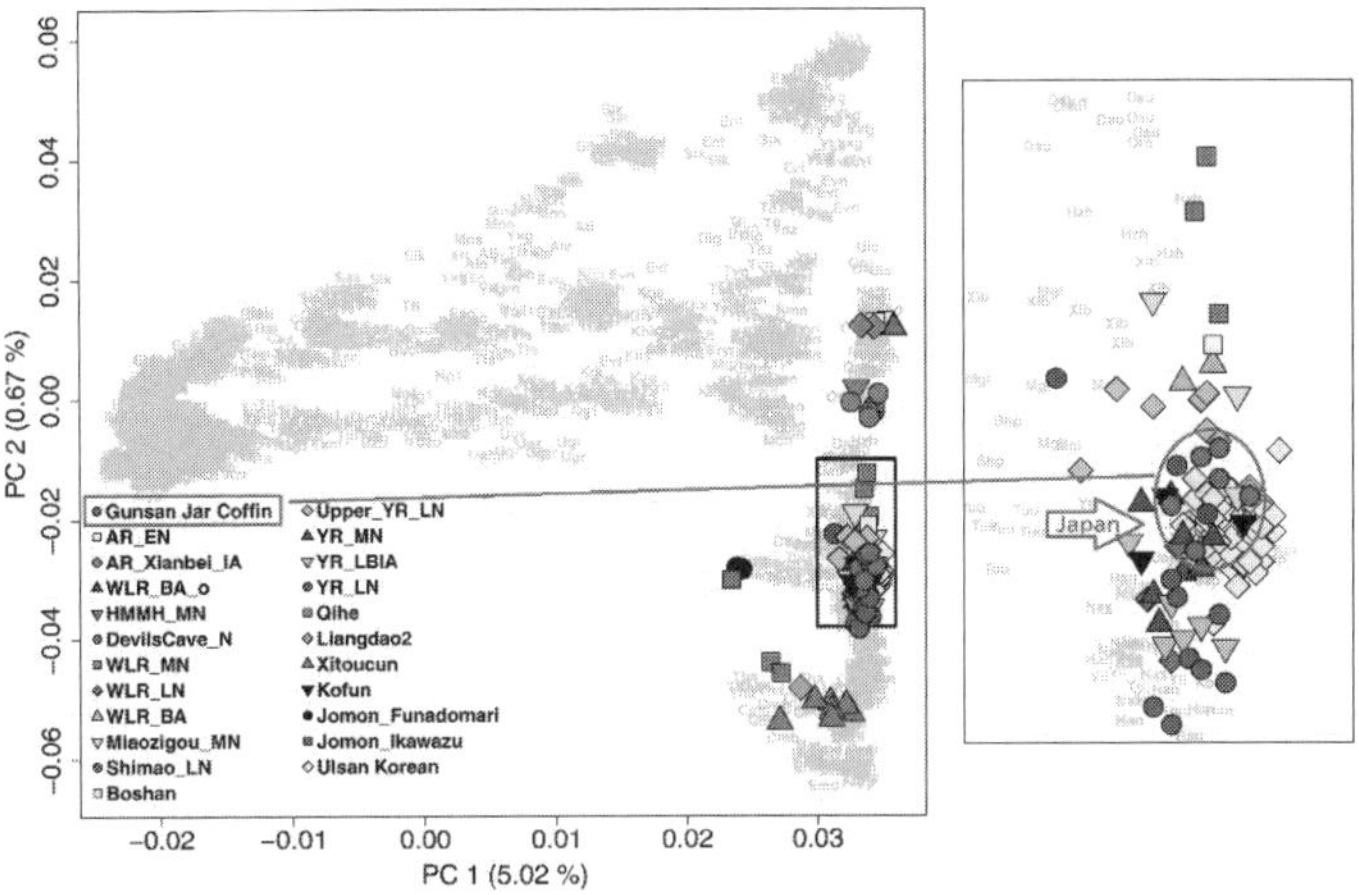

	Post-mortem damage		Contamination estimates		Uniparental haplogroup	
Lab ID	5′ C > T	3′ G > A	X	MT	MT	Y
GUC001	0.2928	0.2819	0.0184 ± 0.0147	0.01 (0.00–0.02)	D4c1b1	Q1a (Q-L472)
GUC002	0.2096	0.1952	0.0020 ± 0.0017	0.01 (0.00–0.02)	D4b2b1	Q1a1a1 (Q-M120)
GUC003	0.2623	0.2575	0.0106 ± 0.0073	0.01 (0.00–0.02)	B5b3a	Q1a1 (Q-F1251)
GUC004	0.2413	0.2376	N/A	N/A	N/A	–
GUC005	0.2140	0.2012	0.0058 ± 0.0016	0.03 (0.01–0.05)	D4c1b1	O1b2a2a1a (O-CTS7620)
GUC007	0.2328	0.2119	N/A	0.02 (0.00–0.04)	D4c1b1	–

Note: Six of the seven individuals yield sufficient human DNA for genome-wide analysis. The numbers of covered target sites are counted among 1,233,013 SNPs in the 1240K panel and 593,124 autosomal SNPs in the HumanOrigins panel. X-chromosome-based contamination estimates represent the point estimate ±1 s.e.m., and mitochondrial estimates represent the point estimate and the 95% credible interval.

朝鮮半島南部古代人のゲノム解析の結果⑤

2022 年発表の群山市・堂北里遺跡の核ゲノム解析の結果によると、**朝鮮半島の古代人のＤＮＡ●は**、現代韓国人（蔚山《ウルサン》市）◇よりは、どちらかというと**古墳人▼や現代日本人 Jap(an) に似ている**。表中のＹ染色体ハプログループ O1b2a1a2a1a(CTS7620) と Q1a1a1 は現代日本・韓国・中国人にもある。なお、GUC005 の O1b2a2a1a という論文中の表記は誤り（☞補足説明）。

【出典】Don-Nyeong Lee et al. Genomic detection of a secondary family burial in a single jar coffin in early Medieval Korea. 2022.

さて、これらの論文によると、数千年前の朝鮮半島で出土したゲノム解析が可能な人骨は、そのほとんどが朝鮮半島南岸の小さな島から出土（☞口絵13頁 ☞78頁）。つまり、地理的には、縄文人や弥生人が住んでいた北部九州に近く、そしてDNAもよく似ているのです。対照的に、現代韓国人にも現代中国人にもあまり似ていません。最初の論文の図（☞口絵11頁 ☞71頁）にあるように、これら一連のデータを見たら、誰もが縄文人が朝鮮半島に移動したとしか言えないのではないでしょうか。

渡来人は存在したのか

別な角度からも子細に検討してみましょう。従来の定説では、朝鮮半島からの「渡来人」が、水田稲作などの先進技術を携え、対馬海峡を渡って日本列島にやってきたとされます。これは、次のことが前提となっています。

①朝鮮半島には、ホモ・サピエンス（現生人類）が数万年前からずっと住み続けていた
②半島最古で独自の「隆起文《りゅうきもん》土器」は、日本ではわずかしか出土しない
③この土器は、半島の方が日本のものより古い

よって、縄文人と半島古代人には交流はあったものの、基本的に別種の人間だったとされていました。しかし、前述したように、2万年前から7000〜8000年までは朝鮮半島は事実上無人だったため、**①は否定されます**。その後に半島に人間が出現するのは、すべて日本寄りの海岸か島嶼でした（☞63頁☞次頁）。

朝鮮半島最古の隆起文土器

そして、その後の研究により、**②も否定されました**。

既に説明したように、朝鮮半島独自かつ最古とされる土器は、「隆起文土器」と呼ばれます。同時期の九州の縄文土器は前述の「轟B式土器」です。従来の定説によれば、「これらの土器はそれぞれの地域の遺跡において、わずか数片しか出土しない場合が大半で、遺跡における在地の土器の出土量に比べると占める割合は極めて低い[★11]」とされてきました。だから、隆起文土器は朝鮮半島独自、轟B式土器は日本独自だというわけです。しかし、2017年に発表された熊本大学考古学研究室の**対馬・越高《こしたか》遺跡の発掘**では**大量の隆起文土器が出土**し、この定説が覆ったのです[★12]。次は同じ年の長崎新聞の記事からです[★13]。

＊　＊

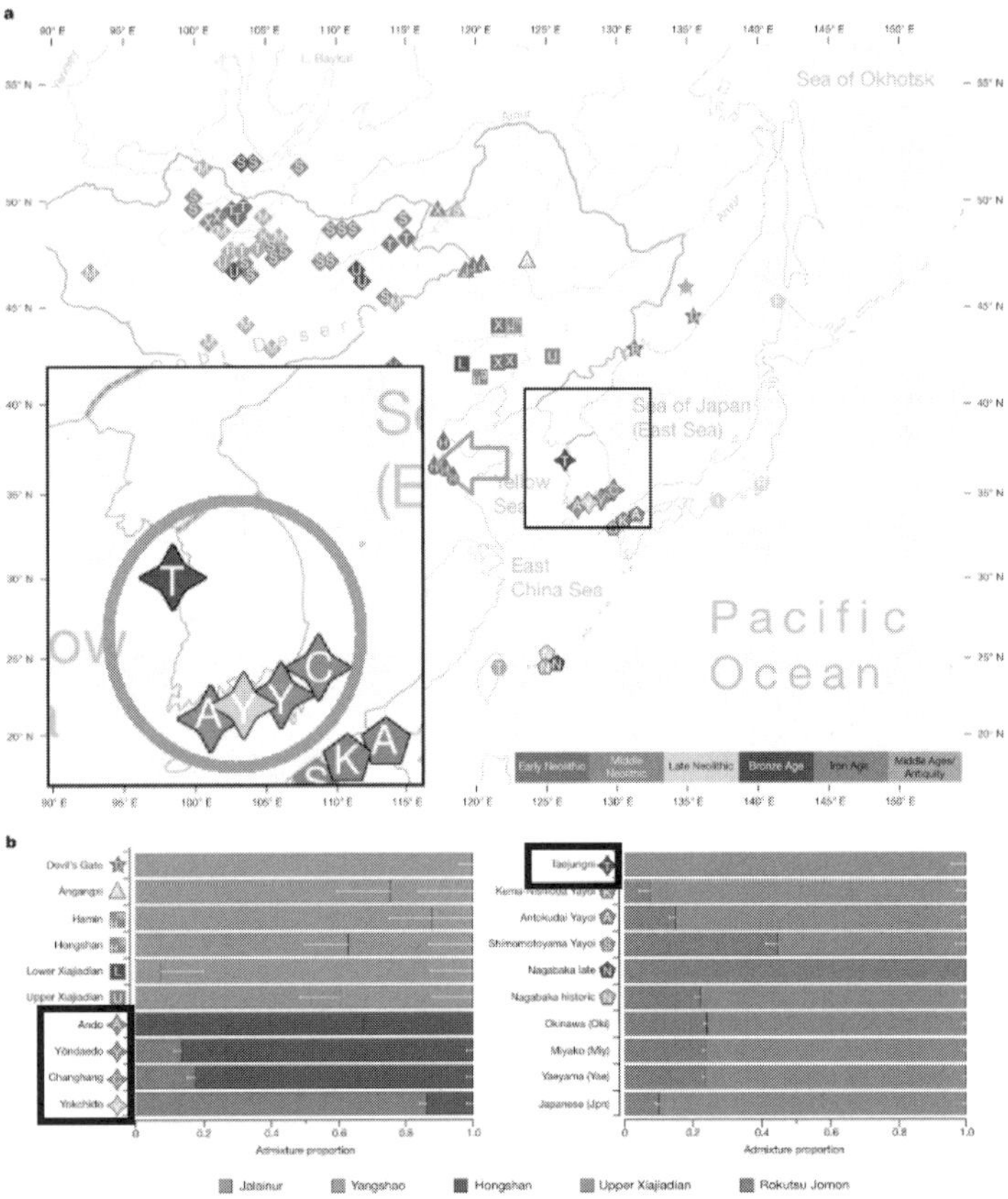

ゲノム解析の対象とした朝鮮半島南部古代遺跡の所在地

太線の枠内が、今回対象となった人骨が出土した場所。

【出典】Robbeets M et al. Triangulation supports agricultural spread of the Transeurasian languages. 2021.（拡大図を追記）

対馬市上県《かみあがた》町越高にある縄文時代の「越高遺跡」で［2017年9月］18日、市教委と熊本大は2015年から続ける発掘調査の現地説明会を開いた。**発掘した土器片のほとんどが朝鮮半島系の「隆起文土器」で、**朝鮮半島から渡ってきた人が暮らすため対馬で作ったものとみられる。

（中略）

調査チームによると、越高遺跡は、縄文時代早期末（紀元前5000年）から前期初頭（同4500年）にかけての遺跡。隆起文土器は、作る際に粘土の帯を貼り付け、指や爪などを押しつけ装飾する。朝鮮半島南部で紀元前5400年～同4400年にかけて多く製作された。**3年間の調査で出土した土器片約470点のうち、ほとんどが隆起文土器で対馬産粘土で作られていた。**

*　*

では、本当に朝鮮半島からこの土器を携えて人々が渡って来たのか。記事によれば、③に書いたとおりで、越高遺跡の隆起文土器は紀元前5千年前、朝鮮半島南部ではそれより前の紀元前5400年とあります。よって、時期的には朝鮮半島の方が古いので、この半島の土器が海を渡って日本に伝えられたように思えます。

しかし、当時の朝鮮半島人のDNAはほとんど縄文人と同じです。紀元前5千年や紀元前5400年という年代は本当に正しいのでしょうか？

隆起文土器は縄文土器なのか

その後、2019年に熊本大学が公表した報告書[★14]によると、越高遺跡の開始年代は約7200年前となります。これは、放射性炭素年代測定法と、土器が出土した地層でほぼ確定しています。前者の年代は最古で約7200年前（紀元前5200年）で、後者は最古の土器が約7300年前のアカホヤと思われる赤褐色の地層（第4層）から出土しています。このことは、越高遺跡の年代は、鬼界カルデラ大噴火と同時期かその後ということを意味します。

朝鮮半島ではどうか。2023年の長崎県の報告書[★15]には、対馬から最も近い釜山の東三洞・凡方《ぼんほう》遺跡の発掘調査の結果が公開され、東三洞遺跡は次のように説明されています。

○1層は表土層、2層は純貝層、3層は黒褐色腐食土層、4層は暗褐色の貝殻と土が混在。

○5層（茶色混貝土層）は、太線沈線文土器（水佳里I式土器、紀元前3600〜2900年と推定）が主に出土。

○6層（暗褐色混貝土）から刺突押引文土器（瀛仙《えいせん》式土器、紀元前4400〜3700年と推定）がほとんどで、隆起文土器が少量含まれている。
○7層（純貝層）は無文様土器が主体であり、隆起文土器と指頭文土器が含まれているが、隆起文土器の最も遅い段階（紀元前4620〜3790年と推定）の堆積層。
○**8層（黒色腐食土層）と9層（明褐色混貝土層［7300年前＝紀元前5300年のアカホヤと思われる］）では、隆起文土器（紀元前5600〜4700年と推定）が安定的に出土。**
○黒曜石はすべての層で出土。うち帰属時期が明確なのは8・9層、7層、2層。
○8・9層では轟B式土器が出土し、九州地域前期に並行する時期であることが分かる。
○7層では縄文土器が出土していない。

次頁の表は同じ報告書の凡方遺跡の調査結果です。**最も古い土器は、約7300年前のアカホヤと思われる赤褐色の地層（Ⅷ層）の上から出土**しています。日本産の黒曜石や轟B式土器も同じ地層から出土。つまり、東三洞・凡方遺跡と越高遺跡は、時期的にはほぼ同じであることが分かります。報告書によれば、黒曜石は日本産とのこと。縄文人が対馬から朝鮮半島へ移

層位	様相	出土遺物(土器)	遺構	時期
I層	表土層			現代
II層	耕作層	磁器片		高麗·朝鮮時代
III層	褐色腐食層	二重口縁、退化沈線文(水佳里 II式)、 刺突押引文土器(瀛仙洞式)、隆起文土器		5600~1500(?) cal. BC
IV層	褐色砂質土層	二重口縁、退化沈線文(水佳里 II式)、 太線沈線文土器(水佳里 I式)土器	集石炉址 囲石炉址	3600~1500(?) cal. BC
V層	灰色砂層	太線沈線文土器(水佳里 I式)、刺突押引文土器(瀛仙洞式)、隆起文土器	方形集石遺構 集石炉址 囲石炉址 大型集石	5600~2900 cal. BC
VI層	淡黄色砂層	刺突押引文土器(瀛仙洞式)、指頭文、隆起文土器	集石炉址 囲石炉址	5600~3700 cal. BC
VI-1層	白色砂層	隆起文土器	囲石炉址	5600~4700 cal. BC
VI-2層	黒色砂質土層	隆起文土器		5600~4700 cal. BC
VII層	灰色砂質土層	隆起文土器		5600~4700 cal. BC
VIII層	赤褐色砂質土層	**←アカホヤ(5300BC)※**		
IX層	淡黄色砂質土層			
X層	地山			

釜山・凡方遺跡の調査結果

Ⅷ層は赤褐色のため、約7300年前の鬼界カルデラ大噴火によるアカホヤと推定※。朝鮮半島最古の土器「隆起文土器」はこの層の上から出土しているため、大噴火の時期より新しいことになる。

黒曜石はⅢ層からⅦ層のすべての層で出土。Ⅵ、Ⅶ層出土の黒曜石の帰属時期が最も確実で、九州地域の轟B式土器と同時期。

時期は各層の堆積時期ではなく、その層から出土した土器の放射性炭素年代をすべて合わせたもの。

【出典】川道寛ほか「東三洞貝塚・凡方遺跡出土の黒曜石産地同定」『長崎県埋蔵文化財センター研究紀要』 2023年★15

動していてもおかしくはありませんし、それなら隆起文土器は縄文土器だということにもなります。これで③も否定されました。

ソウル大教授の致命的なミス

ここで、本章の冒頭で紹介したソウル大教授らの論文[★1]に戻ります。それによると、氷河期以降の朝鮮半島最古の「骨」(Bone)は約8200年前とされ、元の数値は同じ著者らの別の論文[★16]に掲載されています。確かに、8200年前に「人骨」が出土しているなら、隆起文土器は日本より古いはず。③は確定的で、それなら隆起文土器は朝鮮半島独自なのでしょう。

ところが、驚くべきことに、この年代は……単純ですが致命的なミスだったのです！

問題の査読付き論文の執筆者は、韓国最高峰のソウル大教授らで、当然ながら考古学の専門家。どうしても信じられなかったので、ここに事実をありのままに記しておくことにします。

問題の「骨」の生の測定値は7430年前ですが、これを本来の年代に較正すると約8200年前。ところで、このサンプルには固有の番号(SNU07-634)が付いています。韓国でそんなに古い骨ってどんなものかと思って調べてみたところ、実はこの骨は人間ではなくク

Table 1 (*continued*)

Site	County (City)	Latitude (N°)	Longitude (E°)	AMS date (uncal BP)	Error range	Dated material	Pottery	Lab no.
Sasong-ri	Yangsan	35.30	129.07	32,100	220	Charcoal	none	Not known
				34,460	280	Charcoal	none	Not known
Jiphyeon	Jinju	35.22	128.10	20,150	100	Charcoal	none	Beta-171,404
				19,640	100	Charcoal	none	Beta-171,405
				19,490	90	Charcoal	none	Beta-171,406
				22,170	120	Charcoal	none	Beta-171,407
				18,730	80	Charcoal	none	Beta-171,408
				13,160	280	Charcoal	none	unknown
				19,480	540	Charcoal	none	unknown
				20,480	800	Charcoal	none	unknown
Sinbuk	Jangheung	34.74	126.98	23,840	90	Charcoal	none	PLD-32801
				18,500	300	Charcoal	none	SNU03-912
				21,760	190	Charcoal	none	SNU03-913
				25,500	1000	Charcoal	none	SNU03-914
				20,960	80	Charcoal	none	SNU03-569
				18,540	270	Charcoal	none	SNU03-915
				11,300[a]	300	Charcoal	none	SNU04-337
				23,850	160	Charcoal	none	SNU04-338
				25,420	190	Charcoal	none	SNU03-568
Munam-ri	Goseong	38.305	128.544	6240	50	Charcoal	Yes	SNU12-R007
Osan-ri	Yangyang	38.086	128.660	7050	120	Charcoal	Yes	KSU-515
				7120[a]	700	Charcoal	Yes	KSU-492
Jukbyeon	Uljin	37.06	129.42	6920	60	Charcoal	Yes	SNU10-1150
Sejuk	Ulsan	35.46	129.35	6240	50	Wood	Yes	Beta-119,433
Bibong-ri (midden)	Changnyeong	35.41	128.63	6250	50	Wood	Yes	SNU10-1103
				6430	50	Wood	Yes	SNU10-1107
				6560	50	Wood	Yes	SNU10-1106
				6570	50	Wood	Yes	SNU10-1108
				6580	50	Wood	Yes	SNU10-1105
				6850	50	Wood	Yes	SNU10-1112
				6870	40	Wood	Yes	SNU10-1109
				6910	50	Wood	Yes	SNU10-1110
				7000	50	Wood	Yes	SNU10-1111
Bibong-ri	Changnyeong	35.4	128.63	6270	60	Charcoal	Yes	SNU06-203
				6390	60	Wood	Yes	SNU06-210
				6550	50	Wood	Yes	SNU06-204
				6670	60	Charcoal	Yes	SNU06-208
				6710	50	Wood	Yes	Beta-219,086
				6740	50	Wood	Yes	Beta-219,086
				6490	50	nutshell	Yes	Beta-219,089
				6800	50	Wood	Yes	SNU06-306
Jukrim-dong	Busan	35.20	128.90	6490	110	shell	Yes	SNU08-A005
Dongsam-dong	Busan	35.07	129.08	6740	40	bone	Yes	SNU01-160
				6400	50	bone	Yes	SNU 00-092
				6910	60	bone	Yes	SNU01-162
				6580	60	charcoal	Yes	SNU06-696
				6520	50	charcoal	Yes	SNU06-694
Sangnodaedo	Tongyeong	34.67	128.24	6622	180	Charcoal	Yes	unknown
Ando	Yeosu	34.49	127.80	7430	60	Bone	Yes	SNU07-634
				7410	60	Bone	Yes	SNU07-633
				6620	110	Bone	Yes	SNU07-635
				6780	60	Shell	Yes	SNU07-A027
				6650	80	Shell	Yes	SNU07-A025

Table 1
Radioactive carbon ages for the bone and shell samples collected from the Ando shell midden, as determined by accelerator mass spectrometry at the Seoul National University (GNM, 2009).

Lab number	Sample	Location	Amount (mg)	^{14}C age BP	Calibrated ^{14}C age
SNU07-633	Bone (whale)	p5 Neolithic surface soil	2.45	7410 ± 60	cal BC 6320
SNU07-634	Bone (whale)	p5 Neolithic surface soil	2.6	7430 ± 60	cal BC 6330
SNU07-635	Bone (whale)	p2 Layer I	1.89	6620 ± 110	cal BC 5550
SNU07-A024	Shell (oyster)	p2 Layer II	11.32	4490 ± 60	cal BC 2720
SNU07-A025	Shell (oyster)	p2 Layer I	11.19	6660 ± 80	cal BC 5220
SNU07-A026	Shell (oyster)	Hearth I	11.34	5370 ± 60	cal BC 3790
SNU07-A027	Shell (oyster)	Hearth I	11.35	6780 ± 60	cal BC 5350

人骨だと思われた骨（Bone）は、実はクジラ（whale）の骨！

枠線内の SNU07-633/634 は数値が一致するため、同一サンプル

上　ソウル大学の教授らの論文[★16]

下　この論文の数値の出所である論文[★18]

ジラ（whale）でした（☞前頁）。海洋動物では「海洋リザーバー効果」の影響により、見かけ上の数値が数百年古く出ます（朝鮮半島南岸なら２００～３００年[★17]）。ただし、これは浅い海の場合で、クジラのような何千メートルも潜水できる動物なら、数値の乖離はさらに大きくなります。

それだけではありません。この較正値は朝鮮半島南岸なら前述のとおり２００～３００年ですが、クジラのような深海だけではなく、外洋にも行ける動物なら、どのぐらいになるのかは不明。ですから、そもそも遺跡の年代にクジラの骨から得られた数値を採用するのは適切ではありません。２番目に古いクジラの骨（SUN07-633）でも同じことです。

最初は単純ミスかと思ったのですが、意図的だった可能性も捨てきれません。なぜなら、問題のクジラの骨（SNU07-633/634）の測定値を掲載している論文[★18]は、この論文[★1]の参考文献には掲げられていないからです。それだけではありません。この論文で３番目に古い骨（SNU01-162）は、「動物」（animal bone from the 9th layer of the shell mounds〈4m height〉）でした。海岸の遺跡の動物は、海洋性の可能性もあるため、対馬・越高遺跡では「海洋リザーバー効果」を較正した値が示されていますが[★17]、この論文では何もしていません。これまた同じく、年代の測定値を掲載している元論文[★19]は、この論文の参考文献にはないのです。

奇妙なことはまだ続きます。年代の測定値をずらっと並べている元表（☞84頁上）が掲載されている論文[★16]は有料の査読付き論文です。つまり、お金を払わないと読めませんが、冒頭の論文[★1]は無料で誰でも読めます（オープンアクセス）。普通は、査読付き論文でＯＫになった内容なら、あえて結論を疑ったりはしません。よって、この約８２００年前という値は、単純ミスではなく、数値を古く見せかけるため、意図的に誤解させようとした可能性も否定できないのです。

なお、この論文には「木」(wood)や「炭」(charcoal)の年代も掲載されていますが、枯れ木や相当に太い木だったなら、生の測定値は本来の数値より古く出る場合もあります。結局、これらの数値を除くと、84頁の朝鮮半島の遺跡はほとんどが７３００年前のアカホヤ大噴火より後となるようです。詳しくは補足説明をご覧ください。

これで、**③はほぼ完全に否定されました。**

極めて不自然な二重構造説

従来の定説「二重構造説」では、朝鮮半島の渡来人が水田稲作などの先進技術を携えて日本列島に到来し、縄文人と混血して弥生人になったとされます（☞次章のミニ知識）。

この説が正しいとすると、これまでの事実との整合性から……

Ａ　約７３００年前の鬼界カルデラ大噴火の直後、朝鮮半島の日本寄りの複数の沿岸（だけ）に、「突如」として「縄文人」のＤＮＡを持った人間が出現した

Ｂ　出現後すぐ、ほぼ同時に出現した対馬の縄文人と交流し、現地で「隆起文土器」を製作した（あるいは作り方を教えた）

Ｃ　それだけではなく、日本産の黒曜石を入手して朝鮮半島に持ち帰った

という極めて不自然な仮定をしなければなりません。そもそも、「突如」として出現した半島古代人が、日本列島の地理や特産品に詳しいはずがない。なお、対馬では越高遺跡（約７２００年前）が最古とされているため、ＡとＢはほぼ同時期の出来事ということになります。もちろん、こんなことが絶対にないとは言い切れませんが、極めて非現実的というしかないでしょう。

それなら……

A　鬼界カルデラの大噴火直後、九州の縄文人が難を逃れて、当時は無人だった対馬、そして朝鮮半島に渡って定住した

B　朝鮮半島には、対馬の隆起文土器と日本産の黒曜石を持って行った

と考えた方がはるかに自然です。細かいことを言うと、壱岐（松崎遺跡）、松浦半島（赤松海岸遺跡）、五島列島（頭《かしら》ヶ《が》島《しま》白浜遺跡）からも「隆起文土器」が出土。[★20] よって、九州から朝鮮半島に渡るのに、どんなルートを経由したのかは検討の余地あり、ということになります。

韓国人のDNA

参考までに、私が無料で公開されているオープンデータを使って、現代の日本人、韓国人、中国人についてゲノム解析を行った結果を示します（☞口絵14頁☞次頁）。図では、物理的な距離が近いほど遺伝子が似ていることになります。結果は見たとおりで、韓国人は日本人と中国人の中間でした。このことは、海を渡った縄文人や弥生人は、その後に大陸から来た中国人と混血し、現在の韓国人が誕生した可能性を示唆しています。より詳しい情報を知りたい方は、ぜひ私の英語論文をご覧ください。[★21] 巻末に簡単な紹介を付けておきます。

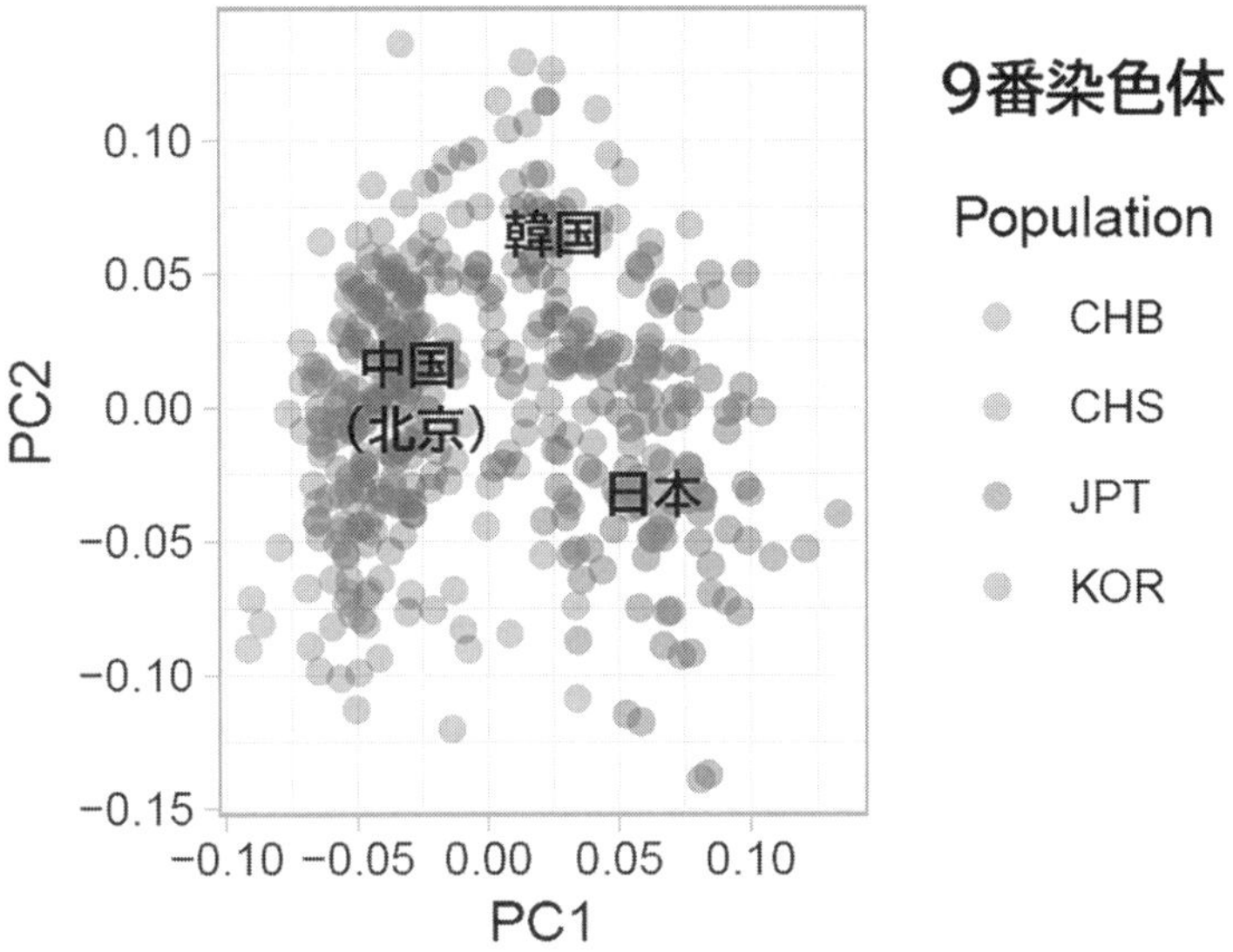

日中韓を比較したゲノム解析の結果
無料で公開されている 1000 Genome Project のデータを使用し、日中韓の現代人を比較した主成分分析の結果を示す図を作成した。**韓国人の DNA は、日本人と中国人の中間**であり、言い換えれば混血である可能性を示唆している。
【出典】Masayuki Kanazawa. New perspective on GWAS: East Asian populations from the viewpoint of selection pressure and linear algebra with AI. 2022.

余談ですが、同じデータを解析してみたところ、お酒に弱い遺伝子（ＡＬＤＨ2）を持っている人の割合は、日本（東京）が43・3％、中国北部（北京）が28・2％、中国南部が45・7％、韓国が27・5％でした。このことは、単一の遺伝子については、必ずしも場所が近いから似ているわけではないことを示しています。

また、「主成分分析」や「クラスター分析」という手法を使った場合には、これと異なる結果が出ています。興味を持たれた方は、ぜひ補足説明もご覧ください。

【まとめ】

○朝鮮半島は約2万年前から約７０００年前までほぼ無人だが、その後は人口が急増

○鬼界カルデラが約７３００年前に大噴火し、南部九州の縄文人は壊滅

○朝鮮半島南部古代人のＤＮＡは、同時代の縄文人や弥生人と酷似

○これにより、前著『古代史サイエンス』で記した、鬼界カルデラが約７３００年前に大噴火し、南部九州の縄文人は壊滅したものの、北部九州の縄文人は朝鮮半島に避難・移住した、という仮説が再び裏付けられた

○よって、半島最古で独自とされる「隆起文土器」は、実は縄文土器である可能性が高い

★1　Chuntaek Seong et al. Moving in and moving out: Explaining final Pleistocene-Early Holocene hunter-gatherer population dynamics on the Korean Peninsula. Journal of Anthropological Archaeology. 2022.

　この論文がオンラインで公表されたのは、ニューヨーク時間２０２２年3月9日（韓国では翌3月10日）で、韓国大統領選挙で保守派の尹錫《ユンソ》悦《ニョル》氏が勝利した日の翌日。著者は韓国教育省から資金面の支援を受けており、日付は偶然とは思えない。記事が掲載された号には、この日に公開された他の論文はなかった。また、口絵10頁の図「縄文人が日本列島→朝鮮半島へ移動」が公表されたのも、同氏の就任後である２０２３年。

★2　山下大輔「鬼界アカホヤ火山灰の年代」『阡陵―関西大学博物館彙報』２０２０年

★3　李相均「縄文前期前半期における轟B式土器群の様相―九州、山陰地方、韓国南岸を中心に」『東京大学文学部考古学研究室研究紀要』１９９４年

★4　Robbeets M et al. Triangulation supports agricultural spread of the Transeurasian languages. Nature. 2021.

★5　Pere Gelabert et al. Northeastern Asian and Jomon-related genetic structure in the Three

Kingdoms period of Gimhae, Korea. Current Biology. 2022.

★6　韓国の地名の英語表記にはバラツキが見られる。獐（長）項（Changhang/Janghang）、欲知島（Yokjido/Yokchido）、大中里（Taejungni/Deajungri）など。

★7　韓国・獐項遺跡の〝６３００年前〟の人骨からは、「弥生人」に酷似したＤＮＡが発見された。年代測定は炭素14法によるとされるが、墓は弥生中期前半の九州北部の甕棺《かめかん》墓に見られるような列状配置（藤尾慎一郎他「考古学データとＤＮＡ分析からみた弥生人の成立と展開」２０２２年）。この遺跡は弥生時代まで存続したため、問題の人骨は６３００年前のものではなく、ＤＮＡどおり弥生人である可能性が高い。オリジナルの報告書（篠田謙一他「韓国加徳島獐項遺跡出土人骨のＤＮＡ分析」『韓国文化財研究院論文集・文物』２０１９年）は韓国内の印刷物しかなく、ネットや日本国内では入手不可能。おそらくは、〝予想外〟の結果のため、「お蔵入り」したのではないかと思われる。

★8　Gichan Jeong et al. An ancient genome perspective on the dynamic history of the prehistoric Jomon people in and around the Japanese archipelago. Human Population Genetics and Genomics. 2023.

★9　Don-Nyeong Lee et al. Genomic detection of a secondary family burial in a single jar coffin in

early Medieval Korea. American Journal of Biological Anthropology. 2022.
★10　Zhang Y. et al. Genetic diversity of two Neolithic populations provides evidence of farming expansions in North China. Journal of Human Genetics. 2017.
★11　広瀬雄一「対馬海峡を挟んだ日韓新石器時代の交流」『西海考古』西海考古同人会　２００５年
★12　小畑弘己監修、岡田勝幸・豊永結花里編「越高遺跡Ｂ地点」『考古学研究室報告第52集』熊本大学文学部考古学研究室　２０１７年
★13「朝鮮系『隆起文土器』を確認」『長崎新聞』２０１７年９月19日
★14　小畑弘己監修、新垣匠・嘉戸愉歩・エンフマグナイ編「越高遺跡Ａ地点」『考古学研究室報告第54集』熊本大学文学部考古学研究室　２０１９年
★15　川道寛ほか「東三洞貝塚・凡方遺跡出土の黒曜石産地同定」『研究紀要』第13号　長崎県埋蔵文化財センター　２０２３年
★16　Jangsuk Kim, Chuntaek Seong. Final Pleistocene and early Holocene population dynamics and the emergence of pottery on the Korean Peninsula. Quaternary International. 2022.
★17　中西利典ほか「九州沿岸における放射性炭素海洋リザーバー効果の時空間変化の検

討」『国土地理協会第14回学術研究助成報告書』２０１９年
※海水は大気に比べ数%も炭素14の濃度が低いため、測定値が見かけ上古く出る。

★18　Kyungcheol Choy et al. Stable isotopic analysis of human and faunal remains from the Incipient Chulmun (Neolithic) shell midden site of Ando Island, Korea. Journal of Archaeological Science. 2012.

★19　M Youn et al. Seoul National University accelerator mass spectrometry (SNU-AMS) radiocarbon date list III. Radiocarbon. 2007.

★20　白井克也（九州国立博物館）　考古学のおやつ　日本出土の朝鮮産土器・陶器―新石器時代から統一新羅時代まで―（ホームページ）

★21　Masayuki Kanazawa. New perspective on GWAS: East Asian populations from the viewpoint of selection pressure and linear algebra with AI. Gene Technology. 2022.

【コラム】平和的でスピリチュアルな縄文人

縄文人は極めて平和的な生活をしていたらしく、弥生人や日本以外の古代人とは違い、殺人による死亡が極めて少ないようです。

このことは、数値にもはっきり現れていて、縄文人の人骨2576体を調べた研究[★1][★2]によると、そのうち殺人による死亡と推定されるのは23体だけで、割合はわずか0・9％（大人に限ると1269体中23体で1・8％）と、弥生時代の半分以下[★3]。縄文時代の遺跡からは、後の弥生時代や古墳時代のような明確な武器（剣や鏃《やじり》など）の出土も少ないようです。

これは、縄文時代の社会は比較的小規模な集団を基盤としており、大規模な戦争や組織的な軍事活動が少なかったことを示しています。争いが少なかったことは、Y染色体のハプログループが、他のアジア諸国より多様性に富むことでも裏付けられます（☞54頁）。

縄文人は、スピリチュアルな生活をしていたことも特徴です。竹倉史人氏の『土偶を読む』などによれば、縄文時代の土偶は、祭礼などの宗教的な儀式に使われたと推測されます。たとえば、「遮光器土偶」は里芋の象徴とのこと。親芋から子芋を切り離して植えれば、翌年に芽が出て成長します。土偶は、意図的に破壊されたような形で発見されるものが多いですが、遮光器土偶の一部を切り離して土に埋めたと仮定すれば、確かに里芋の栽培の様子によく似ているのです。

また、現代日本人に「祖先には霊的な力がある」という回答が世界一多いのは、縄文人がスピリチュアルなのとも共通します。[★4] この原因は、遺伝子レベルなのか、あるいは文化レベルなのかは不明ですが、ひょっとすると縄文以来の日本の伝統なのかもしれません。

★1 Hisashi Nakano et al. Violence in the prehistoric period of Japan: The spatio-temporal pattern of skeletal evidence for violence in the Jomon period. Biology Letters. 2016.

★2 Tomomi Nakagawa, Hisashi Nakao, Kohei Tamura, Yui Arimatsu, Naoko Matsumoto and Takehiko Matsugi, Violence and warfare in prehistoric Japan, Letters on Evolutionary Behavioral Science. 2017.

★3 Tomomi Nakagawa et al. Population pressure and prehistoric violence in the Yayoi period of Japan. Journal of Archaeological Science. 2021.

★4 祖先には霊的な力がある……34か国中1位（鈴木賢志『日本人の価値観』、池田信夫『「空気」の構造』）

第二章　弥生人と稲作伝来のサイエンス

日本人は平和的な民族なのか

まずは、池田信夫氏の『「空気」の構造』で紹介された、次の国際比較アンケート調査の結果[★1]を見てください。日本人に目立つのは、「国のために戦わない」という回答が90か国中1位、「リスクはすべて避ける」も51か国中2位なことで、数字を見る限り世界一平和的な民族と言えます。他の関連がありそう回答も、ほぼ同じ傾向を示しています。

○国のために戦わない……90か国中1位
○リスクはすべて避ける……51か国中2位
○自国に誇りをもっていない……95か国中4位
○職場では人間関係がいちばん大事だ……81か国中1位
○仕事より余暇のほうが大事だ……79か国中1位
○余暇は1人で過ごす……34か国中1位

しかし、数十年前の大東亜戦争では、世界中のほとんどの国を敵に回して戦ったわけです。命を捨ててまで攻撃してくる神風特攻隊は、アメリカ兵の恐怖の的に。また、弥生時代中期から飛鳥時代には、大和朝廷の日本統一や朝鮮出兵があったので、必ずしも平和な時代ではありませんでした。このことは、『日本書紀』や『古事記』などの文献でも確認できます。いうまでもありませんが、戦国時代もそうです。

実は、これらは他国の歴史書でも確認可能です。日本では、なぜか朝鮮半島の正史『三国史記』はあまり知られていないようですが、この中の『新羅本紀』を読んでみると、頻繁に倭＝日本が半島に侵攻していて、次のように記されているのです。

＊　＊

287年　倭人が一礼部を襲い、村を焼き、一千人もの人々を連れて帰った。

289年　倭兵が攻めてくるとの情報で、船を修理し、兵器を修繕した。

393年　倭軍が侵入して金城を五日も包囲した。将軍たちはみな外に出て戦いたいと願った。

405年　倭兵が侵入して、明活城を攻めたが、勝てずに帰ろうとした。

さらに、346年、364年、431年にもそれぞれ「倭軍」「倭兵」の表現がみられる。

この「倭人」と「倭軍」「倭兵」の表れる頻度が、287年以前はほとんどが「倭人」、289年以降のほとんどが「倭軍」「倭兵」と、がらりと変わるのである。「倭軍」「倭兵」が多く新羅に侵入している期間は、連続的に、大規模な正規軍を国外に派遣できるような政権が日本に存在していた、ということである。これが289年以降であることから、**日本には3世紀後半から、強力な統一国家が誕生した**と、『三国史記』から読み取ることができる。

（頸城野郷土資料室学術研究部「朝鮮側の資料から日本の『謎の4世紀』を探る」『研究紀要』2017年★2）

＊　　　＊

この時代は弥生後期から古墳時代にかけてです。つまり、縄文人は平和的ですが、弥生時代以降は明らかに戦争が増え、何回も海を渡って朝鮮半島で戦争していたということになります。逆に、朝鮮半島の国が日本に攻め込んだ例は事実上皆無（応永の外寇《がいこう》のみ）。言い換えれば、同時代の日本人よりずっと平和的なのです。元寇の高麗・元《げん》連合軍は鎌倉武士に歯が立たず、その後の秀吉の朝鮮出兵でも、李氏朝鮮は軍事的には圧倒的に劣勢で、あっという間に全土を制圧されたこととも一致します。

平和的な縄文人と好戦的な弥生人

こうなると、日本人は世界一平和的な民族という通説は、今後は修正しないといけないかもしれません。縄文人が世界一平和的だったのは間違いないでしょうが、弥生人は意外と好戦的。対して、同時代の朝鮮半島人は、弥生人より平和的ということになります。弥生人が縄文人の直系の子孫であることは『古代史サイエンス』に書いたので詳説しませんが、どうやら日本人は時代によって、平和的な縄文人と好戦的な弥生人のスイッチを切り替えているのかもしれません。

同じことは、考古学的なデータからも確認可能です。前述のように、縄文人の人骨2576体を調べた研究[★3][★4]によると、そのうち殺人による死亡と思われるのは23体。割合は0・9%でした（大人に限ると1269体中23体で1・8%）。参考までに、アイヌに伝わるコロポックル伝説によると、北海道の続縄文人（コロポックル）は、アイヌが来ると、争わずにさっさと逃げたとされています。

この値は、弥生時代には3298体中100体となり、3・0%にまで跳ね上がります[★5]（大人に限ると、2395体中96体で4・0%）。最近では、鳥取県にある弥生時代の青谷上寺地遺跡で発見された人骨には、頭蓋骨に鏃《やじり》の跡があるものが多く見つかり、死因は明らかに殺人と推定され、ニュースにもなりました。

この数字は、古代中国では361体中31体で8・6%とさらに高くなります[★6]。日本は大陸と違って遊牧民がいないため、中国大陸よりは平和だったのでしょう。確かに、三内丸山遺跡はいかにものどかな集落ですが（☞口絵29頁）、吉野ヶ里遺跡のような環濠集落は臨戦態勢で、いつも戦争をしていたようなイメージがあります（☞口絵30頁）。

実は、この数値は世界的に調べられていて、日本は世界的に見ると低いグループに属し、とくに縄文時代は際立って低いのです。古代中国の数値も世界的には低い方で、一部のネイティブアメリカンと同じぐらいとなっています。ネイティブアメリカンは、最近のY染色体ゲノムの解析結果によると、氷河時代以降にベーリング海峡を渡った東アジア人であることが判明しているため、遺伝的な影響も大きいのかもしれません。

次頁の図は、池田信夫氏による解説から、世界各地のデータを引用したものです。

＊　　＊

本書はこの［古代ほど殺人が多い］仮説を心理学者が実証データで詳細に実証したものだ［スティーブン・ピンカー『暴力の人類史』］。図［次頁］の最上段が先史時代の戦争による死亡率で、人口の最大60％にのぼる。最下段が現代で、第2次大戦の死者でも世界の人口の2％程度だ。このように時代や文化圏によっても大きく違うが、近代以前の人類は平均して15～20％ぐらいが戦争で殺されていたと推定される。この比率は成年男子ではもっと高く、半数近く

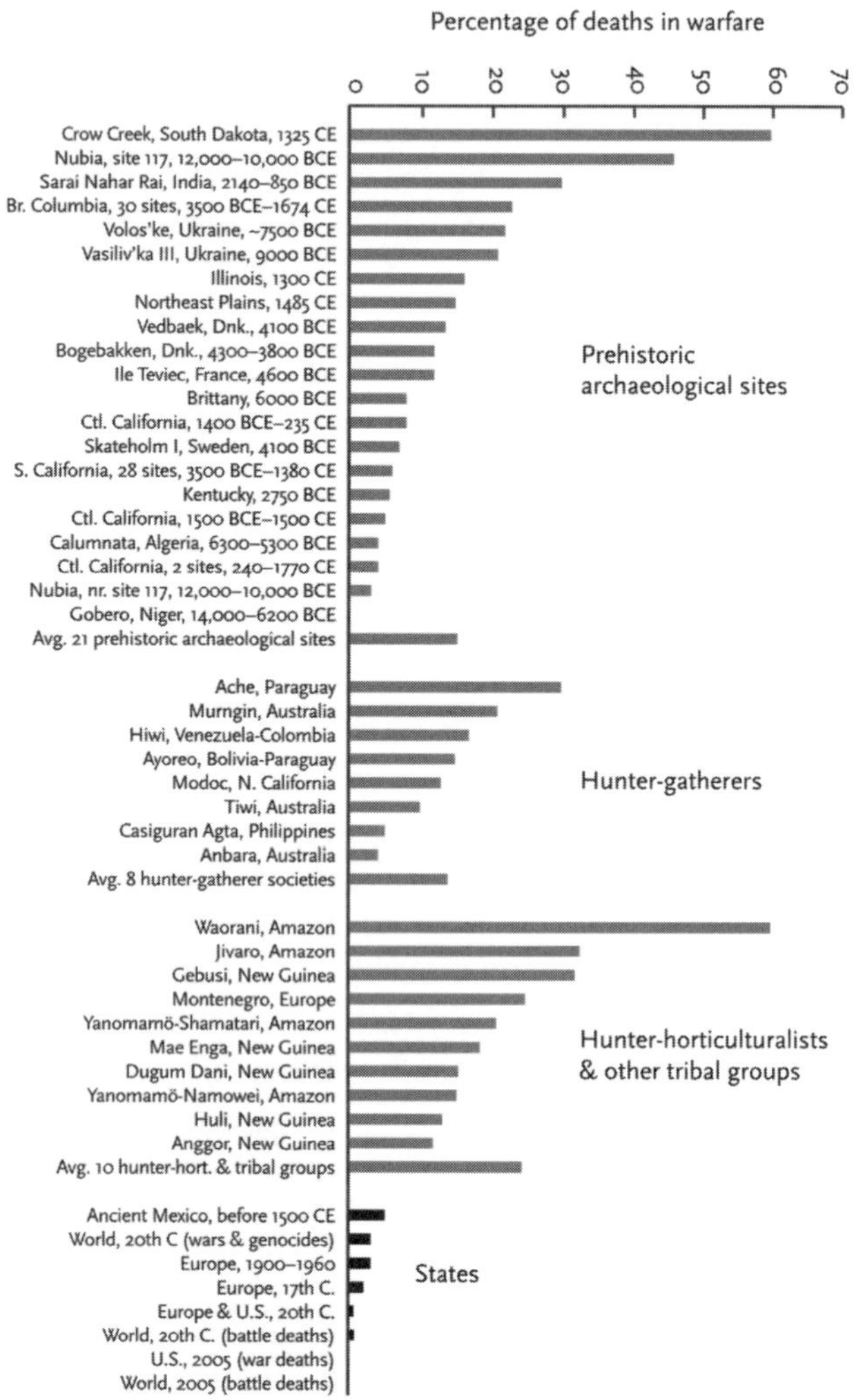

古代人の戦争による死亡の割合

【出典】スティーブン・ピンカー『暴力の人類史』2015 年

が戦死した社会も珍しくない。

（池田信夫ブログ「人類は殺し合いを続けてきた―『暴力の人類史』」２０１５年2月1日）

青谷上寺地遺跡から出土した人骨

鳥取市には、「弥生人そっくりコンテスト」で有名になった青谷上寺地遺跡があり、２０２４年3月に記念公園がオープンしました。この遺跡は、弥生時代には繁栄していましたが、なぜか古墳時代に入ると突如として衰退に向かいます。

次は、鳥取市文化財団公式ホームページの解説から抜粋し、一部を要約したものです。

○青谷上寺地遺跡は、日本海に面した鳥取市青谷町にあります。かつては潟湖（ラグーン）が広がっており、そのほとりの低湿地帯に、約２２００年前から集落がつくられ、**１７００年前の古墳時代前期に衰退するまでの約５００年間**、この地を生活の場としていました。

○４００点をこえる鉄製品は、中国・朝鮮半島・北部九州の特徴を持ったものが見られます。

○集落中心域の東側からは約５３００点、人数にして１００人分以上の人骨が見つかっており、時代も弥生時代後期（約１８００年前）のものです。このうち１１０点、少なくとも10人分に相当する人骨には殺傷痕があり、何らかの争いがあったことが考えられます。また、日本最古の結核の症例となる脊椎カリエスの人骨も確認されました。

鳥取市は昔は因幡《いなば》国で、大国主命の有名なエピソード「因幡の白兎」を祀っている白兎神社がこの遺跡の近くに鎮座。よって、この場所は明らかに出雲王権の支配下にあったことになります。

青谷上寺地遺跡が古墳時代に衰退したことは、ウィキペディアでも確認できます。**「弥生時代前期後半に集落としての姿を現し、中期後半に著しい拡大を遂げ後期に続くが、古墳時代前期初頭に突如として姿を消す」**とあるのです。出雲王権と大和朝廷との間に争いがあり、敗北した大国主命が、「国譲り」によりこの地を放棄したと考えると、日本神話とぴったり一致します。

また、あたかもこの出来事にタイミングを合わせたように古墳の形が変化。それまでの出雲地方の古墳は、独特の「方墳」でしたが、古墳時代初期になると前方後**円**墳に似た、前方後**方**墳となり（☞口絵25頁 ☞第五章）、その後には大和型の前方後円墳が増えてきます。このことも、古墳時代の初めに出雲王朝が大和朝廷の支配下に入ったことを示唆しています。意外に感じるかもしれませんが、神話と史実は、このように驚くほど一致しているのです。

高麗が編纂した『三国史記』

皆さんは、「謎の4世紀」や「空白の4世紀」という言葉を聞いたことがあるでしょうか。後漢滅亡前後の大混乱の影響で、中国の史書に266年から412年まで日本の記録がないことから、そう呼ばれています。この4世紀の欠落した情報を補完するためには、朝鮮半島に現存する最古の歴史書『三国史記』（新羅本紀、百済本紀、高句麗本紀）が便利です。

チャットGPTに、12世紀の高麗の時代、金富軾《きんふしょく》（キム・ブシク）により編纂されたこの『三国史記』について質問してみました。

*　　*

○三国時代の詳細な記録　この書は高句麗、百済、新羅の三国時代（紀元前1世紀から7世紀末まで）に焦点を当てています。それぞれの国の歴史、文化、政治、軍事などが詳細に記述されています。

○王統記と年代記の形式　『三国史記』は各国の王統記と年代記を含んでおり、各王の治世の出来事や成果などが年代順に編纂されています［紀伝体］。
○多様な資料の使用　金富軾はこの書を編纂する際に、既存の文献や記録、口伝、碑文など様々な資料を参考にしました。これにより、多角的な視点からの歴史記述がされています。
○客観性と批判的視点　金富軾は、歴史の客観性を重視し、資料の信憑性を厳しく吟味しました。また、時には批判的な視点を取り入れることで、単なる賛美史ではない、バランスの取れた記述を心がけています。
○東アジア史における重要性　朝鮮半島の歴史だけでなく、中国や日本との関係など、東アジア史全般における重要な出来事も記録されています。

＊　＊

このほかに、『三国史記』を補完する内容で、13世紀、高麗の仏教の僧侶である一然（イリョン）によって編纂された『三国遺事』があります。これもチャットGPTに説明してもらいましょう。

＊　＊

○神話と伝説の集積　『三国遺事』は、三国時代（高句麗、百済、新羅）の神話や伝説、民間伝承を豊富に含んでおり、これらの物語は朝鮮文化の理解において非常に重要です。

○歴史と文学の融合　この書は、伝統的な歴史記述と文学的な要素が混ざり合っています。そのため、単なる歴史書というよりは、文化的、芸術的価値をもつ作品としても評価されています。

○民族意識の反映　『三国遺事』に記された物語や伝説は、朝鮮民族の起源やアイデンティティ、価値観を反映しています。これにより、朝鮮民族の自己認識に影響を与えてきました。

○口伝と文献の統合　この書は、口伝による伝承と文献に残された記録を統合しています。これにより、朝鮮半島の古代に関する多様な視点を提供しています。

○後世の文化に対する影響　『三国遺事』に含まれる物語や人物は、朝鮮の歴史ドラマ、文学、演劇など多くの文化作品に影響を与え、今日でも人気があります。

卑弥呼は2人いた？

よく読んでみると、この『三国史記』と『三国遺事』には、かなり意外な出来事が記されています。それはたとえば、次の記述です。

○１７３年　**倭王卑弥呼**が新羅に遣使（『三国史記』新羅本紀）

『魏志倭人伝』によれば、邪馬台国の卑弥呼は２３８年に魏に朝貢したとされます。しかし、それより65年も前に倭国王として共立され、新羅に遣使していたとのこと。当時の平均寿命を考えると、これらの卑弥呼（たち？）は同一人物とは思えず、必然的に**魏に朝貢した卑弥呼は2代目**ということになります。

もっとも、１７３年という記録は本当に信用できるのかという疑問もあるでしょう。『三国史記』ではないのですが、ほぼ同時期の１５８年には、新羅の首都・慶州で皆既日食が観測されたことが『三国遺事』に記録されています。国立天文台の論文によれば、この日食の時期の誤差はわずか1年[★7]。つまり――少々意外かもしれませんが――内容や時期の信頼性はかなり高いことになります。

前述の資料[★2]によると、『三国史記』の記述には、弥生時代の日本は意外に好戦的で、新羅を何回も攻撃しているとあります。これは、遺跡の人骨を分析したところ、弥生人は意外と好戦的だったという情報[★5]とも一致しているのです。

それによると、２８７年、２８９年、３４６年、３６４年、３９３年、４０５年、４３１年

に「倭軍」「倭兵」の表現が見られるとのこと。繰り返すようですが、この資料は次のように結論付けます。

＊　＊

この「倭人」と「倭軍」「倭兵」の表れる頻度が、287年以前はほとんどが「倭人」、289年以降のほとんどが「倭軍」「倭兵」と、がらりと変わるのである。「倭軍」「倭兵」が多く新羅に侵入している期間は、連続的に、大規模な正規軍を国外に派遣できるような政権が日本に存在していた、ということである。これが289年以降であることから、**日本には3世紀後半から、強力な統一国家が誕生した**と、『三国史記』から読み取ることができる。

（頸城野郷土資料室学術研究部「朝鮮側の資料から日本の『謎の4世紀』を探る」『研究紀要』2017年[★2]）

＊　＊

このとおり、3世紀後半以降になると、倭人の攻撃がさらに強烈になり、「連続的に、大規模な正規軍を国外に派遣できるような政権が日本に存在」するようになりました。これは、**古墳時代に入ると、墳長数百m規模の大規模古墳が、全国各地に建造できるほど人口が急増し、日本の国力が飛躍的に高まった**こととも一致します。となると、古墳時代の日本は、海を渡って朝鮮半島に何回も出兵しているのですから、そういう朝鮮半島と敵対している国際情勢の下で、わざわざ大量の「渡来人」が日本へ移住してきたことは考えにくいと思います。

水田稲作ことはじめ

実際に農業に携わった人なら分かると思いますが、作物は「適地適作」が当然で、先進地の最先端技術をそっくり真似しても、必ずしも成功するとは限りません。極論ですが、アメリカの大規模に機械化された農業を、「そっくりそのまま」日本で行うことは不可能です。もちろん、道具などで使えるものがあれば使うでしょうが……。当然ですが、農業を経営する組織も、日本の実情に合わせた細かなアレンジが必要となります。以上のことを頭に入れて、次の水田稲作の伝来についての資料を読んでみてください。

＊　　＊

農業の歴史と文化のアゴラ　稲作伝来説の再考

古代中国の中原や、朝鮮半島の風土の下では農業は畠・畑作が主流になる。そこに、農法の段階に進んでいた「中国型」の稲作が伝えられても、畠作や焼畑という農事や農術を取り込みながら狩猟や採集に比重を置いていた人々には、格差・相違が大きすぎて、とても受容することはできない。
朝鮮半島では前稿で述べた水田作を行うための必需農具である「畦《あぜ》塗り具」の検出が、わが国の弥生時代中期に相当する新昌洞遺跡から出土した卓球のラケット状の至って素朴なものが初出となる。[日本最古の紀元前10世紀の]菜畑遺跡では「諸手鍬《くわ》」と効率的だが、[紀元前2世紀の朝鮮半島]新昌洞遺跡の出土品はそれよりはるかに後進性を示す。朝鮮半島での木製農具の検出は畠・畑作用の物が多く、水田遺構も「中国型」には不向きな小区画水田で、稲作での先進性はみられない。

（関西農業史研究会『新農業史通信』７号　２０１５年12月13日）

＊　　　＊

とのことで、確かに当時としては最新の「中国型」稲作を、弥生時代の日本で「そのまま」取り入れることは不可能だったでしょう。そもそも、当時の菜畑遺跡や吉野ヶ里遺跡は海の近くですし……。仮に、渡来人が当時最新の稲作技術を持ち込んだとしても、「猫に小判」状態だったと思われます。ただし、この研究会の資料にもあるように、大陸系磨製石器は大いに使われたようです。そうなると、朝鮮半島からの渡来人が先進的な稲作技術を伝えた、という従来の定説は見直す必要があるのではないでしょうか。同じ資料から引用します。

そもそも稲作の朝鮮半島伝来説は、考古学調査によって早くに南京〔里〕遺跡や松菊里遺跡でコメを検出し、わが国での朝鮮半島系遺物とみられる大量のモノの検出がありながら水田遺構の検出が遅かったところから推測として唱えられ、それがモノと農業技術の相違を認識することもなく、繰り返し述べられてきたことによって定説となってしまったようである。また定説には「灌漑水田稲作」と、近現代に行われる「中国型」稲作法が唯一の方法であるとの認識も含まれている。

＊　＊

となると、やはり使えるものは使い、そのままでは使えないものは、日本の実情に合わせるために試行錯誤を繰り返したことになります。確かに、こう考えた方が納得できますし、日本人の性格から考えても、大いにありそうな感じはします。

＊　＊

日本最古の水田跡から出土した縄文土器

このことを裏付けるように、**日本最古の紀元前10世紀の水田跡が発見された菜畑遺跡は、縄文時代前期から弥生中期ぐらいまで続いた遺跡で、縄文土器も出土しているのです。**[★8] 最初の水田跡を見ると、現代のように苗を使う「田植え」ではなく、種籾を直接水田に播く「直播き」らしく、規模も非常に小さい。つまり、当時の縄文人が「見よう見まね」で稲作を始め、少しずつ稲作を日本向けに改良していった、ということを示しています。もし、渡来人が中心なら、こんな面倒なことなどせずに、一気に大規模な水田を開発したはずですから……。

その後、水田稲作技術は250年ほど北部九州を出ることはなく、約700年という超スローペースで日本列島を東進し、2400年ほど前に、やっと東北地方と関東地方まで到達します。[★9]繰り返しになりますが、農業は工業製品とは違うため、農作業、人的体制、水路などは、現地の気候風土向けにローカライズすることが必要です。だから、普及にこれだけの期間が必要だったのだと考えられます。

こんな感じで、北部九州のパイロットファームで成功した技術が、朝鮮半島南部も含め、極めてゆっくりと日本各地に広まっていったのかもしれません。そう考えると、水田稲作に使う石器こそ日本と朝鮮半島では同じものの、独自開発の農具は日本の方が先進的という、この資料の奇妙な説明も納得できます。

もう一つ注目すべきだと思うのは、水田稲作が始まったのは、人口が急減した縄文晩期ということです。これは、新たな食料の確保の方法をいろいろ試みた結果、水田稲作がベストであることを発見し、最初に成功した菜畑遺跡から、時間をかけて周辺に普及した可能性が高いことを意味します。我々日本人の祖先なら、これまた大いにありそうな話だとは思います。

話が脱線しますが、以前に太平洋戦争の経緯を調べたことがありました。絶対に不可能だと思われていた「真珠湾攻撃」を成功させたのも、「極寒」のシベリア用に開発した兵器を人跡未踏の「熱帯ジャングル」で使い（少なくとも最初は）勝利したのも、捨て身の「神風攻撃」を実行したのも、我々日本人なのです。「平和的な民族」というステレオタイプは、極めて皮相的な見方に過ぎないと思い知らされました。人間は、追い込まれて逃げ場がなくなれば、死に物狂いになって何でもやるのだと思います。

【出典】石田泉城「水田稲作は朝鮮半島から伝播か？」『東海の古代』第 234 号 東海古代史研究会　2020 年 2 月

【注】オクキョン遺跡（韓国・蔚山市無去洞玉峴）の水田稲作開始年代は紀元前11世紀（紀元前1000年頃）とされる。日本で最古の菜畑遺跡の紀元前10世紀（紀元前930年頃）よりは古いが、年代測定は発掘された土器の地層によるもの。両方の土器の年式（☞ミニ知識）から判断すると、ほぼ同年代と推測される。また、前述のように、独自開発の農具は日本の方が進んでいた。技術が遅れていた方が進んでいる方に「技術指導」するのは不自然。

古代人DNAと水田稲作との関係

前章で説明したように、朝鮮半島南岸やその沖の小さな島嶼に住んでいた古代人の多くは、縄文人か縄文人由来と推測するのが妥当でしょう。なお、核ゲノム解析の結果では、一部に中国の紅山文化（中国東北部＝旧満州）や仰韶文化（黄河流域）に近いものもありました（煙台島など）。これらから推測されるのは、既に縄文時代から朝鮮半島南岸の小島を中継基地として使い、日本列島・朝鮮半島・中国大陸の間で活発な交流があったということです。そして、そのメインの役割を担ったのは縄文人だと言うことになります。日本産の黒曜石も、中国や朝鮮半島の各地で発見されているぐらいです。

イネや栽培技術や農具などは、水田稲作が定着した山東省から黄海を横断し、前期遣唐使と同じく、この朝鮮半島沿岸の海上ルートを通って広まったと考えると、

○水田稲作に使われた道具もほぼ同じで、中国の影響が大きい
○北部九州と朝鮮半島南部の水田稲作の開始はほぼ同時

という事実を矛盾なく説明できます。ただ、こうなると、水田稲作は朝鮮半島を経由して日本に伝えられたという説明は、そもそも実態を反映していないことに……。北部九州と朝鮮半島南部には密接な交流があり、同じ文化圏だったのかもしれません。そして、縄文人や弥生人とほとんど同じＤＮＡを持っている人間が住んでいて、どちらもほぼ同時に中国大陸からイネや栽培技術や道具が伝わった、というのが最も真相に近いのではないでしょうか。確かに、こう考えると、次のような考古学的などの知見ともぴたり一致します。

1　もし、水田稲作の伝来が朝鮮半島経由なら、朝鮮半島の農業は菜畑遺跡より進んでないとおかしいが、現実は逆で日本の農具の方が先進的だった。

２　アルコール分解酵素ＡＬＤＨ２の変異を持つ人間の割合は、水田稲作が盛んな地域ほど多くなる。たとえば、米作中心の中国南部では、麦作中心の中国北部よりＡＬＤＨ２の変異を持つ人が多い。しかし、韓国人ではこの変異を持つ人は日本人より少ない（☞90頁）。もし、昔から朝鮮半島が日本より米作が盛んだったなら、この変異は日本人より多いはず。

３　農林水産省のホームページでは、稲作の伝来ルートは必ずしも朝鮮半島経由とは限らない、と書かれている（☞次頁）。

４　水田稲作に伴って出現する環濠集落も、朝鮮半島で発見された数は日本の10分の１程度と極めて少なく、規模もはるかに小さい[★10]。しかも、半島で発見されたものは、なぜか日本に近い南岸に集中している。もし、水田稲作が大陸から伝わったとするなら、日本に近いほど数が多くなることは説明が困難である（☞121頁）。また、朝鮮半島南岸からは、大量の弥生土器も発見されている[★11]。

以上のことから推測すると、**朝鮮半島南部古代人は縄文人や弥生人である**、と考えるのが最も自然ということになります。とは言っても、中国大陸北部などからの多少の混血はあったはずですが……。

農林水産省のホームページでの解説

お米が日本に入ってきたルートをおしえてください。

こたえ

米（稲）の伝来ルートは、

朝鮮半島南部を経由したという説、または、

中国の江南地方あたりから直接伝わった説が有力です。

農林水産省　English　こどもページ　サイトマップ　文字サイズ

逆引き事典から探す　組織別から探す　キーワードから探す　Google 提供

会見・報道・広報　政策情報　統計情報　申請・お問い合わせ

ホーム > 消費者の部屋 > こどもそうだん > お米その他 > お米が日本に入ってきたルートを教えてください。

お米が日本に入ってきたルートを教えてください。

こたえ

イネの伝来（でんらい）ルートは、

朝鮮半島（ちょうせんはんとう）南部を経由（けいゆ）したという説、

中国の江南（こうなん）地方あたりから直接伝わった説が有力です。

参考資料

米穀安定供給確保支援機構ホームページ「お米・ごはんBOOK」（外部リンク）
https://www.komenet.jp/nandemobook/index_nandemoweb.html

令和5年更新

（2024年7月現在）

環濠集落の数と規模の日韓比較

【出典】藤原哲「弥生社会における環濠集落の成立と展開★10」2011 年

図2　韓国の環濠集落と日本の早期～前期（前半）の環濠が指摘される遺跡（番号は表3と対応）

場　　所	数	規模（最大長）
韓国	27	300m×200m
日本	271	1000m×500m
九州	79	1000m×500m
中国・山陰・四国	36	320m×？
近畿	42	450m×250m
東海	29	450m×330m
関東	63	400m×260m
信越・北陸	22	170m×100m

本当に渡来人が水田稲作を伝えたのか

こうなると、前著『古代史サイエンス』で紹介した、水田稲作をした渡来人は食料が豊富なため短期間に急増し、その後に縄文人と混血が進んで弥生人になったという説も、根拠がかなり怪しくなってきます。繰り返すようですが、考古学的な知見によると、水田稲作は北部九州に約250年、東北まで広がるのに約700年という超スローペースなのです。

なお、2023年の『国立歴史民俗博物館報告』によると、藤尾慎一郎氏は次のような疑問点を書き記しています。★12

○朝鮮半島から渡来人が日本に来て水田稲作を行うなら、木製農具、石斧類、石庖丁の材料として適した石材や木材を入手するためには、在来（縄文）系弥生人との密接な協調関係や情報交換が必要（春成秀爾『弥生時代の始まり』1990年）

○水田造成・環壕掘削に必要な労働力不足を補うためにも、また近親婚防止の点からも，在来（縄文）系弥生人との交流が必要で、その対象は好奇心旺盛な在来（縄文）系弥生人の若い世代となる（藤尾慎一郎『弥生変革期の考古学』2003年）

これらのことから考えても、最新の水田稲作技術を携えた渡来人の人口が急速に増え、その後に縄文人と混血して弥生人が誕生した、という仮説は――絶対にあり得ないとは言えないにしても――極めて実現性が低いと言えるのではないでしょうか。

これまた前著『古代史サイエンス』の繰り返しで恐縮ですが、つい最近気が付いたことを追記しておきます。口絵16頁にあるように、従来種のイネのDNA（RM1）を調査したところ、

○中国大陸（原産地）　a～hの8種類
○日本　aとbが主流（cは例外的）
○朝鮮半島　bを除く7種類

という結果になりました。これが、「bでは従来の朝鮮半島経由は否定される」という理由です。しかし、もう一度よく口絵16頁を見てみると、かなり奇妙な事実に気が付きます。なにしろ、中国の在来種ではbが圧倒的多数派。もし、aが中国大陸から朝鮮半島経由で日本に伝わったとするなら、多数派のbが朝鮮半島にまったく伝わらないのは極めて不自然です。

しかし、通説とは逆に、aが海上ルートを経由し、中国から日本（北部九州）経由で朝鮮半島に伝わった、と仮定すると合理的に説明可能となります。そういえば、朝鮮半島に近い対馬も北部九州（玄界灘）もaですし、オクキョン遺跡が日本に近いのも、出土した土器が酷似しているのも、何の不思議もありません。

そもそも、当時の水田稲作は黄河あたりが北限なので、陸路による伝来は非常に考えにくいと思います。いまでこそ、海路よりは陸路が早くて便利ですが、当時は海路の方が便利だったはず。日本でも、江戸時代までは物流の中心は陸路ではなく海路。菱垣《ひがき》廻船、樽《たる》廻船が代表的ですが、太平洋側は波が荒いため、日本海側にアクセスしやすい大阪が日本の物流の拠点でした。

また、面白いことに、２００８年７月７日には、農業生物資源研究所などが、「コメの大きさを決める遺伝子を発見！　日本のお米の起源に新説！」というプレスリリース[★13][★14]を出しています（☞次頁）。

それによると、３つの栽培化遺伝子（qSW5、qSH1、Wx）を調べたところ、

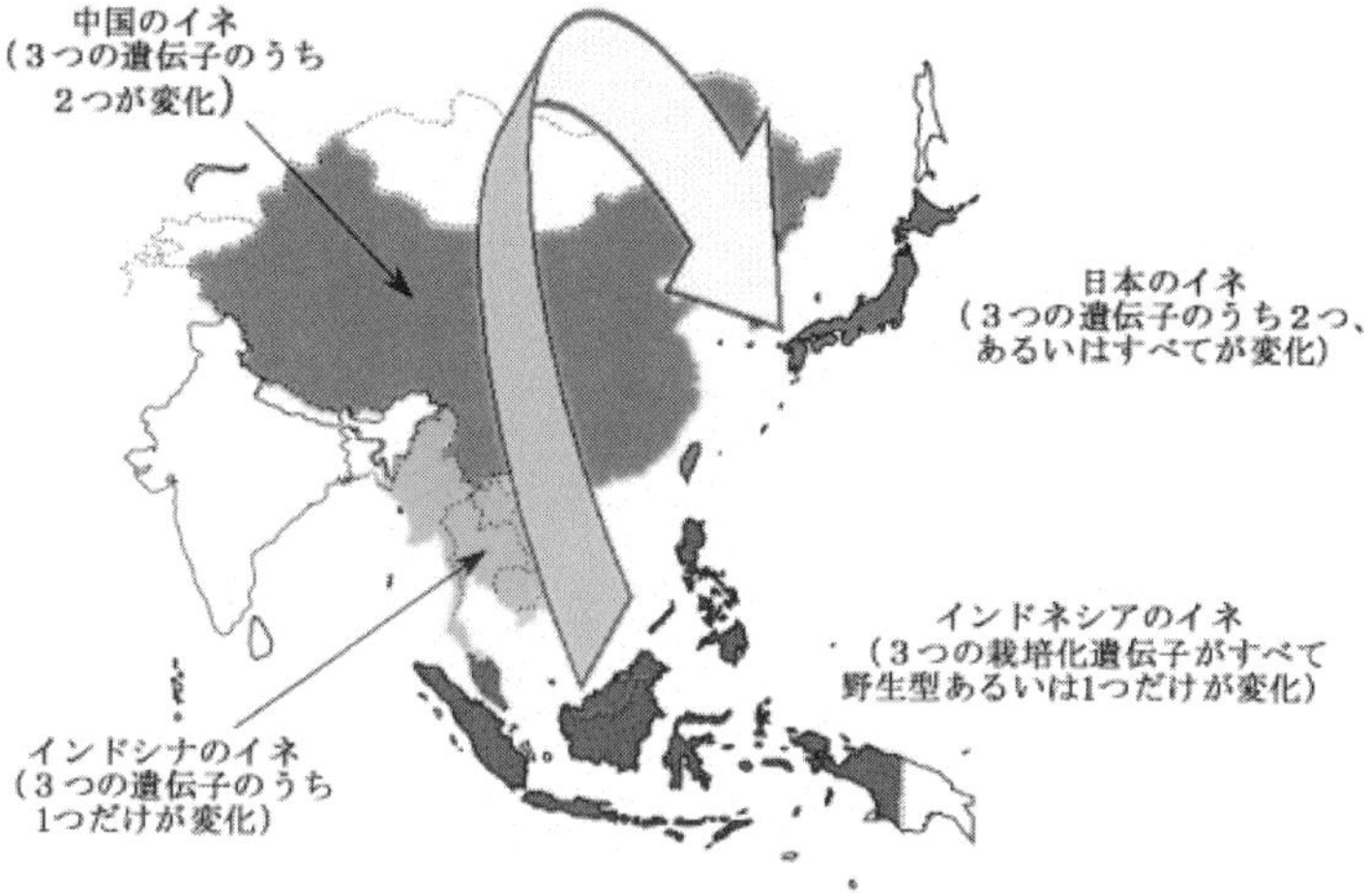

栽培化遺伝子の変化からみたイネの伝来ルート

３つの栽培化遺伝子（qSW5, qSH1,Wx）が米の幅、穂からのこぼれ易さ、米のモチモチ感を決定。矢印は、３つの栽培化遺伝子の変化から推定されるイネの伝来ルートを示す。これは、インドネシア→インドシナ→中国長江流域→日本となる。

【出典】農業生物資源研究所ほか「コメの大きさを決める遺伝子を発見！　日本のお米の起源に新説！」プレスリリース 2008 年
日本古代史つれづれブログ イネは語る（4）～熱帯ジャポニカの原産地は？

○インドネシア　3つの遺伝子がすべて野生型または1つが変化（熱帯ジャポニカ）
○インドシナ　3つの遺伝子のうち1つが変化（熱帯ジャポニカ）
○中国長江流域　3つのうち2つが変化（温帯ジャポニカ）
○日本　3つのうち2つまたはすべてが変化（温帯ジャポニカ）

ということです。インドネシアは昔は「スンダランド」で（☞口絵5頁☞51頁）、中国はハプログループOのホモ・サピエンスが東南アジアから来たのですから、一緒にイネを持ってきても何の不思議もないと思うのですが。

【まとめ】
○『三国史記』を読んでみると、弥生時代から古墳時代には、かなり頻繁に倭＝日本が新羅に侵攻している
○同書からは、日本には3世紀後半から強力な統一国家が誕生したと読み取れる
○弥生時代の人骨を調べると、縄文時代に比べて殺人による死亡が明らかに多い
○水田稲作は、日韓で発掘された遺跡の状況から推測すると、北部九州のパイロットプラン

トで成功した技術を、朝鮮半島南部も含めて徐々に日本各地に展開していった可能性が高い

★1　鈴木賢志『日本人の価値観』２０１２年
★2　頸城野郷土資料室学術研究部「ディスカッションペーパー　視点を変えた『謎の４世紀』朝鮮側の資料から日本の『謎の４世紀』を探る」『研究紀要』２０１７年9月12日
★3　Hisashi Nakano et al. Violence in the prehistoric period of Japan: The spatio-temporal pattern of skeletal evidence for violence in the Jomon period. Biology Letters. 2016.
★4　Tomomi Nakagawa, Hisashi Nakao, Kohei Tamura, Yui Arimatsu, Naoko Matsumoto and Takehiko Matsugi, Violence and warfare in prehistoric Japan. Letters on Evolutionary Behavioral Science. 2017.
★5　Tomomi Nakagawa et al. Population pressure and prehistoric violence in the Yayoi period of Japan. Journal of Archaeological Science. 2021.
★6　Jenna M. Dittmar et al. Skeletal evidence for violent trauma from the bronze age Qijia culture (2,300-1,500 BCE), Gansu Province, China. International Journal of Paleopathology. 2019.

★7　谷川清隆ほか「『天の磐戸』日食候補について」『国立天文台報』2010年
※『三国遺事』の記録を西暦に換算すると157年で、実際の158年との誤差は1年
★8　唐津市教育委員会『唐津市文化財調査報告書5：菜畑遺跡』（1982年）には、次のようにある。
「菜畑地区では、縄文時代前期～中期頃の貝塚、土坑や土坑墓、溝、縄文時代晩期後半～弥生時代中期頃の水田跡や住居跡、溝、壺棺墓を検出した。北側丘陵部分に墓域、居住域を形成し、丘陵斜面には貝塚を形成し、南側の低地に水田を形成していた状況を確認した。**八反間地区では、縄文時代晩期終末の杭列と、しがらみ状の遺構、弥生時代前期初頭の柱痕を検出した。遺物は、縄文土器や弥生土器、彩文土器、石製品、木製品、骨角器が出土した。**

菜畑遺跡は、縄文時代晩期後半の水田の発見により、日本最古の稲作遺跡として注目を集め、重要な調査成果となった。」

（独立行政法人国立文化財機構 奈良文化財研究所　全国遺跡報告総覧による）
★9　藤尾慎一郎『弥生時代の歴史』2015年／『日本の先史時代』2021年
★10　藤原哲「弥生社会における環濠集落の成立と展開」『総研大文化科学研究』2011

年

★11　石丸あゆみ「朝鮮半島出土弥生系土器から復元する日韓交渉：勒島遺跡・原ノ辻遺跡出土事例を中心に」『東京大学考古学研究室研究紀要』第25巻　２０１１年

★12　藤尾慎一郎「弥生人の成立と展開Ⅱ：韓半島新石器時代人との遺伝的な関係を中心に」『国立歴史民俗博物館研究報告』第２４２集　２０２３年

★13「コメの大きさを決める遺伝子を発見！　日本のお米の起源に新説！」農業生物資源研究所ほか　２００８年

論文　Ayahiko Shomura et al. Deletion in a gene associated with grain size increased yields during rice domestication. Nature Genetics. 2008.

★14　日本古代史つれづれブログ イネは語る（４）～熱帯ジャポニカの原産地は？

【ミニ知識】弥生人のＤＮＡ

弥生人はどのように誕生したのか。まずは、現在の定説である「二重構造説」について説明しておきましょう。次の朝日新聞記事が分かりやすいです。

＊　　　　　　＊

「弥生人」とは何者か。縄文時代から日本列島に住む在来の人々と、海外から先進技術を持ち込んだ渡来人が徐々に混血しながら弥生文化を担う――。そんな人類学上の通説だった弥生人観が、近年急速に進む核ゲノムの分析で様変わりしようとしている。

（中略）

［20］18年、日本人の起源をさぐる通称「ヤポネシアゲノム」プロジェクトがスタート。国立科学博物館の篠田謙一館長（DNA人類学）や、国立歴史民俗博物館の藤尾慎一郎教授（考古学）らが分析を重ねてきた。

その結果、意外なことがわかってきた。渡来人の故郷である当時の朝鮮半島にも、縄文人に似た遺伝的要素を持つ人々がいたらしいのだ。つまり、二重構造モデルではまったく異質なはずの列島在来系と渡来人が、実は縄文時代以前から海を挟みつつ同じ遺伝子を共有していたことになる。

（「『弥生人』とは何者か　急速に進む核ゲノム分析、見直し迫られる通説」『朝日新聞』2023年9月27日）

＊　＊

このように、科学の「定説」は、新技術や新発見によってどんどん変わってきます。この新聞記事によると、前著『古代史サイエンス』に書いた「朝鮮半島南部に縄文人が住んでいた」は、２０２３年にほぼ定説化しているようです。前述したゲノム解析の結果も、このことを裏付けています。もっとも、今後に画期的な新発見があれば、従来の「二重構造説」が正しいことが実証されるかもしれませんが、可能性は低いのではないでしょうか。

それなら、「朝鮮半島は2万年前から７０００年前まで無人だった」「鬼界カルデラの大噴火を逃れて北部九州の縄文人が朝鮮半島南部に避難した[注1]」という説も、必ずしも間違っているとは言えないのでは……。

また、水田稲作の伝来についても、細かく調べていくと、朝鮮半島経由だという説もどうでしょうか。なぜなら、この章で説明したように、水田稲作の開始は朝鮮半島の方が早い、という根拠が薄いからです。

通説では、韓国・蔚山市のオクキョン遺跡（無去洞玉峴）での水田稲作開始は、「無文突帯文土器」の編年から判断すると紀元前11世紀で、日本最古の菜畑遺跡の紀元前10世紀より古いとされます。しかし、オクキョン遺跡の年代推定は土器の編年から、菜畑遺跡は炭素14法からなので、そもそも年代測定の方法が違うのです。

実は、菜畑遺跡からは山ノ寺式土器という縄文晩期の土器も出土し（☞この項目の参考文献）、オクキョン遺跡の突帯文土器と酷似している土器（刻み目がある「刻目突帯文土器」）が発見されています。[注2]さらに面白いことに、国立歴史民俗博物館の藤尾慎一郎氏は、菜畑遺跡では「朝鮮半島系の製造技法をつかった物が数％存在する」、そして「北九州以外は、縄文文化を強固に守って水田稲作を営む」（ウィキペディア「刻目突帯文土器」による）とも述べています。

この章で説明したように、当時の朝鮮半島南部の人間は「縄文人」であることはほぼ確実です。以上の事実を矛盾なく説明するためには、菜畑遺跡の縄文人とオクキョン遺跡の縄文人には交流があり、どちらもほぼ同時に水田稲作を始めた、と考えるとぴったりです。こうなると、水田稲作は縄文人が「見よう見まね」で始めたことが重要で、「日本が先か朝鮮半島が先か」という議論には、あまり意味がないことになります。なお、蔚山市の複数の遺跡からは、弥生土器も出土しているのです。

もっとも、その後の水田稲作の技術は、前述のように日本の方が進んでいたようです。環濠集落の数も朝鮮半島よりも1桁多く、しかもその多くが日本寄りの場所で見つかっています。もし、中国大陸から朝鮮半島経由で伝わったとすると、日本に近いほど数が多いのはおかしいし、そもそも最古のオクキョン遺跡が日本に極めて近いのも理屈に合いません。こうなると、常識的に考えても、日本から朝鮮半島に稲作技術が伝わったとするのが自然です。
また、前述のように、日本国内の大きな地域差を示す「北九州以外は、縄文文化を強固に守って水田稲作を営む」という考古学的知見は、水田稲作技術は250年ほど北部九州を出ることはなく、700年ほどかけて日本列島を東進し、やっと東北地方と関東地方まで到達した、という事実ともぴったり一致するのです。

【注1】鬼界カルデラの大噴火と縄文人の移動
鬼界カルデラの大噴火を逃れて北部九州の縄文人が朝鮮半島南部に避難した、という説は私が独自に考えたつもりだったのですが……。実は、前著『古代史サイエンス』（2022年）より前の2020年に、『【古代史の仮説】鬼海カルデラ噴火と縄文人の移動』（日本史TV）という動画があったのです。探せば他にもあるかもしれません。先達の知見に敬意を表し、ここに内容を紹介させていただきます。この動画によれば、九州南部特有の「連結土坑」は東海から関東にかけて、丸鑿石斧《まるのみせきふ》が、高知・和歌山・八丈島で発見されているとのこと。これらはいずれも太平洋側ですが、九州から八丈島に行ける能力があるのなら、朝鮮半島ぐらいなら余裕でしょう。同じ動画によると、朝鮮半島から出土する7000年前の櫛目

文土器は、縄文土器に酷似しているとのこと。私も全く同感です。

【注2】刻目《きざみめ》突帯文《とったいもん》土器について

刻目突帯文土器（甕）の口縁部の外面に出っ張った突帯が回る縄文土器。突帯の文様は刻み目で、文様は連続する。形は弥生土器と同じく簡素で、九州では胴部にも刻目突帯を巡らす土器が一般的。突帯には刻目を施すことが多いが、時期と地域によって様々。代表的な刻目突帯文土器は、夜臼《ゆうす》式土器、山ノ寺《やまのでら》式土器である。

（ウィキペディア　刻目突帯文土器）

《この項目の参考文献》

藤尾慎一郎「西部九州の刻目突帯文土器」『国立歴史民俗博物館研究報告』第26集　１９９０年

藤尾慎一郎「弥生人の成立と展開Ⅱ：韓半島新石器時代人との遺伝的な関係を中心に」『国立歴史民俗博物館研究報告』第２４２集　２０２３年

長崎県教育委員会『県内主要遺跡内容確認調査報告書Ⅱ』長崎県文化財調査報告書第１５１集　１９９９年

唐津市教育委員会『唐津市文化財調査報告書5：菜畑遺跡』1982年
古田正隆「山の寺梶木遺跡：長崎県南高来郡深江町山の寺梶木遺跡の報告」『百人委員会埋蔵文化財報告』第1集　1973年
marineと奈央のブログ「弥生の土器と鉄器を訪ねて　番外編3　夜臼式よりも古いって？　山ノ寺式土器」
ウィキペディア　刻目突帯文土器

第三章　邪馬台国と卑弥呼のサイエンス

邪馬台国が北部九州である理由

50年以上前の1967年、安本美典氏による『邪馬台国への道』がベストセラーになったことをきっかけとして、日本中で古代史ブームが巻き起こりました。にわかに邪馬台国の所在地がホットな話題に浮上し、論争は現在まで続いています。有力なのは、九州の邪馬台国が東遷して大和朝廷になったという「九州説」と、邪馬台国は最初から大和にあったという「畿内説」です。

九州説でも畿内説でも、不弥国《ふみ》（福岡県宇美町付近）までの経由地では、大方の意見が一致。しかし、それから邪馬台国まで到達するのに、方角（南）を優先すると九州説、距離（1300里または水行30日＋陸行1月）を優先すると畿内説が妥当とされます。

なお、邪馬台国が北部九州にあった可能性が高いことは、前著『古代史サイエンス』で解説したので省略し、『魏志倭人伝』の記述に基づく根拠を簡潔に紹介するだけにとどめます。

○前著『古代史サイエンス』

帯方郡《たいほう》（現在の韓国ソウル付近）から邪馬台国へのルートは、「不弥国」（福岡県宇美町付近）まではほぼ確定。魏志倭人伝の距離の記述から計算すると、不弥国から邪馬台国までは１３００里。これを魏志倭人伝で採用されていると考えられる「短里」（約50ｍ）で換算すると60から70㎞となるため、北部九州以外にはありえない（☞次頁）。あおきてつお氏の『邪馬台国は隠された』の解説を特別編として追記。

このほか、他の論者による九州説の主な根拠を示しておきます。

○安本美典『データサイエンスが解く邪馬台国—北部九州説はゆるがない』２０２１年
邪馬台国の存在が確認できる3世紀前半までは、鉄器の出土は福岡県が近畿地方を圧倒しているため、北部九州なのは間違いないとのこと。また、論争になっている「三角神獣鏡」の真贋《しんがん》判定についての記述も。安本氏はこの鏡は日本製だと主張しています。
○星野盛久『「邪馬台国」、その結論』２０２０年
邪馬台国までの距離が通常の「長里」の10分の1である「短里」（約50ｍ）を採用した理由、そして人口（戸数）も実数の10分の1である理由を明確に指摘。『三国志』の著者である陳寿《ちんじゅ》は、戦勝の報告で数字を10倍にしたことが珍しくないとのこと。主な情報元は、孫栄健氏の『邪馬台国の全解決』（１９８２年）のようです。

邪馬台国への行程

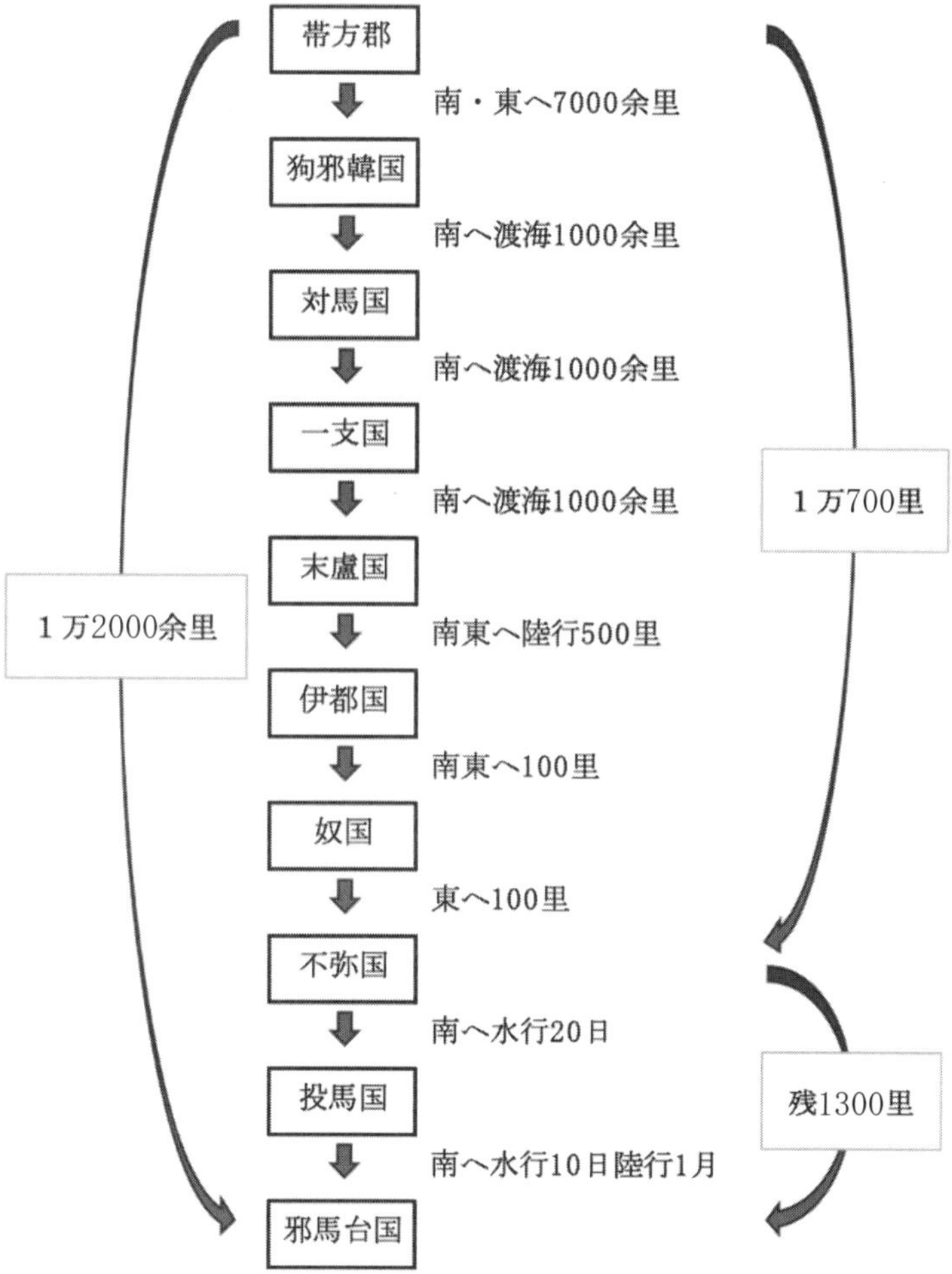
帯方郡
南・東へ7000余里
狗邪韓国
南へ渡海1000余里
対馬国
南へ渡海1000余里
一支国
南へ渡海1000余里
末盧国
南東へ陸行500里
伊都国
南東へ100里
奴国
東へ100里
不弥国
南へ水行20日
投馬国
南へ水行10日陸行1月
邪馬台国
1万2000余里
1万700里
残1300里

○長浜浩明『最終結論「邪馬台国」はここにある』２０２０年

神武東征の解明も含め、非常に参考になった長浜氏の著書です。所在地はオーソドックスに山《やま》門《と》としています。大和は黥面《げいめん》がほとんどなかったことは、この本ではじめて知りました。なお、「陳寿は、戦勝の報告で数字を10倍にした」という解釈はしていません。

○関川尚功『考古学から見た邪馬台国大和説—畿内ではありえぬ邪馬台国』２０２０年

タイトルどおりで、考古学見地からも九州説とのこと。炭素14法では、値を較正すると卑弥呼の時代と、その後の時代の両方とも可能性があると主張。また、箸墓古墳の出土品からは、中国大陸との交流の痕跡が見当たらないとも。

○小沢文雄『邪馬台国連合のすべて—データから読み解く』２０２３年

韓国・金海市付近（金官伽耶）の遺跡では、邪馬台国が存在した3世紀中盤の良洞《りょうどう》里《り》遺跡からは主に北部九州系土器が出土。その後の3世紀末以降の大成洞遺跡からは、主に近畿系土器が出土した。

邪馬台国のイノベーション

ところで、邪馬台国については、まだまだ数多くの未解決の謎が残されています。すぐに思

いつくだけでも、

1　邪馬台国の所在地は、「九州説」と「畿内説」のどちらが妥当か《既述》

2　九州説が妥当だとすると、山門（現・みやま市）と夜須《やす》（現・朝倉市）のどちらか

3　邪馬台国は魏に朝貢した「大国」なのに、『日本書紀』『古事記』に記述がないのはなぜか

4　漢の時代には奴国が倭国王「漢委奴国王」だったが、魏の時代に邪馬台国が倭国王「親魏倭王」となり、立場が逆転したのはなぜか

5　邪馬台国はどうして〝滅亡〟したのか（『日本書紀』などに記述なし）

などなど、山のようにあります。残念なことに、古代史は文献資料が極めて限られているので、『日本書紀』『古事記』『魏志倭人伝』などを読んだだけでは、情報が少なすぎて解明は困難とされ、私も同感です。しかし、今世紀に入ると状況が大きく変わりました。考古学的な証拠、古代人ゲノムについての英語論文、そして『三国史記』などの朝鮮半島の歴史書の情報が、誰でも容易に入手できるようなったのです。

これらを読んでいて、ある日ふと思い付きました。それは、自分が卑弥呼になって、どうやれば魏に朝貢して金印を下賜してもらうかを「ゲーム感覚」で考えれば、自ずと答えは明らかになるだろうということです。

ゲーム感覚で邪馬台国の謎を解く

コンピューターゲームの人気ジャンルの一つに、歴史シミュレーションゲームがあります。特に有名なのが『信長の野望』や『三国志』シリーズ。試しに、チャットＧＰＴに『信長の野望』について質問してみたら、こんな返事が返ってきました。

＊　　　＊

『信長の野望』は、日本のビデオゲーム会社であるコーエーテクモゲームスによって開発された歴史シミュレーションゲームです。このゲームシリーズは、１９８３年に最初のタイトルがリリースされて以来、多数の続編やリメイクが発売されています。

ゲームの主な舞台は、戦国時代の日本で、プレイヤーは織田信長や他の戦国大名の一人としてプレイします。目標は、戦略的な計画、外交、戦闘を通じて日本を統一することです。プレイヤーは軍を管理し、領地を拡大し、同盟を結び、敵対する大名を打ち倒す必要があります。

また、このシリーズは、その複雑なゲームプレイと、経済、政治、軍事の各側面を統合したゲームデザインで高く評価されています。プレイヤーは、リソースの管理、人材の育成、敵との戦いなど、さまざまな課題に直面します。

『信長の野望』は、日本のビデオゲーム業界における戦略シミュレーションジャンルの重要な作品の一つとして位置づけられています。

＊　＊

もし私が『信長の野望』を参考にして、『卑弥呼の野望』（笑）というゲームシリーズを開発するなら、ミッションは次のとおりとなるでしょう。

○あなたは卑弥呼になって、魏に朝貢して親魏倭王の金印をゲットします。

○そして福岡平野にある強大な奴国（57年に漢から金印を下賜）を屈服させて倭王に即位し、魏からの貴重な品々を周辺国に配布して倭国に君臨します……。

というゲーム感覚で考えると、日本の古代史がよくわかります。条件は次のとおりです。

○ゲームの主な舞台は、弥生時代の日本で、あなたは邪馬台国の卑弥呼としてプレイします。
○目標は、戦略的な計画、外交、戦闘などを通じて倭国に君臨することです。
○あなたは軍を管理し、領地を拡大し、他国と同盟を結び、敵対する国を打ち倒す必要があります。
○あなたは、経済、政治、軍事の各側面において、リソースの管理、人材の育成、敵との戦いなど、さまざまな課題に直面します。
○また、これらに劣らず、宗教的な統合と権威も必要となります。

こう書くのは簡単ですが、現実に戦略を策定して実行に移すのは極めて大変で、普通の人にはまず無理です。もっとも、考えるだけなら可能ですので、皆さんも一緒にどうでしょうか。

邪馬台国連合が成立した背景

最初に、当時の倭国＝日本の状況を説明しておきます。邪馬台国の位置は、大和の地名と周辺の地名・位置の類似性からも、前述した山門（現・福岡県みやま市）しか考えられません（☞183頁）。詳細は前著『古代史サイエンス』に書いたので、細かい説明は省略します。以降は、邪馬台国は山門にあったとして説明を続けます。

日本で最初に水田稲作が始まったとされるのは、佐賀県唐津市の菜畑遺跡、そして福岡県福岡市の板付《いたづけ》遺跡で、時期は3000年ほど前とされます。最大の理由は、稲作技術が渡来した中国大陸に一番近いからでしょう。[★1] ポイントは、板付遺跡は奴国と位置的に同じ福岡市にあること。この革命的農業技術である水田稲作は、北部九州から南部九州へ、そしてやや遅れて本州へ広がり、最終的には気候的な限界である東北地方にまで北進します。

では、邪馬台国で稲作が始まったのはいつ頃なのか。日本最大の弥生時代の遺跡である吉野ヶ里遺跡では、紀元前5世紀には丘陵一帯に分散的に「ムラ」が誕生したとされます。[★2★3] 吉野ヶ里遺跡の位置は、当時の有明海の海岸沿いで、山門も同じような立地、つまり有明海の海岸沿いです。このことから考えると、邪馬台国の本格的な水田稲作は、玄界灘沿いのムラから500年ほど後になります。

では、邪馬台国はどういう戦略を立てるべきか。奴国は板付遺跡と同じ位置ですから、3千年前に水田稲作がスタートしたときには技術的に優位だったはず。そして、中国大陸へのアクセスも有明海沿いの国よりはるかに容易です。このことが、倭国で最初に中国大陸の覇権国である「漢」から金印をゲットした最大の理由でしょう。常識的に考えると、中国に近い奴国に対抗するのは難しそうです。

ただ、有明海に注ぐ筑後川は、福岡市を流れる那珂川の10倍以上の流域面積を誇り、九州最大。よって、邪馬台国の立地的なポテンシャルはかなり高いはず。一方、弥生時代最大の遺跡とされる吉野ヶ里遺跡の面積は、ピーク時でも40haほどですから、単独で奴国に対抗しようとするなら、どう見ても勝ち目はありません（☞次頁）。

弥生時代のセブン・イレブン

時代は違いますが、大いに参考になりそうなのは、コンビニチェーン「セブン・イレブン」の企業戦略です。もはや、コンビニは日本人にとってなくてはならない生活のインフラになりました。が、開業当初の１９７３年にはそうではありません。そもそも、当時は都心部の大規模なデパートやスーパーが小売業の花形。いくら小型店をチェーン化したとしても、その何十分の一の規模のコンビニが取って代わる……なんて考えた人は誰もいませんでした。しかし、現実にセブン・イレブンは日本の小売業のチャンピオンになったのです。まさに現代のミラクルと言うしかありません。

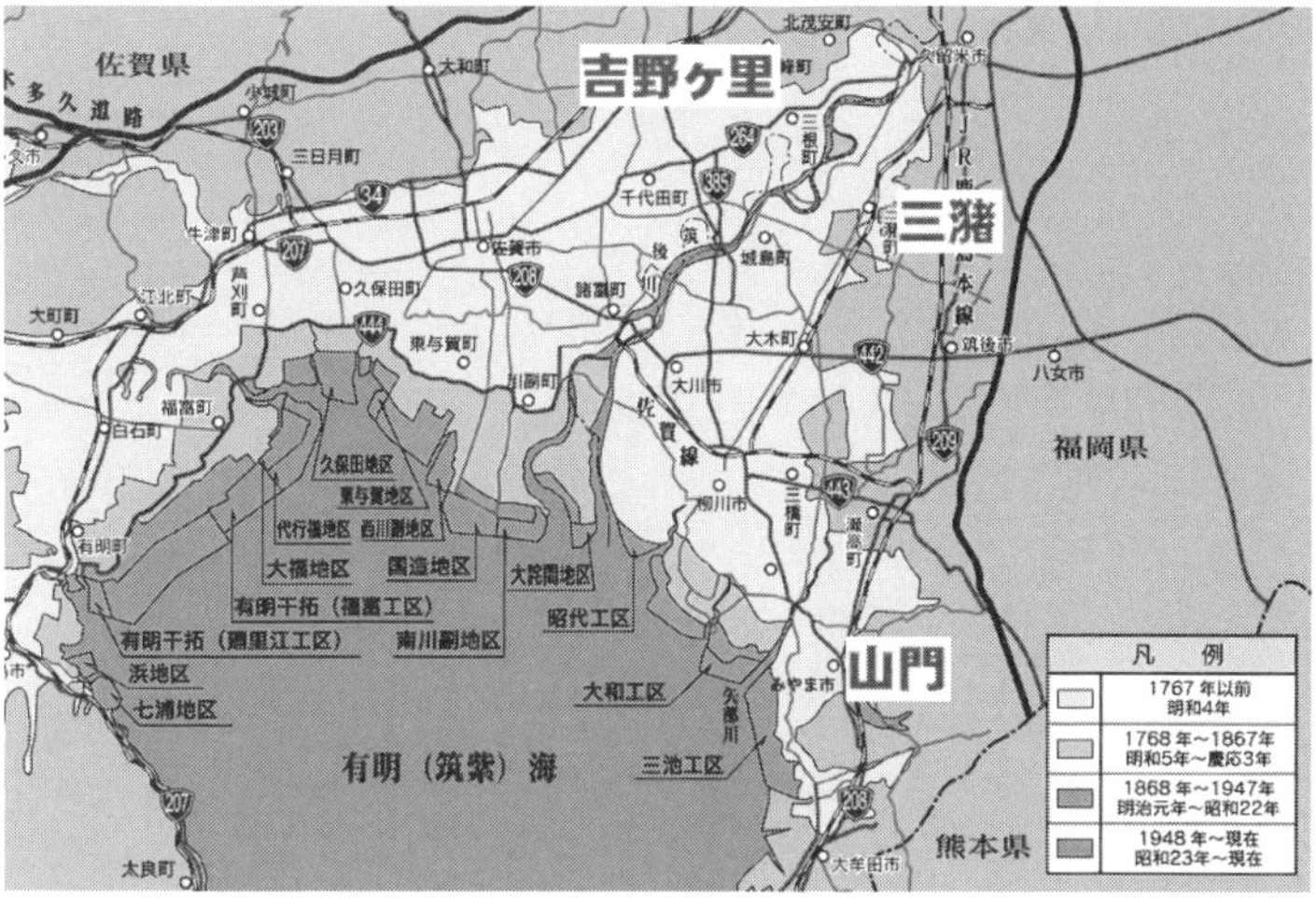

【出典】農林水産省九州農政局（上）、国土交通省九州地方整備局（下）公式サイト

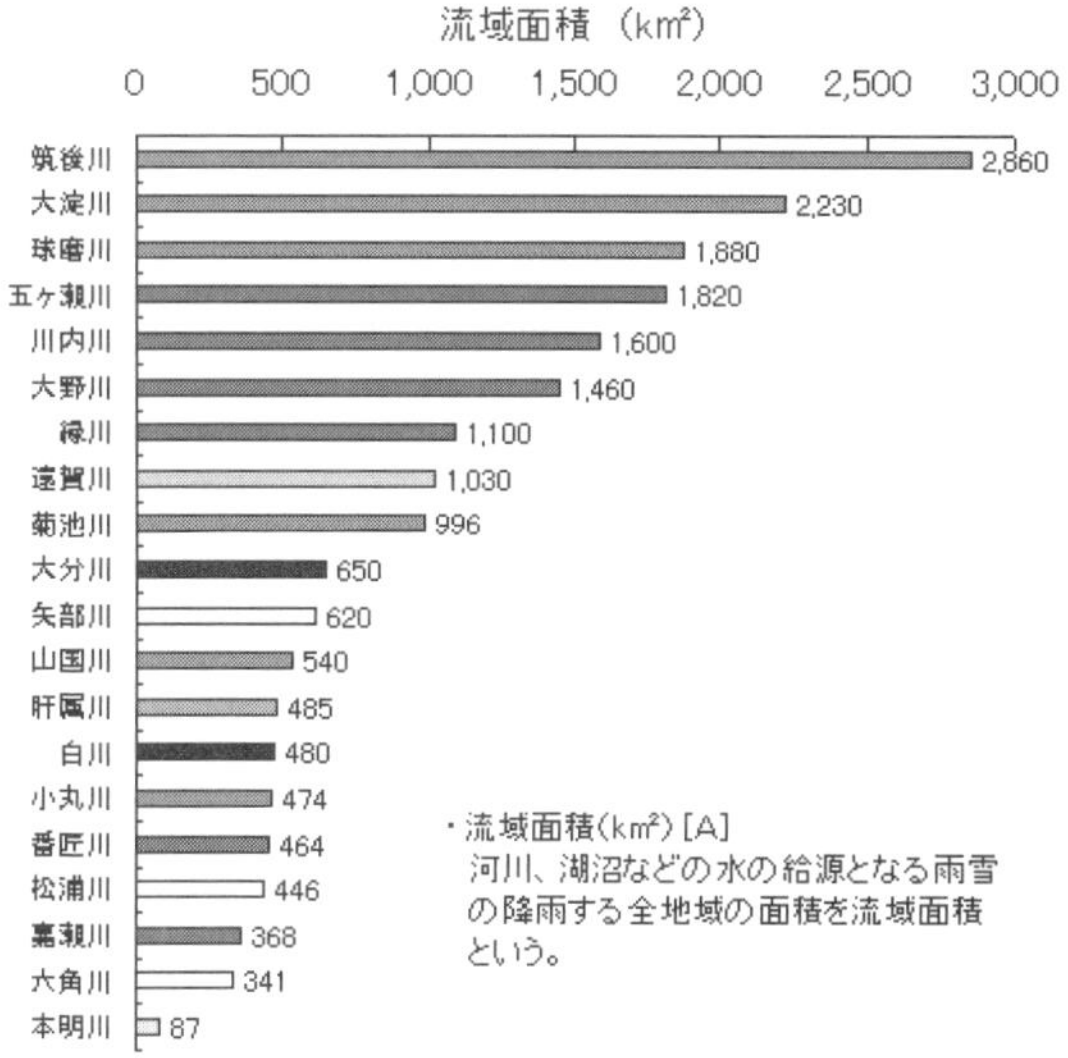

詳しいことはビジネス誌に譲りますが、コンビニという言葉が表すように、同社は消費者にその利便性を訴えたのです。午前7時から午後11時まで年中無休で開店し、生活に密着した商品が近くのチェーン店で簡単にすぐに買え、食料品の鮮度も高い。これは、多少の値段の高さより利便性を重視した新しもの好きの若者（アーリーアダプター）にヒットしました。

当時のパパママストアと呼ばれた中小の地元商店は、都心の大規模店には品揃えや値段で到底太刀打ちできません。そこで、セブン・イレブンは、本部にロイヤルティーを支払えば、貴重な経営のノウハウに加え、商品の仕入れや最新のＩＴシステムまで一括提供するという戦略を展開します。経営が苦しい地方の中小商店は、この魅力で続々とコンビニに業態転換し、生き残りを図りました。

同社は、生鮮食料品の鮮度を保ち、チェーン店の在庫切れを避けるため、1日に何回も商品の配送を行っています。このことを実現するため、全国を網羅するきめ細かい物流システムも構築したのです。また、主力となるお惣菜には、当時の社長・鈴木敏文氏自らがまめに試食するという力の入れようでした。もちろん、文章で表現するだけなら簡単ですが、誰にでも簡単に実行できる戦略でないことは当然です。

卑弥呼が倭国の女王になる

このようなセブン・イレブンの企業戦略をベースにして、邪馬台国の倭国統一に向けた戦略を考えてみることにします。もちろん、次から述べることは、単なる私の推測に過ぎません。しかし、同社を参考にすると、なぜ57年には奴国が倭国王だったのに、邪馬台国が１７３年に倭国王として君臨できたのかは容易に理解できます。以下は、時系列を簡潔にまとめたものです。

５７年　奴国の覇権（**漢委奴国王**の金印）『漢書地理志』
１４６~１８９年の間　桓霊《かんれい》の間　倭国大乱　『魏志倭人伝』
（１５８年７月13日　皆既日食）
１７３年　**倭王**卑弥呼が新羅に遣いを送る　『三国史記』
２３８年　邪馬台国の覇権（親魏**倭王**の金印）『魏志倭人伝』

１５８年の日食が新羅の首都である慶州で観測されたことは（☞口絵31、32頁）、高麗の時代に編纂された『三国遺事』に記録があり、国立天文台の研究報告によれば、その誤差はわずか1年です。[★4] 千年後に書かれた記録としては、実に驚異的な精度。繰り返すようですが、このことから『三国史記』や『三国遺事』の記録は、内容がかなり正確だと考えてもいいはずです。

　この『三国史記』によると、１７３年の条に、**倭王卑弥呼が新羅に遣いを送った**とあります。いくらなんでも、卑弥呼の即位直後に新羅に通知を出したとは考えられないので、何年か後でしょう。よって、１５８年の皆既日食による倭国大乱発生後、１７０年頃には卑弥呼が即位したことになります。しかし、『魏志倭人伝』にあるように、魏に朝貢したのはそれより相当遅れた２３８年で、２４７年に卑弥呼は死亡したはず。

　卑弥呼が、１７０年頃に台与《とよ》と同じ13歳で即位したとすると、２４７年の死亡時の年齢は90歳。当時の女性が90歳まで生きたとは考えられないので、１７３年に通知した卑弥呼は初代で、**２４７年に死亡した卑弥呼は必然的に２代目**ということになります。これは、卑弥呼は本名ではなく、日巫女という役職名であるという、井沢元彦氏の説とも一致します。そして、井沢説のように、卑弥呼＝日巫女＝天照大神だとすると、伊勢神宮に内宮と外宮の２つの宮があることも簡単に理解できます。なぜなら、天照大神に該当する女性は２人いたのだから、２つの宮が必要になるからです。

　こう考えると、なぜ伊勢神宮に斎宮が派遣されていたのか（斎宮や巫女は神に仕えるため独身）、明治まで天皇の直参がなかったのか（男性で日巫女に直接接触できるのは弟か兄）も、あっさりと説明できます。

神武東征の時期は、長浜浩明氏によれば、2倍年を採用すると紀元前1世紀頃と考えられます[★5]。この時点では邪馬台国は相当発展していて、日本各地に植民し、友好国や同盟国も多かったはずです。このことは同時に、神武天皇が九州王権（邪馬台国）の一族であることも暗示しています。

また、神武天皇が日向（宮崎市）から出発したのも、当時の人口を考えると当然です。なぜなら、当時の日向は、南部九州では最大の人口を擁しており、おそらくは邪馬台国の一大拠点だったと推測できるからです（☞次頁☞口絵28頁）。この他に日本統一の拠点となるのが、後述の神武東征の寄港地です。邪馬台国を、幕府や織豊政権のようなものと考えると、当然各地に領地を持っていたはず。また、発祥の地（山門＝現・みやま市）と本拠地（夜須＝現・朝倉市）は別の場所であっても問題ないことに。なぜなら、これは、その後の幕府や織豊政権でも実例があるからです。

図版1　縄文時代から弥生時代までの遺跡分布図

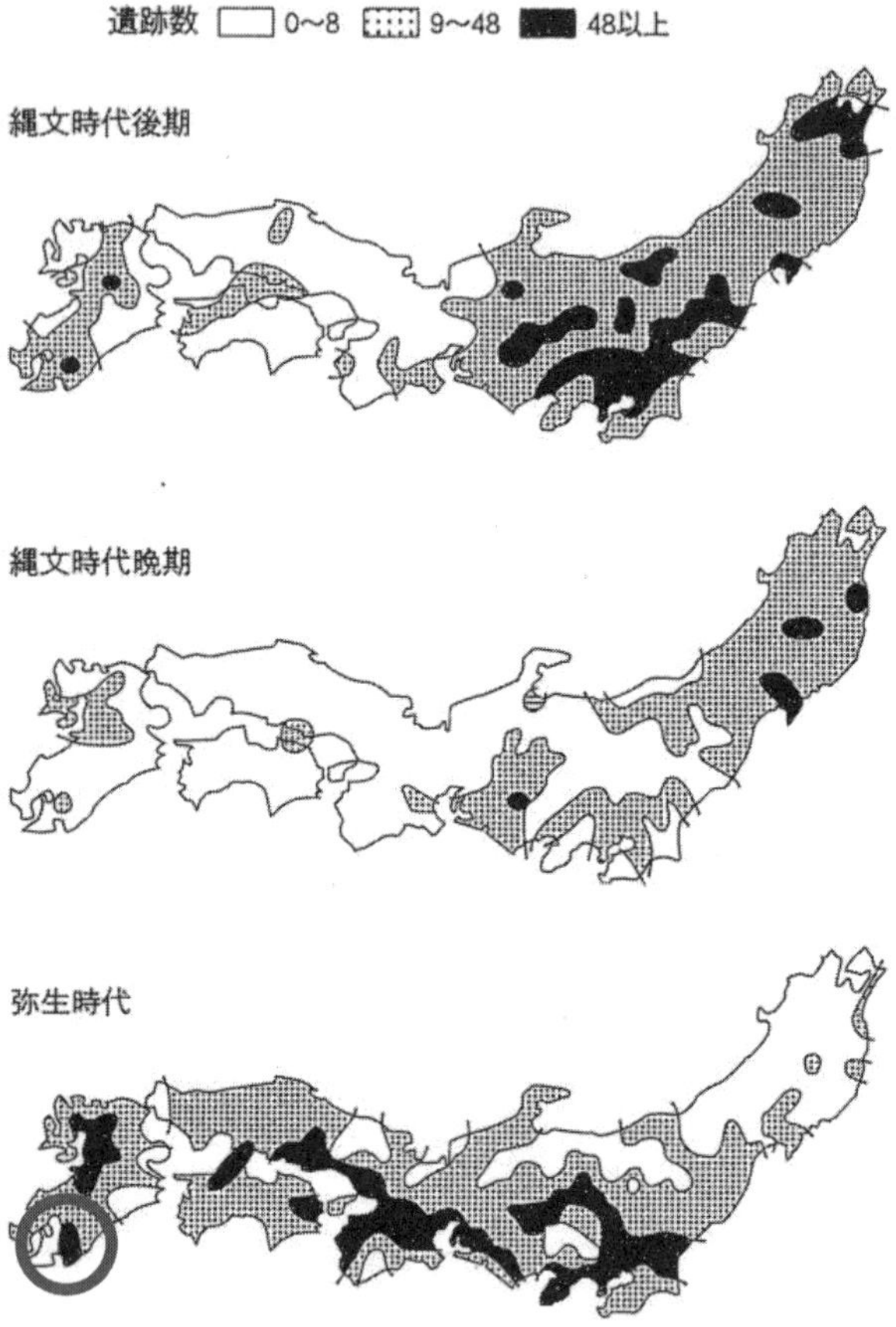

神武東征の出発地は日向なのか

弥生時代になると、縄文時代晩期に比べて人口が急増していることがわかる。九州南部では、宮崎市とその周辺の人口が特に多く（**円内部分**）、神武東征の出発地であることを連想させる。

【出典】小山修三『縄文時代』1984 年

邪馬台国の海上ネットワーク

倭国統一に最も重要なのは、強力な海上ネットワークですが、後述するように、神武東征が事実だとすると、その寄港地は邪馬台国の直轄地、あるいは友好国や同盟国だったはず。たとえば、岡田宮（北九州市）は遠賀川下流、水田稲作に必須とされる遠賀川式土器の積出港です。日向（宮崎県）は、流域面積では九州第2位を誇る大淀川と五ヶ瀬《ごかせ》川が流れ、当時は南九州最大級の農業地域だったはず。ちなみに、宮崎市からは天孫降臨に出てくる高千穂の嶺がよく見えます。

北部九州から大和に行くためには、瀬戸内海を東進し、安（阿）岐（広島）、吉備（岡山）を経由しますが、大阪湾や奈良（大和）は、当時は大部分が湾か湖で、その行き止まりが大和の橿原《かしはら》です（☞次頁）。これで、当時の瀬戸内海沿いの主要な海上ルートはほぼ確保したことになります。

対して、奴国は地の利に安住して、福岡平野とその周辺にとどまっていたのではないでしょうか。確かに、中国大陸に近い一等地という優位性があるなら、努力なんかせずに現状維持の方が楽ですし、特に困りもしませんからね。しかし、後発の邪馬台国はそうはいかず、福岡平野以外の交通ネットワークを押さえる必要性が高かったはず。ただし、当初の「邪馬台国連

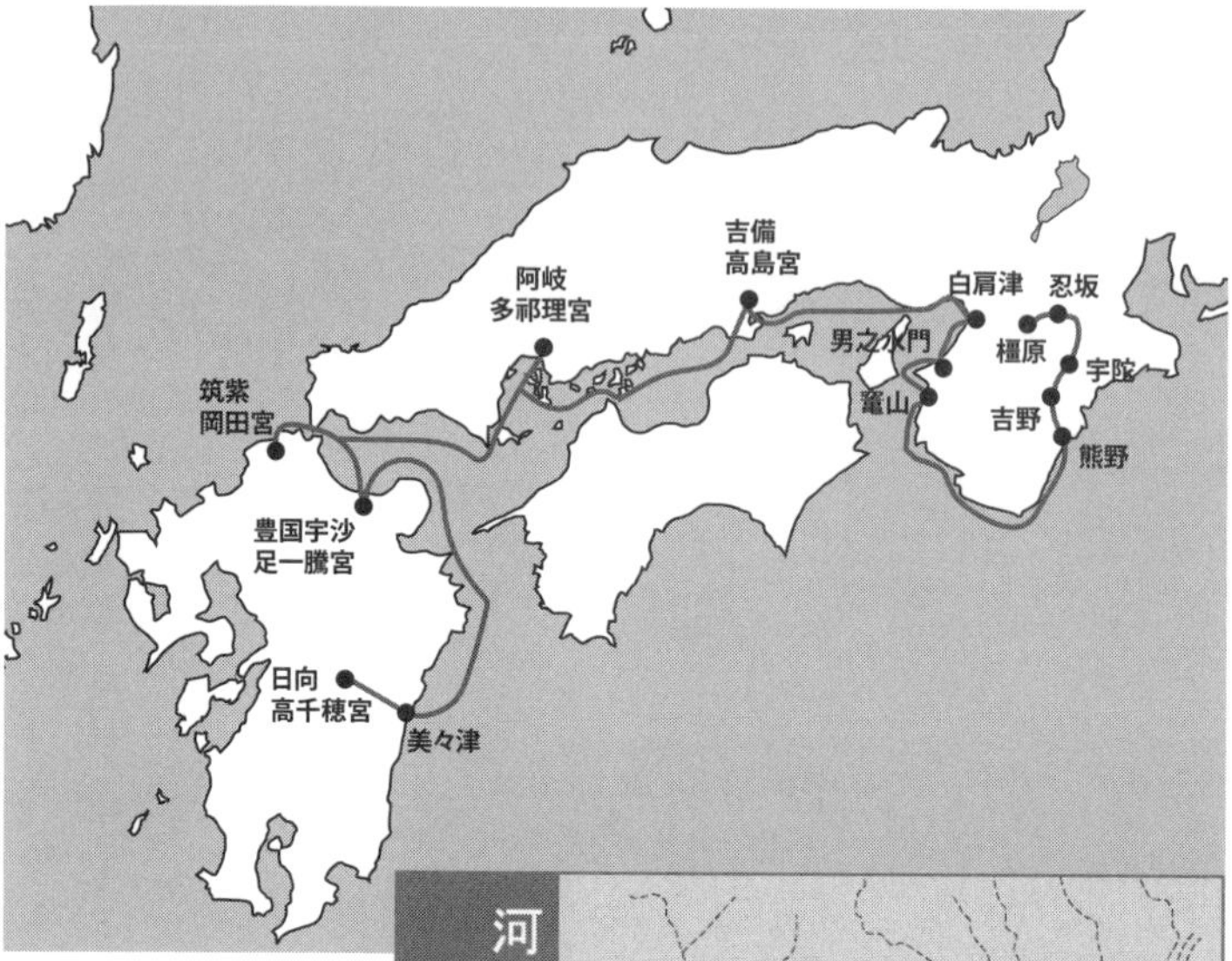

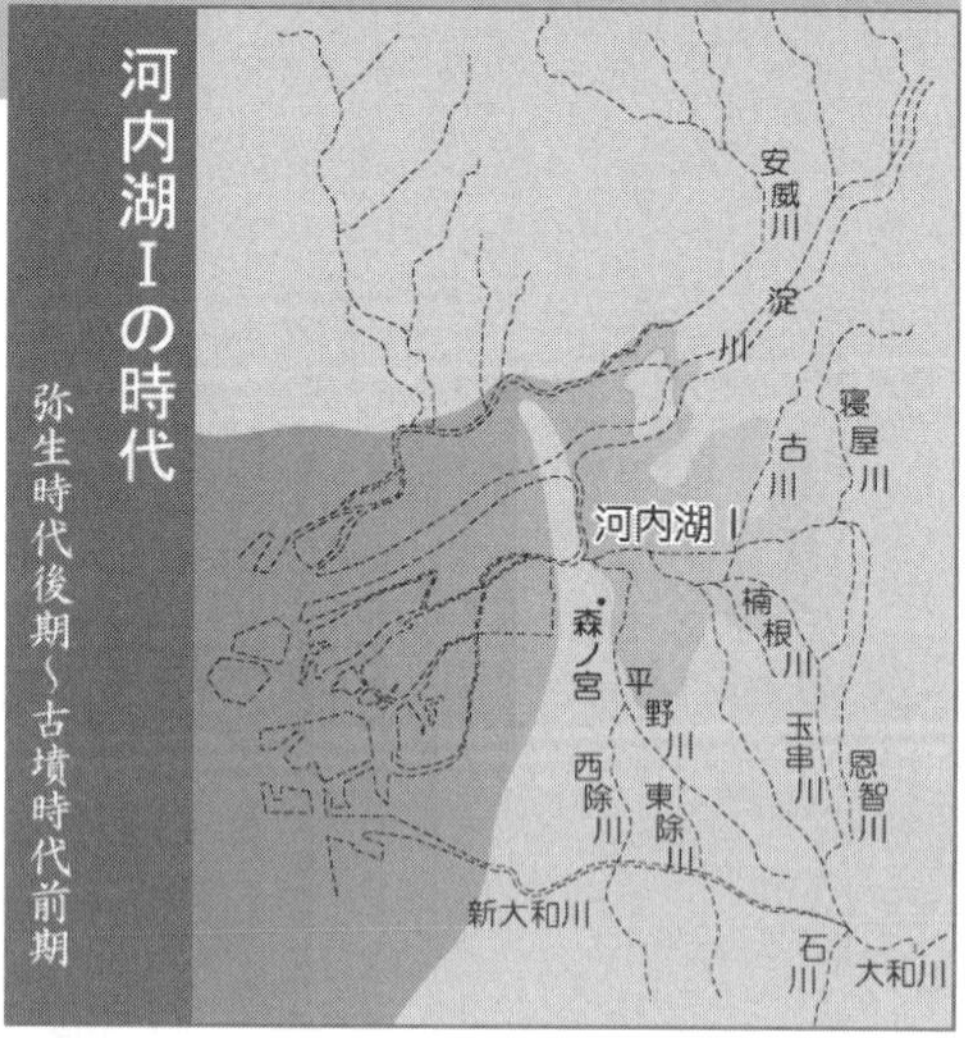

【出典】「神武東征」江古田原・沼袋合戦などを参考に作成（上）
「古代大阪の変遷」水都大阪ホームページ（下）

合」の加盟国は若い国ばかりなので、しばらくは最先進国で強国の奴国には歯が立たなかったと思います。

これは、スペインやポルトガルなどの植民地帝国に遅れて登場したイギリスが、当時は誰も見向きもしなかった北アメリカに植民したことにも似ています。なぜなら、条件のよい南アメリカは、既に先発のスペインとポルトガルにすべて押さえられていたからです。

話を戻すと、邪馬台国が勢力を拡大するには、北部九州の東側、具体的には北部九州最大である遠賀川の下流や、瀬戸内海に面した港を確保して、強力な海上ネットワークを構築することが絶対条件。その後に九州の東岸を南下、日向（宮崎）で盤石な地盤を築いた後に、最終目的地の大和を目指し、瀬戸内海を東進するのが妥当な戦略だと思われます。

口絵20、21頁は、この仮説を北部九州出土の「鏡」の実データ★6で検証したものです。**弥生時代の鏡は富と権力の象徴であり、その分布はこれまで説明した「セブン・イレブン」仮説が妥当であることを示しています**。夜須が邪馬台国連合の首都機能を担ったのは、発祥地の山門に近い交通の要衝で、他の北部九州の国々との交通に便利だったからでしょう。

なお、弥生時代の鏡は、福岡県が３００面以上と全国一。わずか7面の奈良県とは桁違いで、このことからも邪馬台国は福岡県以外には考えられません。余談ですが、『魏志倭人伝』で投馬国や邪馬台国への行程に「水行」が入るのは、筑紫平野の大部分が海なら納得できます。

邪馬台国の覇権と東遷

その後、158年7月13日になると、ついに運命の皆既日食が起きます（☞口絵31、32頁）。『三国遺事』では、この日食は新羅の都である慶州でも観測[★4]。倭国の人間は、あたかもこの世が終わるように、太陽が真っ暗になって地平線に没していく姿を見て、奴国の覇権が去ったと感じます。そして第1次倭国大乱が発生し、倭国の覇権は奴国から邪馬台国に移ったのでしょう。

この時点での農業生産の状況を見ると、懸命な努力の甲斐があって、有明海沿いの邪馬台国連合の人口は、福岡平野の奴国を圧倒的に上回っていると推測されます（☞154頁）。これが倭国王として卑弥呼（初代）が共立された理由だと推測され、173年には「倭王卑弥呼」が新羅に通知を送っています。

第1次倭国大乱の89年後、247年3月24日になると、今度は「天の岩戸」の皆既日食が発生しました。158年の状況が再現され、真っ黒な太陽が不気味に地平線に没していきます。

結果として邪馬台国は東遷し、首都機能は北部九州から大和に移転。しかし、このときは前回と違って「邪馬台国」という国名は変えなかったはず。なぜなら、新羅や魏に何も通知した形跡がないからです。また、北部九州では、以前の体制がそのまま続いたようです。『魏志倭人伝』によれば、その後に台与が即位したとありますが、これ以外に魏に通知した記録はありません。

これらは、すべて「山門＝本家」と「大和＝分家」とのポジションが逆転したことを暗示しています。なぜなら、古墳時代の人口は、弥生時代とは大きく違ってきているからです。山門を中心とする北部九州に比べると、大和を中心とする近畿地方が圧倒的に上回ります（☞161頁）。つまり、時間の経過とともに、奴国→邪馬台国→大和（近畿地方）と経済の中心地に首都機能が移転しているわけで、確かにこれは合理的な選択だと言えるでしょう。

魏にも新羅にも邪馬台国東遷の記録がない理由は推測するしかないですが、あるいは沖縄の尚氏が参考になるかもしれません。邪馬台国自体は変わらず、首都（尚氏は王統）が変わっただけだからです。国名を変えなかったのも沖縄尚氏と同じですが、理由も同じだとするなら、中国への朝貢がやりにくくなるからかもしれません。

もっとも、朝鮮半島南部（金官伽耶）の遺跡を見ると、物的証拠ははっきりしています。3

世紀末の大成洞遺跡からは、近畿系の土器が出土しているからです。それ以前の良洞里遺跡では北部九州系の土器でした（☞162頁）。

また、『三国史記』によると、287年から目立って倭兵の攻撃が激しくなってきています（☞100頁）[★7]。このことから、3世紀中頃には、日本にはそれまでとは比較にならないほど強力な政権が誕生したことは明らかなわけです。

表2　縄文時代から歴史時代に至る地域別・時代別の推定人口数　（人）

地域＼時代区分	縄　文　時　代				弥生時代	古墳時代	江戸時代
	早期	前期	中期	後期			
東　北	2,100	19,200	46,700	43,800	33,800	288,600	2,473,000
関　東	10,300	43,300	96,600	52,100	100,000	943,300	4,295,700
北　陸	400	4,200	24,600	15,700	21,000	491,800	2,307,600
中　部	3,200	25,300	71,900	22,000	85,100	289,700	1,694,200
東　海	2,400	5,000	13,200	7,600	55,900	298,700	1,792,200
近　畿	300	1,700	2,800	4,400	109,400	1,217,300	4,941,300
中　国	500	1,300	1,200	2,700	59,400	839,400	3,067,900
四　国	600	400	200	2,700	30,500	320,600	1,760,500
九　州	2,100	5,600	5,300	10,000	106,300	710,400	3,300700
合　計	21,900	106,000	262,500	161,000	601,500	5,399,800	25,633,100

(S.Koyama 1978による)

縄文時代から江戸時代までの地域別人口の推移

弥生時代には、近畿地方の人口は九州地方の人口とほぼ同じ 10 万人ほどであった。しかし、その後の古墳時代には、近畿地方の人口は急増して 121 万人となり、九州地方の 71 万人を大幅に上回ったことがわかる（**太枠内**）。

このことは、古墳時代になると、近畿地方を中心として、大和朝廷の支配する地域が増え、農業指導やインフラ整備などにより、その地域の人口が増えたことを示唆している。

【出典】米穀安定供給確保支援機構：米ネット　お米の文化と歴史　2 米は日本をどう変えたの？　2－2 米の生産量が増えて日本の人口も増えた

朝鮮半島南部の遺跡から出土した日本の土器

朝鮮半島南部の金海地区には、３世紀頃に日本と交流していた良洞里遺跡と大成洞遺跡がある。良洞里遺跡では北部九州系の土器が中心だが、それより後の３世紀末になると大成洞遺跡が繁栄し、土器の主流が北部九州系から近畿系に変わる。このことは、日本の政治経済の中心が、北部九州から近畿に移動したことを示している。

【出典】『月刊歴史手帖』1992 年 6 月号
　　　海の道むなかた館　館長講座「邪馬台国への道」 2021 年
　　　小沢文雄『邪馬台国連合のすべて』2023 年

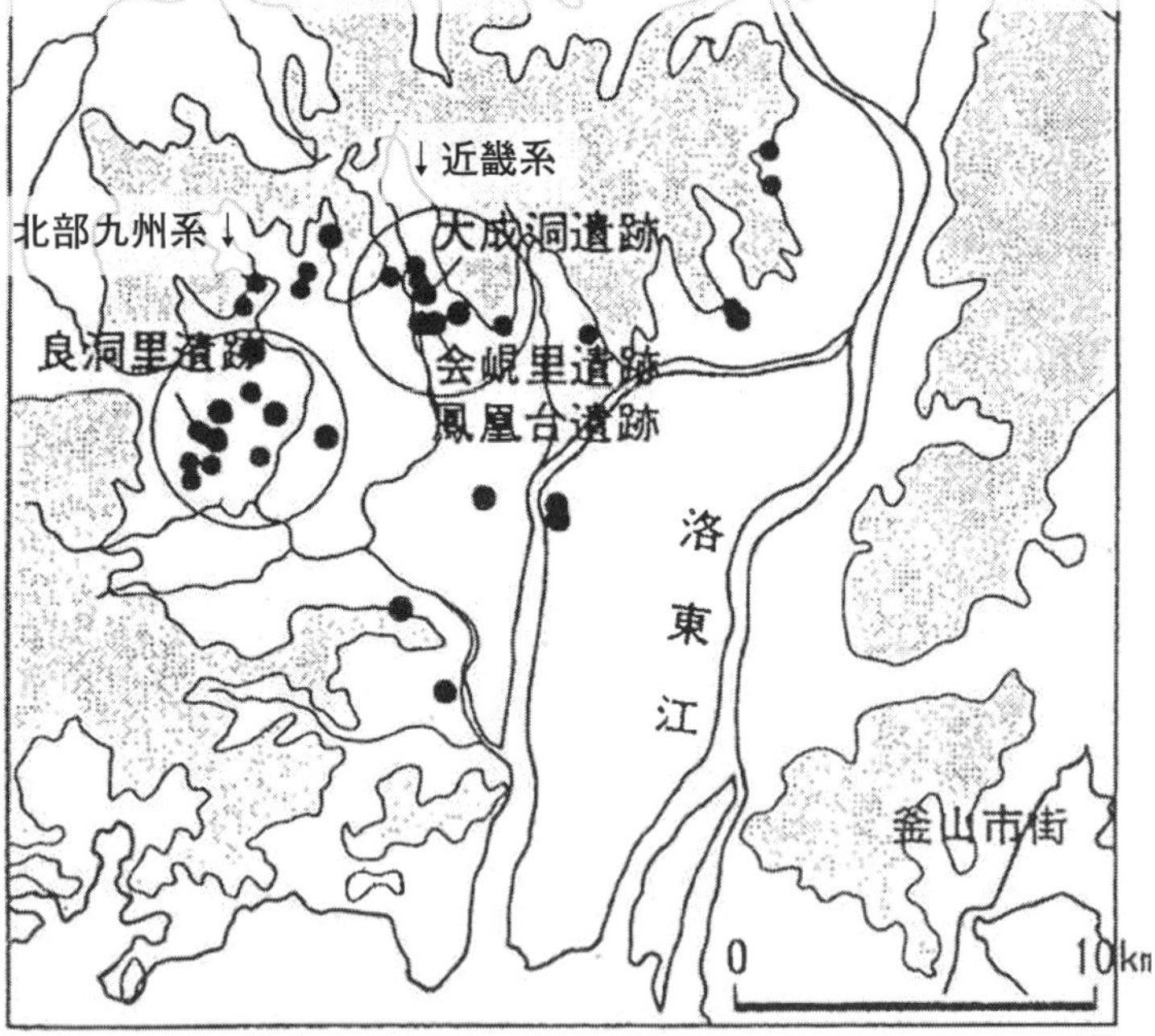

金海地区の遺跡(原三国期前後)分布

伊勢神宮の謎

次は伊勢神宮についての話題です。伊勢神宮にはいくつかの謎があります。それは、

1　なぜ内宮と外宮の2つの宮があるのか
2　なぜ伊勢にあるのか
3　式年神宮は何のためか

といったものです。

1については、卑弥呼＝日巫女＝天照大神となる女性が2人だったことは、既に説明したので省略します。

2についてですが、これは後述する日本建国の礎という意味だと思います。日本建国は、神武天皇が橿原で即位したこととされています。たまたま、橿原と伊勢神宮の緯度を調べていたら、ほとんど同じであることに気が付きました（誤差は数分＝10㎞程度）。となると、日本建国を記念して、その真東＝日の出の場所に建立したのかもしれません。

伊勢神宮の位置が偶然でないと思われるポイントは2つあります。地図を見るとわかります

が、伊勢神宮の緯度だと、その東には陸地はありません。つまり、ほぼ何の障害もなく初日の出が見られるということになります。実際に、初日の出スポットとしての伊勢神宮は有名で、多くの旅行ガイドにも紹介されています。

傍証としては、宇佐神宮の位置が挙げられます。宇佐神宮の所在地は、皆さんご存じのように大分県宇佐市。ここには、3人の女性（比売大神《ひめおおかみ》）と神功皇后・応神天皇が祀られています。宇佐神宮は、田油津媛《たぶらつ》のように、大和朝廷に逆らった「土蜘蛛」を祀っているとすると、彼女たちを誅殺した神功皇后・応神天皇の由緒ある地と関係があるはず。そこで、試しに宇佐神宮の緯度を調べてみたところ、応神天皇の誕生地とされる福岡県宇美《うみ》町とほとんど同じなのです（誤差は数分＝10㎞程度）。ポイントは、四拍という「死」を連想させる拝礼と、東側には山がそびえており、日の出が見にくいことです。さらに、旅行ガイドでも初日の出スポットとしては紹介されていません。もちろん、話がうますぎるので偶然ということも考えられますが、あまりにも合いすぎです。

では、伊勢神宮の式年神宮はなんのためか。様々な説がありますが、次回の実施が危ぶまれるほどの何百億という巨費が必要とされるのだから、合理的な説明は難しいと思います。

またまた話が飛びますが、首都機能移転のときは、日本はあいまいなことがほとんどです。

○東京と京都　奠都《てんと》（戦前の皇室典範では、大嘗祭は京都で行われるとある）
○高崎と前橋　県庁所在地（定期的に交代する約束だった）

これから考えると、あるいは、山門と大和を定期的に交代するという意味があるのではないかと思われます。伊勢神宮の式年遷宮は天武天皇の治世に始まったとされ、『日本書紀』編纂着手、宇佐神宮建立、天皇の神格化の時期とも一致します。

繰り返しになりますが、邪馬台国が東遷したらしい3世紀半ばには、他国に通知した形跡はありません。理由は、前述した沖縄尚氏のように、朝貢の際に不具合が予想されたためか（後に「倭」の五王が朝貢）、東京奠都のように邪馬台国に遠慮したのか。一部の京都人によると、東京への「遷都」ではなく「行幸」が正しいらしいので……。

参考までに、明治天皇陵は生まれ育った京都にあります。また、戦前の皇室典範には、天皇の即位の礼は京都で行うともあります。式年遷宮の謎については、このような解釈をするなら、事実と最も整合性が高いのではないでしょうか。

五丈原の戦いと親魏倭王の金印との関係

ところで、173年に「倭王卑弥呼」が即位したと新羅に通知しているのに、なぜ魏への朝貢は238年まで遅れたのでしょう。それは、当時の東アジアの国際情勢が大きく関係しているとされます。

この頃の中国大陸は、後漢末で大混乱し、184年には「黄巾の乱」という、組織的で大規模な農民反乱が発生しました。対策として、後漢は189年に公孫氏を朝鮮半島近くの遼東太守に任命。しかし、公孫氏は混乱のどさくさにまぎれて半独立国を建国し、この国は238年に滅亡するまで続きます。

では、なぜ公孫氏は滅亡したのか。それは、蜀の諸葛孔明が234年の五丈原の戦いで病没したからです。南方の蜀からの脅威が消滅したため、魏は遼東の公孫氏との戦いに乗り出します。238年には、司馬懿《しばい》が遼東に遠征して、あっさり公孫氏を滅ぼし、帯方郡は魏の手に落ちます。どうやら、卑弥呼は公孫氏にも遣いを送っていたようです。卑弥呼は、この絶好のタイミングを逃さず、素早く魏に朝貢。魏にとっても、〝東方の大国〟からの朝貢は、自国が強大だという絶好の宣伝材料になるため、破格の待遇である親魏倭王の金印で報います。

このようなことから、『魏志倭人伝』だけ読んでいると、あたかも朝貢が遅れたように見え

るということだと思います。佐藤佑治氏はこう述べています。[★8]

*　*

倭の卑弥呼はこれまで公孫氏政権に服属していたが、この直後「大夫難升米」らを派遣してきた。この使節は初めて都にのぼり、親魏倭王の称号と金印紫綬を授かり、あまたの貴重な回賜の品々（朝貢の粗末な品と対比して）を下されるという破格の厚遇を受けるのである。

*　*

つまり、

234年　五丈原の戦いで諸葛孔明が病没
238年　魏の司馬懿が公孫氏を滅ぼし、このころ卑弥呼が魏に朝貢、親魏倭王の金印を下賜

ということになります。同じことは、小嶋浩毅氏も指摘しています。[★9]

*　*

まずは「晋書四夷伝（東夷条）」にある魏から晋に政権が代わるタイミングの記述。「宣帝之

平公孫氏也、其女王遣使至帯方朝見、其後貢聘不絶。及文帝作相、又數至。泰始初、遣使重譯入貢（句読点は筆者による）」。当時の政治背景を含めて以下のように解釈できる。晋の初代皇帝である司馬炎（武帝）は建国後、晋の礎を築いた祖父の司馬懿を高祖宣帝と追号した。その宣帝である司馬懿は魏の時代、遼東を支配していた公孫氏を破った。公孫氏の影響を排除した結果、倭の女王は遣いを帯方郡に派遣して朝見を果たすことができた。

＊　＊

２６６年の倭王の晋への朝貢は、通説では台与によるものとされています。しかし、台与なら、かならずそう明記されるはずだとして、小嶋氏はこの通説にも疑問を呈しています。

＊　＊

泰始2年（２６６年）の朝貢まで10年以上が経過している。張政の帰国時において倭国と狗《く》奴《な》国《こく》の戦争状態は継続していたが、さすがに２６６年には終結していたであろう。そして「泰始初、遣使重譯入貢」の一文には「倭国」とも「倭国の王」とも「倭国の女王」とも書かれていない。このことから、**泰始2年の朝貢は台与によるものと断定することはできず、むしろそうではない可能性が高い**と言えよう。

＊　＊

このようなことで、当時の日本は小国だったため、中国大陸や朝鮮半島の国際情勢に大きく影響を受けていたようです。

【まとめ】

○158年の皆既日食で「第1次倭国大乱」が起こり、170年頃までに「倭王卑弥呼」が共立された可能性が高い
○その後、魏への朝貢が238年まで遅れたのは、後漢末の混乱が続いていたから
○234年に五丈原の戦いで孔明が病死したため、魏は蜀が弱体化したこの時期に公孫氏を討ち、邪馬台国の朝貢を可能とした
○238年に魏に朝貢した卑弥呼は、当時の平均寿命から考えて2代目である可能性が高い
○247年の皆既日食で、2代目の卑弥呼は霊力を失ったとして殺害され、「第2次倭国大乱」が起きたと推測される
○この結果、邪馬台国は大和に東遷し、崇神天皇が新・邪馬台国の王となったのではないか
○ただし、北部九州では以前と変わらず台与が共立された
○崇神天皇以後は、内政と朝鮮半島の軍事・外交は大和朝廷が担うことになった

★1　前述したように、韓国のオクキョン遺跡では、菜畑遺跡より古い紀元前11世紀に水田稲作が開始されたとされる。ただし、年代測定は地層によるもので、炭素14法によるものではない。水田稲作に使う農具は日本より簡易なものしかなく、必ずしも朝鮮半島から水田稲作が伝来したとは言えないのではないか。

★2　佐賀県教育委員会『弥生時代の吉野ヶ里―集落の誕生から終焉まで―』２００３年

★3　吉野ヶ里歴史公園ホームページ

★4　谷川清隆ほか「『天の磐戸』日食候補について」『国立天文台報』２０１０年

★5　長浜浩明『日本の誕生―科学が明かす日本人と皇室のルーツ』２０２２年

★6　下垣仁志『日本列島出土鏡集成』２０１６年

★7　頸城野郷土資料室学術研究部「ディスカッションペーパー　視点を変えた『謎の4世紀』朝鮮側の資料から日本の『謎の4世紀』を探る」『研究紀要』２０１７年9月12日

★8　佐藤佑治「公孫氏政権と司馬懿の遼東遠征」『関東学院大学文学部紀要』第１０５号２００５年

★9　小嶋浩毅「途絶えた倭国による朝貢」『古代日本国成立の物語』（第一部）２０１６年9月11日

【コラム】邪馬壹国は邪馬台国なのか

魏志倭人伝では、邪馬台国は邪馬壹国と表記されています。通説では、「壹」は「台」の書き写しによる誤りとされます。しかし、古田武彦氏の『「邪馬台国」はなかった』は、この通説に挑戦。彼は過去の膨大な文献を調べ上げ、「台（臺）」が「壹（一）」に変わったケースはないことを示したのです。そして、魏志倭人伝には一字たりとも邪馬台国はないのだから、邪馬台国は存在しなかったと主張。

しかし、書家である井上悦文氏は、2013年の著書『草書体で解く邪馬台国の謎』で、この古田説に対抗する新説を披露しました。その後の2019年には、改訂版の『草書体で解く邪馬台国への道程』を出版しています。

『三国志』は西晋時代に書かれ、その内容は木簡に記されました。しかし、初めは正史とは見なされず、陳寿の私邸に保管されていたのです。陳寿の死後、その価値が再認識され、晋の役人たちが彼の家を訪れて筆写を行いました。

驚くべきことに、陳寿は『三国志』をわずか4年で完成。当時用いられていた書体（行書体、篆書体、隷書体書）を考えると、彼は恐らく時間の節約のため、速筆で知られる草書体を使用したと推測されます。しかし、草書体はその特性上、文字の判別が困難で誤写しやすいものです。陳寿が亡くなっていたため、晋の役人たちは疑義がある文字について、彼に直接確認することができませんでした。

現存する『三国志』の写本は、これらの筆写を基にしたもので、後により判読しやすい楷書体に置き換えられました。しかし、草書体の特性を踏まえると、いくつかの文字は原文と異なる可能性が考えられます。たとえば、現版の『三国志』における「対海国」は、草書体の「海」が「馬」に似ているため、「対馬国」とする説があります。また、「一大国」は「一支国」、さらに、「山壹国」は草書体で「山臺国」と読めることから、これらの地名が九州の実在する地名と一致することが指摘されています。

余談ですが、ふりがなは漢字一字に一音節が原則。266年に即位したとされる、「台与」は「トヨ」と読むことから、「邪馬台」の読みは「ヤマタイ」ではなく「ヤマト」が妥当だとも述べています。

《参考文献》

井上よしふみ『草書体で解く邪馬台国への道程』2019年
古代史幻想「『草書体で解く邪馬台国の謎』の紹介」

「海」と「馬」

【出典】井上よしふみ『草書体で解く邪馬台国への道程』2019 年
古代史幻想 「『草書体で解く邪馬台国の謎』」の紹介」

第四章　日本建国のサイエンス

古墳が語る神武東征の真実

日本の建国は、神武天皇が日向の美々津《みみつ》を出航して大和に到着し、先住民の長髄彦《ながすねひこ》との最後の決戦で、饒速日命《にぎはやひのみこと》の助けを得て勝利することが最初のステップとなります。その後、神武天皇は畝傍《うねび》山のふもと、橿原《かしはら》に都を定め、即位の礼を執り行って初代天皇になった、というのが『日本書紀』に書いてある、よく知られたストーリーです。

戦前ならともかく、令和の現在なら、日本建国は一字一句このとおりだった、と信じている人はいないでしょう。八本足のカラス「八咫烏《やたがらす》」が道案内し、「金色の鵄《とび》」が神武天皇の弓に止まってまばゆい金色の光を発し、敵は目がくらんで降参……はもちろん、「日向の美々津を出航」も疑っている人も多いと思います。そもそも、大和朝廷の始祖が、なぜ九州からはるばる大和まで遠征する必要があるのか……まったく意味が理解できません。もちろん、私もそうでした。

しかし、実際に考古学的な証拠から考えると、この神武東征の物語は基本的に正しいようです。そんなバカな！　という疑問は当然ですから、これから順を追って説明します。

さて、謎を解く前にクイズを1つ出します。大和朝廷スタート時のシンボルは何でしょう？

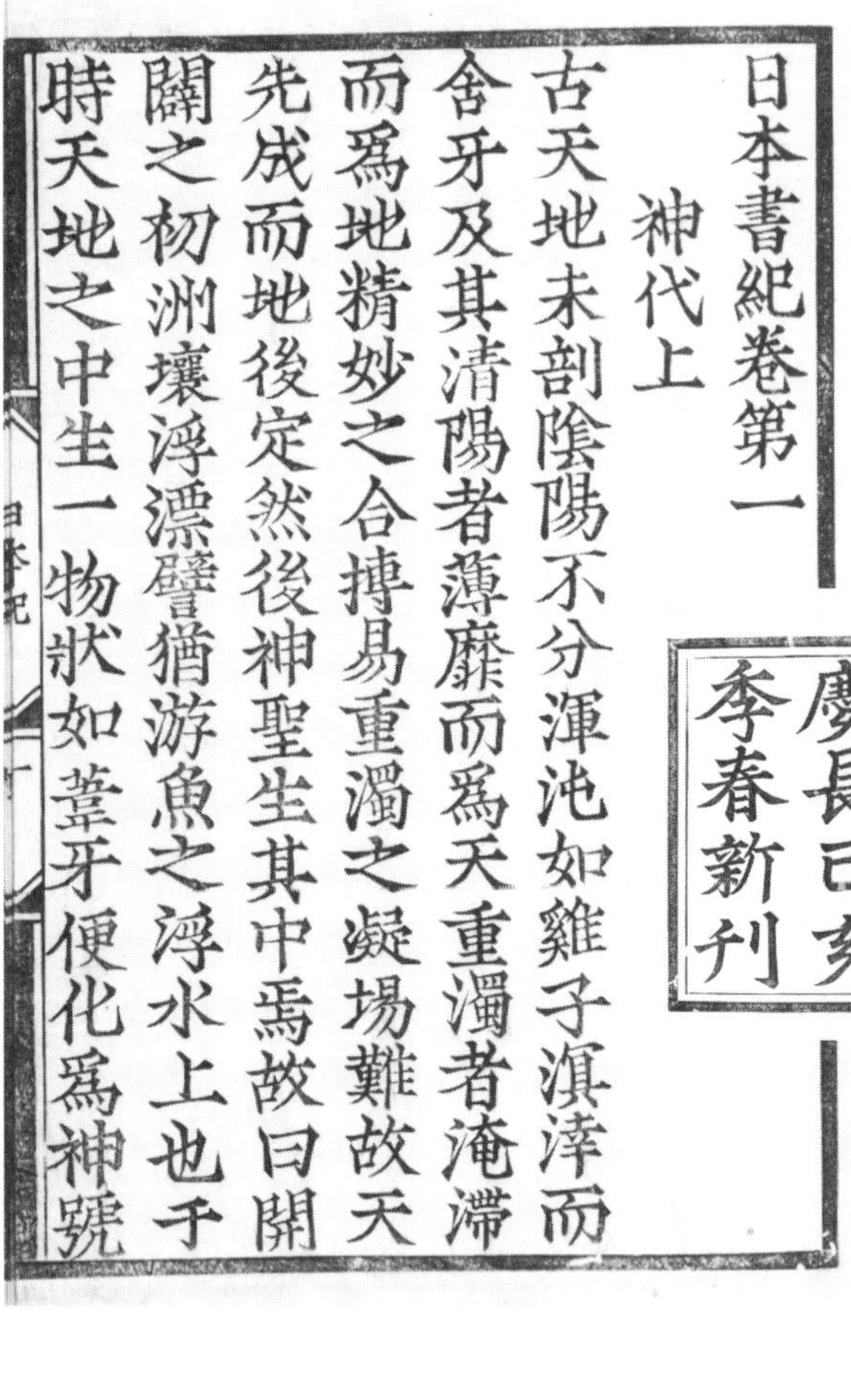

日本書紀巻第一
神代上
古天地未剖陰陽不分渾沌如雞子溟涬而
含牙及其清陽者薄靡而爲天重濁者淹滯
而爲地精妙之合摶易重濁之凝場難故天
先成而地後定然後神聖生其中焉故曰開
闢之初洲壤浮漂譬猶游魚之浮水上也于
時天地之中生一物狀如葦牙便化爲神號

日本書紀
慶長己亥
季春新刊

現存している日本書紀の写本

写真は日本書紀の冒頭である第１巻の神代

【出典】Wikipedia 日本書紀

第一　神國

大神の御心を國中にひろめよう。」と仰せられ、皇《くわう》兄《けい》五《いつ》瀬《せの》命《みこと》たちといろいろ御《ご》相談の上、陸海の精兵を引きつれて、勇ましく日向をおたちになりました。日向灘《なだ》から瀬《せ》戸《と》内《ない》海《かい》へ、御軍《みいくさ》船《ぶね》は波をけたてて進みました。行く行く御《み》船をおとどめになつて、各地のわるものをお平げになり、また苦しむ民草をお恵みになりました。御《み》稜《い》威《つ》をしたつて御軍に加るものも、少くありませんでした。島山の多い内海のこととて、春の朝《あした》、秋の夕《ゆうべ》の美しい眺めが、御軍

八

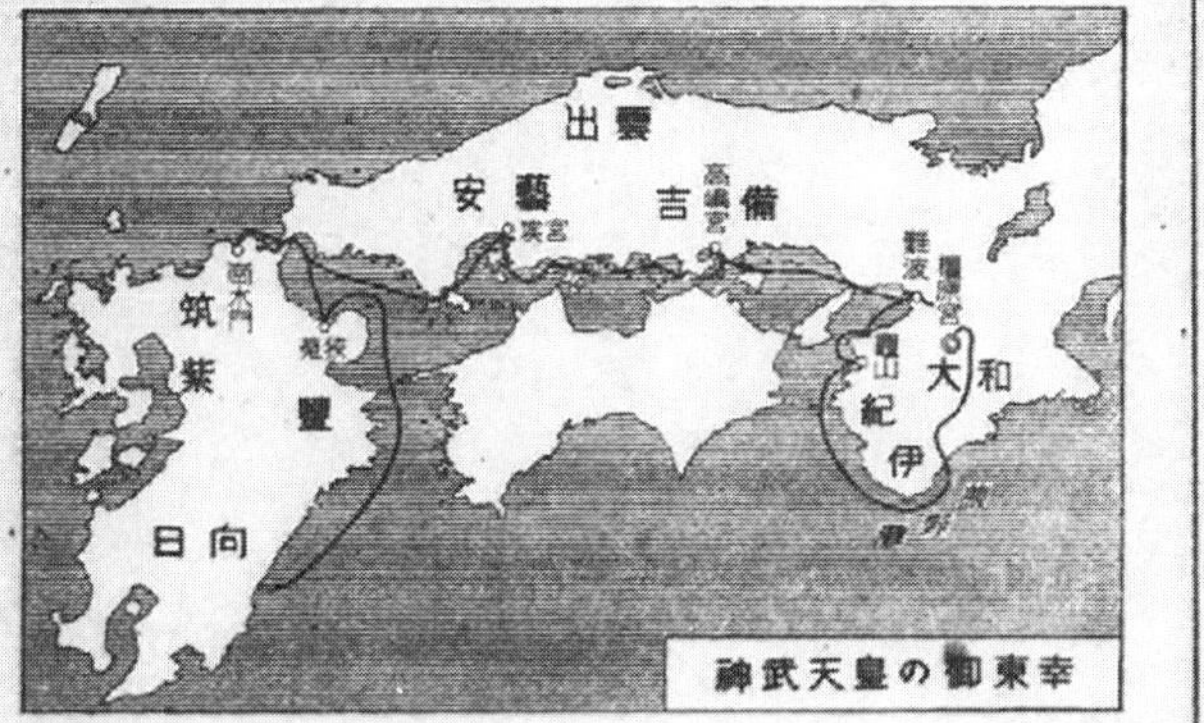

神武天皇の御東幸

戦前の教科書での神武東征

【出典】Wikipedia 初等科國史

代表的なものとしては、「古墳時代」というぐらいだから、世界最大の陵墓である仁徳天皇陵（大仙陵古墳☞口絵22頁）や、それに次ぐ大きさの崇神天皇陵（行燈山古墳）が挙げられます。これらの巨大古墳で目を引くのは、「前方後円墳」という極めて特徴的なその形です。方形□と円形○が合体しているように見えるため、こう名付けられました。

では、最初の前方後円墳はどこの何古墳でしょうか。言うまでもなく、あの有名な大和の箸《はし》墓《はか》古墳で、だからこれ以後は「古墳時代」と呼ばれます。まあ、ここまでは割とよく知られている話です。では、**箸墓古墳と同時期に作られた古墳**（1～10期で分類した場合[★1]）はわかりますか？　こうなると、知らない人がほとんどだと思います。なぜか、古墳の解説書にもあまり書いてありません。私がデータベース[★2]で調べた結果を墳長順で並べ換えたところ、所在地は次のとおりとなりました。

1位　大和国・**橿原**（奈良県桜井市）　箸墓古墳　**1期　278m**

2位　**日向国**（宮崎市）　生目古墳3号墳　**1期　143m**

　　　生目古墳1号墳　**1期　130m**

3位　吉備国・**高島宮**（岡山市付近）　浦間茶臼山古墳　**1期　138m**

中山茶臼山古墳　**１期　１２０ｍ**
４位　豊国（福岡県京都郡苅田町）　石塚山古墳　１期　１１０ｍ
５位　筑紫国（佐賀県唐津市）　久里双水古墳　１期　１０８・５ｍ
６位　豊国・**宇沙**（大分県宇佐市）　赤塚古墳　**１期　５７・５ｍ**
７位　筑紫国・**岡田宮**（北九州市）　島津丸山古墳　**１期　５７ｍ**
（※箸墓古墳以外の近畿地方を除く）

太字に注目してみてください。**１位の大和の箸墓古墳（奈良県桜井市）が墳長２７８ｍと最大なのは当然ですが、２位は日向（宮崎市）の生目古墳３号墳の１４３ｍで、ほぼ同じ大きさの１号墳も１３０ｍあります。よって、当時は日向が非常に重要視されていたことは明らかです。**

それだけではなく、神武東征の寄港地だった**宇沙**、**岡田宮**、**高島宮にもすべて50ｍ以上の大規模な前方後円墳があります。**これ以外の1期で50ｍ以上の古墳は、4位の石塚山古墳と5位の久里双水古墳だけです。

なお、神武東征の残りの安岐国・多祁理宮《たけりのみや》（広島市付近）ですが、やや規模は小さいものの、墳長35m（2期）の前方後円墳である宇那木山2号墳があります。つまり、神武東征の寄港地だったほぼすべての場所では、古墳時代の開始とほぼ同時に、大和朝廷の象徴である大規模古墳が建造されているのです。これだけ一致しているのなら、どう考えても偶然ではあり得ません！

つまり、**神武東征は、ある程度は事実を反映している**と考えられます。たとえ、一字一句『日本書紀』に書いてあるとおりではないとしても……。正直、最初にこれを発見したときには非常に驚きました。

イネのDNAによる検証

このほかにも、神武東征に事実が含まれていることを暗示する『日本書紀』のエピソードはいくつかあります。

○長浜浩明氏によれば、「浪速の渡を経て……」「まさに難波碕に就こうとするとき、早い潮流があって大変早く着いた」などは、紀元前50年以前なら現実にそういう地形が存在した。[★3]

○近畿地方の地元だけでは人が足りないため、邪馬台国がある北部九州から多くの人材を呼

北部九州と近畿地方の一致する地名の例

No.	九州	近畿
1	山門（やまと）	大和
2	志賀（しかの）島	滋賀
3	耳納（みのう）山	美濃
4	日田（ひた）	飛騨
5	球磨（くま）川	熊野
6	日向・五十鈴川	五十鈴川
7	那の津（博多）	難波津
8	筑前・高田	大和高田
9	山田	山田
10	香山（高山）	天香具山
11	朝倉	朝倉

び寄せた。定着を促進するため、新しい土地には、愛着のある出身地や故郷の地名を付けた。これは戦国時代でも見られた風習。

○北部九州最大である遠賀川の下流の岡田宮にわざわざ遠回りして寄ったのは、ここは水上交通が至便で、邪馬台国の支配下にあり、出発のために大量の物資を調達したから。

○大和平定の最終段階で、高倉下《たかくらじ》、八咫烏（葛野主殿縣主《かどののとのもりのあがたぬし》の祖先）、饒速日命《にぎはやひのみこと》（物部氏の祖先）の助けがあったと書いたのは、地元民の協力に感謝するため。

これはまた、イネの遺伝子でも実証

できるようです。神武東征の出発地とされる日向のイネのＤＮＡ（ＲＭ１）は、日本では珍しい「ｃ」というタイプ。『日本書紀』によれば、神武天皇の寄港地のうち、なぜか吉備の高島宮だけは３年間という長期間滞在し、食料の備蓄と軍備を整えたとされます。ということは、農業の技術指導もしていたはず。そして、吉備のイネのＤＮＡは、日向と同じ「ｃ」なのです（☞口絵16頁）。

このことは、神武東征では、日向の籾《もみ》を吉備に運んで栽培した可能性を示しています。このｃというタイプは日本では珍しく、吉備の近くには見当たらないため、単なる偶然の一致とは思えません。そしてまた、当時の西日本の水田稲作で使われたのは「遠賀川式土器」です。大和と逆方向の筑紫・岡田宮に寄った理由は、この遠賀川河口の積出港で土器を大量に調達して、籾とセットで吉備に持ち込んだということでしょう。

余談ですが、神武東征が日向から出航したのは当然という気もします。なぜなら、当時の日向は邪馬台国最大級の植民市であり、大和でもそのノウハウがそのまま活用できるからでしょう。

環濠集落の経済学

弥生時代、邪馬台国連合の国々では、福岡県を中心に多くの環濠集落が立地しています。環濠集落は、もともとは中国大陸にあった習慣で、農業が始まり定住生活が開始されると、遊牧民などから防衛するために作られたものです。考古学的な知見によれば、当時の最先進地域であり、奴国や邪馬台国があった福岡県に圧倒的に集中。前述した藤原哲氏[★4]の調査によると、福岡県には35か所あり、2位の鹿児島県の12か所のほぼ3倍と大きく差を付けています。意外なことに、中国に近い韓国は27か所なので、福岡県より（人口も？）少ないのです。

これまた単なる私の仮説に過ぎませんが、環濠集落は「過剰設備」で、費用対効果が相当悪かったのではないでしょうか。なぜなら、弥生時代の人口は、南部九州は6・5万人と、北部九州の4・1万人より多いからです（☞次頁）。南部九州は、前述の鬼界カルデラ、阿蘇山、桜島などが頻繁に噴火し、火山灰が降り積もった「シラス台地」で知られるように、米作にはあまり適していないとされます。大河川が南九州に多いことを考慮してもかなり不思議です……。

『魏志倭人伝』にもあるように、北部九州は日本列島の最先進地域だったはず。ところが、邪馬台国は南の狗奴国に相当苦戦を強いられています。後述するように、この強力な独立王国には、邪馬台国連合の力だけでは完全な勝利は不可能でした。私はまったく納得できません。

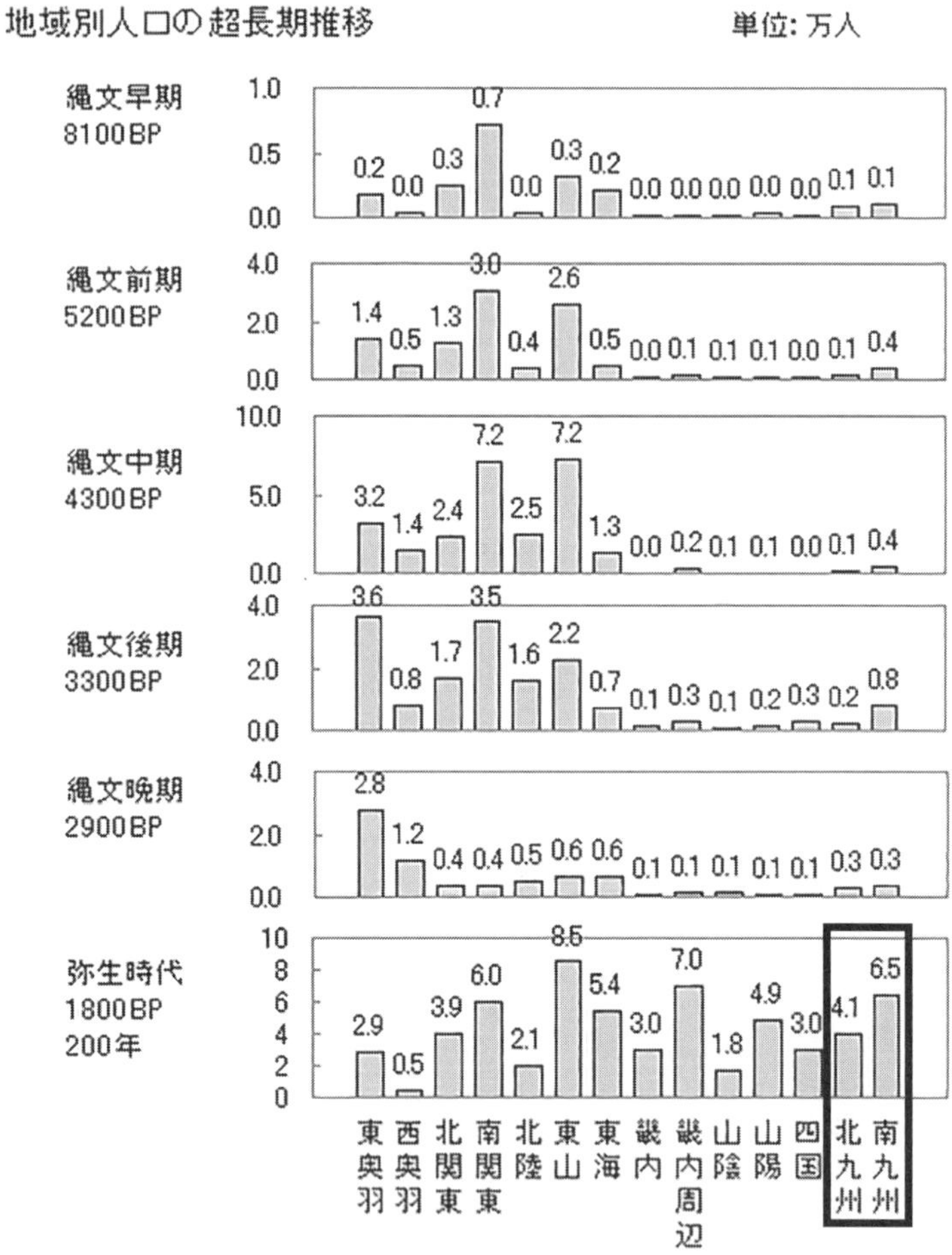

縄文時代から弥生時代までの地域別人口の推移

弥生時代の人口は、南部九州の方が北部九州より多い。

【出典】社会データ実録

また、同じ『魏志倭人伝』によると、邪馬台国の男性は黥面（顔の入れ墨）をしているとあります。女性はしていないので、戦闘員である男性限定のようです。つまり、邪馬台国は都市国家連合であり、環濠集落で相当な重武装だったということになります。ただ、防衛のためにこれだけ時間と手間をかけては、経済力の基礎となる農業の生産性に相当悪影響があるはず。余計な心配ですが、費用対効果がマイナスにならないのでしょうか？

前述のように、大和には環濠集落は比較的少ないですし、長浜浩明氏の『日本の誕生』によると、黥面もほとんど見られないそうです。常識的に考えても、環濠のコストは膨大なはず。その分を農業生産に投入した方が、トータルではかなり効率が上がるのでは、と考えるのは私だけでしょうか？

もっとも、この方法は邪馬台国連合のような「都市国家」連合なら、あまり現実的ではないと思われます。実現のためには、現在の日本のような「領域国家」、ドイツやアメリカのように、軍事・外交を一元化した「連邦国家」、日米同盟やＮＡＴＯのような「集団防衛」のようなものでなければなりません。武器や訓練が共通化されれば、相当な合理化と経費節減が期待できます。また、農業資材も共同購入できれば、かなりのコスト削減効果が見込めそうですし、栽培技術のノウハウも共有しやすそうです。

実は、狗奴国とされる熊本県には、福岡県の半分も環濠集落がありません。[★4] こう考えると、邪馬台国連合のような重武装の北部九州は、最新技術を取り入れても、農業生産コストが高いので勝利が難しかったのかもしれません。狗奴国は、日本武尊の「熊襲征伐」により、最終的に大和朝廷に屈服しますが、それは次章で説明する古墳時代になってからです。

「環濠」は、吉野ヶ里遺跡などの写真を見ると分かるように、直径が何百ｍもある区域に、大人の身長以上の太い杭を隙間なく打ち込み、人間が突破できないように２ｍ以上の幅と深さのある溝も掘るのです（☞口絵30頁）。もちろん、当時は重機なんかありませんから、すべての建設作業は人力。私は、最初見たときに、そのあまりにも壮大な規模に驚きました。

前述したように、確かに死亡率が縄文時代の数倍になったのも分かります。

専守防衛の環濠は高コスト

では、実際にはどのぐらいコストがかかっているのでしょうか。非常に荒っぽいやり方ですが、人件費は無視することにし、いくつか大胆な仮定をすれば、ある程度推測することは可能です。

現在の日本の防衛費は、ＧＤＰの約１％ですが、アメリカは約４％、中国は約２％です。戦前の日本なら、平時でも国家予算の30％ぐらいはあり、戦争が始まると30％を超えることもよくありました。GDP比率だと、１８８５〜１９３６年度の平均で５％程度のようです。２０２３年２月７日付の日本経済新聞記事[★5]によれば、

「戦前（１８８５〜１９３６年度）の国防費は平均してGDPの５％程度だった。日中戦争から太平洋戦争にかけて２桁台に上昇し、44年度にはGDPの８割近くになっていたとみられる。」

とのこと。これを、前出のピンカーなどの数値と比較すると、10％が戦闘で死亡するなら、単純計算でGDPの10％までは無条件に軍事費を支出してもOKとなります。実際に、第二章にある古代中国の死亡率は８・６％。やはり10％程度なら許容範囲となるはずです。

環濠集落の分布を見ると、前述のように福岡県を中心とする北部九州に集中しています。これは、中国に近く、オリジナルをほぼそのまま導入したからでしょう。しかし、中国から遠い〝田舎〟の南部九州の狗奴国や、近畿・中国地方では環濠集落の数はさほどではありません。そして、現実のデータを調べてみると、北部九州より南部九州の人口が多いのです（☞１８６

頁）。やはり、必要以上に防衛設備に費用をかけて、農業生産がおろそかになっていたからかもしれません。なお、広義の防衛費には、男性の黥面も含みます。ただし、黥面のコストは、環濠の建設費よりはるかに低コストだと推測されます。

吉野ヶ里遺跡に感じた大きな違和感

読者の皆さんは、弥生時代の代表的な集落跡である「吉野ヶ里遺跡」の写真（☞口絵30頁）を初めて見たとき、どう感じたでしょうか。私だけかもしれませんが、率直に言って極めて異様で、大きなショックを受けました。そもそも、平和だったはずの古代日本に、あれほど巨大な環濠、つまり「専守防衛」にしか使えない、しかも無茶苦茶お金がかかりそうな軍事施設……なんか本当に必要なのかという素朴な疑問です。

これまた繰り返しになりますが、兵士となる男性は、『魏志倭人伝』によれば黥面も必要でした。兵士の敵味方を区別するためだと思われます。そんな膨大な軍事費を使うなら、その分をもっと生産的な施設設備に投入した方がずっと経済効率はいいはず。

それに、巨大な環濠集落の環濠は、建設するのも大変でしょうが、維持費も相当かかるはずです。多雨多湿の日本、特に九州のような台風銀座では、豪雨のたびに流出した土砂で環濠が埋まります。乾燥していて比較的雨が少ない中国大陸とは違い、メンテナンス費用もばかになりません。つまり、本家の古代中国の「最新ハイテク」をそのまま導入すれば、極めて高コストになる可能性が高いのです。では、具体的にどのぐらいかかるのか。もちろん、正確な計算は不可能なため、人件費は無視することにし、非常にラフな形で試算してみます。

前述のように、日本の弥生時代では殺人による死亡は全体の約3％で、中国大陸ではその3倍の10％程度です。どちらも設備が同じ規模だと仮定し、つまり日本も中国大陸の環濠と同じものだとするなら、弥生時代の環濠集落は、単純計算では、本来必要とされる額より3倍以上も費用がかかっているはず。軍事施設や設備は設計値ギリギリでは意味がなく、敵に負けないためには相当の余裕が必要です。よって、現実には10％を相当上回っている可能性が高いと思われます。繰り返すようですが、施設でも建物でも、本当にお金がかかるのは、建設費ではなくメンテナンスです。九州は台風の常襲地域ですから、乾燥した中国大陸に比べると、メンテナンスコストはさらに膨れ上がります。

環濠集落は、中国大陸で遊牧民からの襲撃防御を目的とし、そのために最適化されたシステム。よって、日本のような高温多湿で平和な国なら、「猫に小判」どころではなく、相当な過剰投資であることは明らかなわけです。

大和朝廷のイノベーション

そこで、若くて血気盛んな神武天皇は、あるいはこう考えたかもしれません。ハード偏重で金食い虫である環濠は最小限にとどめ、代わりに「攻撃は最大の防御」としてソフト面を充実し、NATOや日米同盟のような集団防衛体制を採用するのです。浮いたお金は、強力な武器や専門性の高い兵士の育成に投資した方が、巨大で高額、そして定期的なメンテナンスも必要な環濠なんかを建設するより、トータルではずっと安上がりなはず。もちろん、これだけでは不十分なため、閨閥《けいばつ》や政略結婚で同盟国を増やし、さらに戦争のリスクを低下させます。

事実、閨閥や政略結婚については、次頁のように日本神話にもきちんと書かれています。天皇家は、山の神、海の神、大和の神と――少なくとも神話上は――姻戚関係にあるのです。

また、戦時の指揮系統を明確化するため、女性シャーマンの役割を縮小し、名実ともに天皇が政治と宗教のトップを兼ねることにします。もちろん、これも後世からの推測です。その代わり、皇室の女性は、政略結婚であちこちに輿《こし》入れさせます。

神武天皇の系図

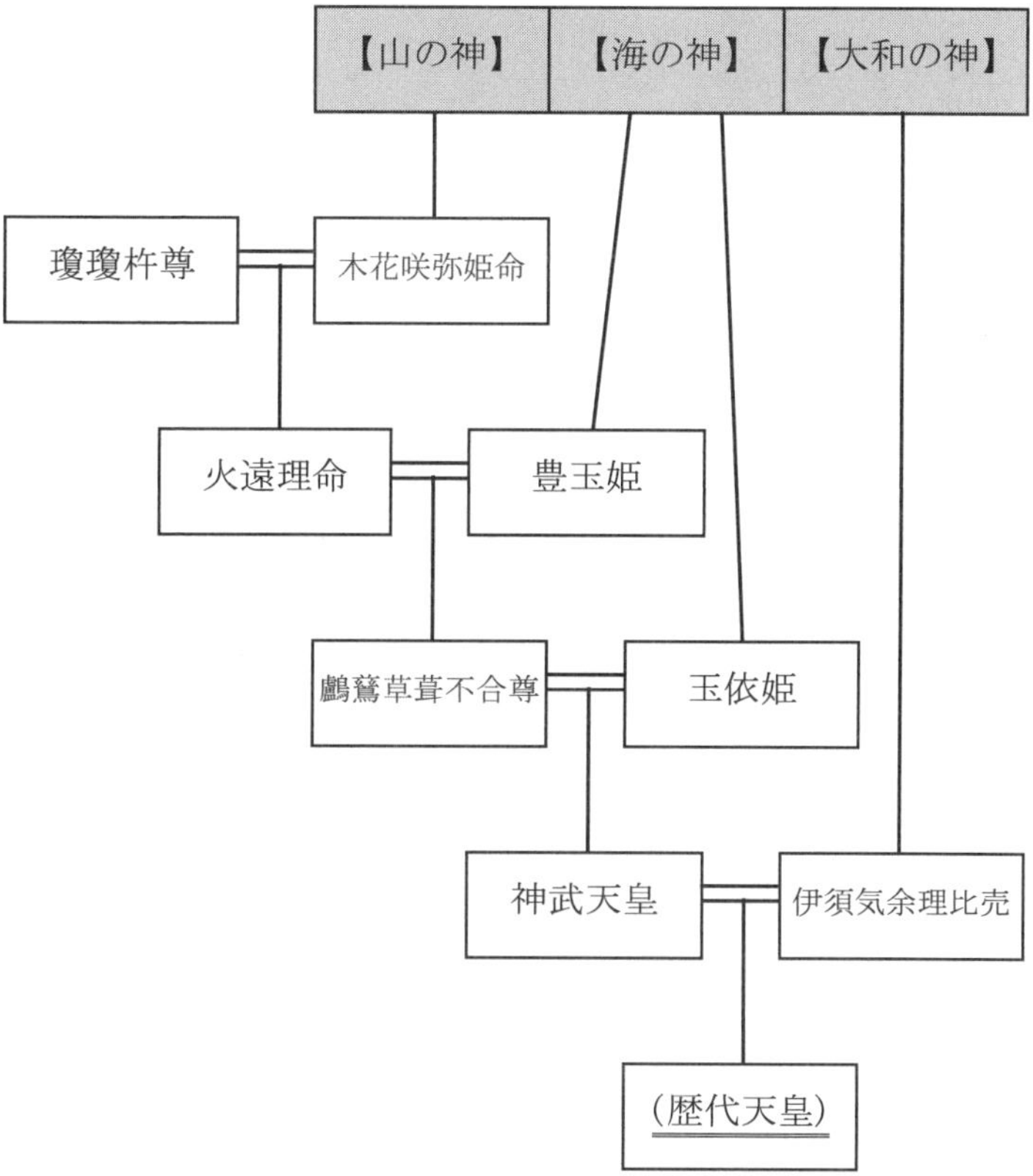

【出典】セピアのゼロから歴史塾[★6]を参考に作成

これは単なる想像ではなく、現実に戦国大名は抜け目なく政略結婚を活用したわけですし、その前には藤原氏や平氏が採用した方法です。あくまで私見ですが、政略結婚は邪馬台国の昔からの伝統的な方法だったのではないでしょうか。だから、現在まで閨閥は無視できない存在として残っているのでしょう。とはいっても、神武天皇が考案した、これらの先進的な政策が見事に花を咲かせるのは、第10代崇神天皇になってからになります。

和風諡号「ハツクニシラス」の意味

大和朝廷の政策は、歴代天皇のうち、第9代開化《かいか》天皇の漢風諡号《しごう》「開化」からも推測できます。開化というのは、「文明開化」というように、知識が開け、文化が進歩するという意味です。つまり、開化天皇の代から、何か新しい政策を実施したということなのです。

次代の第10代崇神天皇の和風諡号「ハツクニシラススメラミコト」は、漢字で書くと「御肇國天皇」。この「肇」という漢字は、何か事業を始めて発展させるという意味になります。実際にも、初代神武天皇から第8代孝元天皇までの墓所は、大和盆地の葛城郡や近辺の高市郡に集中していますが、第9代開化天皇は少し離れた添上郡（現・奈良市）、それが第10代となる崇神天皇では、さらに離れて巨大な崇神天皇陵（行燈山古墳・天理市）が建造されているのです。[★7]素直に考えると、開化天皇の治世にパイロット的に始めた先進的事業が、次代の崇神天皇の代に大きく花開いたということでしょう。言い換えれば、諡号と実績が結びついていることは、考古学的な見地からも確認できたことになります。また、これは「欠史八代」の天皇に、さほど事績の記録がないこととも一致します。

ここで疑問に思う人もいるかもしれません。「ハックニシラススメラミコト」は、崇神天皇だけではなく、初代・神武天皇の和風諡号でもあるのではないかと……。神武天皇の和風諡号を漢字で書くと、「始馭天下之天皇」となりますが、実は崇神天皇の「御肇國天皇」とは微妙に意味が違うのです。「始馭」には始めたという意味だけで、「肇」のような発展させるという意味は含まれていません。なお、伊藤博文の『憲法義解』には神武天皇は「始御國天皇」とあり、ハックニシラススメラミコトとルビが振ってあり、こちらの方がわかりやすいですね。

以上をまとめると、『日本書紀』では神武天皇は始祖、崇神天皇は中興の祖だと明確に位置づけていることになります。

旭日の大和朝廷と落日の邪馬台国

そんな神武天皇以来の地道な努力が結実し、崇神天皇即位後の大和朝廷では、旧態依然とした邪馬台国とは、誰が見ても分かるほど国力に大きな差が付いてきました。旭日の勢いの大和朝廷の状況は、古墳時代の人口を見れば明らかです。近畿地方は九州全域よりも人口が多くなっているのです（☞161頁☞次頁）。そして、その強力な国力をバックに、崇神天皇は各地に四道将軍を派遣。その後も着々と支配領域を拡大し、ついには大国主命の出雲王権も、激しい戦いの末に屈服させます。これは、大国主命の息子、建御名方神《たけみなかたのかみ》が戦いに破れ、信濃の諏訪湖まで追い詰められたことに現れていると思います。

次章でも説明しますが、大和朝廷が各地で喜んで迎えられたのは、織田信長が楽市楽座で住民から歓迎されたのと同じではないでしょうか。税金が安くなり、交易範囲が広がって物資も豊富に、そして生活の利便性が向上するなら、住民にとっては支配者が代わった方がいいわけで、日本国中で大歓迎されるのは当然です。大和朝廷は、これに加えて、各地に有能な人材を派遣し、熱心な農業指導により生産力の向上に努めたと思われます。もちろん、建設とメンテナンスが大変な環濠は撤去し、当然ながら黥面も廃止です。

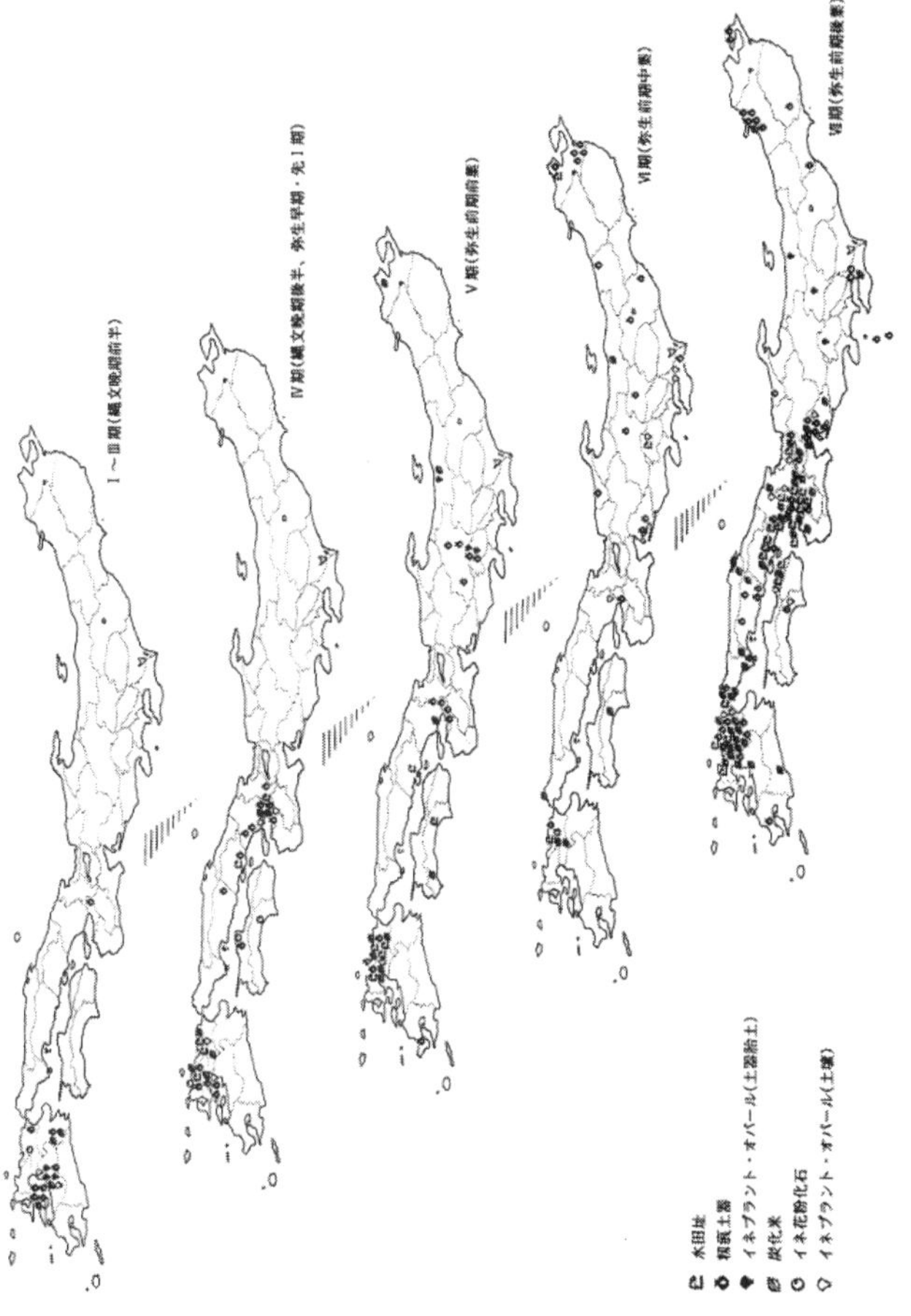

図1　イネ資料ならびに水田址の出土分布（外山・中山，1990 に加筆・修正）

九州から近畿地方への人口の移動

時代が下るにつれて、博多湾沿岸→筑紫平野→近畿地方と人口密集地（遺跡の数）が移動していることが分かる。

【出典】外山秀一ほか「日本における稲作の開始と波及」『植生史研究』1992 年

大和朝廷と邪馬台国の逆転

まさにそのとき、２４７年３月24日に九州地方で運命の皆既日食が目撃されます。この日食は、１５８年と同じく極めて特異なもので、太陽が真っ暗になって地平線に沈んでいくのです（☞口絵31、32頁）。しかも、大和は九州より東にあるため日没が早く、この日食は目撃されない可能性もあります。

この結果、当時の邪馬台国の卑弥呼（2代目？）は、霊力がなくなったとして殺害され、一時は男王が継ぎますが、〝第2次〟倭国大乱が勃発し、結局２６６年に卑弥呼の宗女の台与が即位して安定します。これが、天の岩戸の神話として残されたのだと思われます。

次は、この頃に起きた主な出来事です。

２３４年　五丈原の戦いで諸葛孔明が病死
２３８年　魏の司馬懿が公孫氏を滅ぼす
　　　　　その前後に卑弥呼が魏に朝貢し、親魏倭王の金印を下賜
（２４７年３月24日　皆既日食）
２４７年　卑弥呼が死亡、男王が即位するが、〝第2次〟倭国大乱が発生し大混乱状態に

（その後に台与が即位）

２６６年　倭国が晋に朝貢（『晋書』での記述は倭王のみ）

（『三国史記』には関連する記録はない）

【ポイント】第２次倭国大乱は、話し合いでは解決できなかった

＊　＊

ここでのポイントは、第２次倭国大乱では、誰が次の倭国王になるのか、**話し合いでは決まらなかった**という事実です。言い換えれば、「和」が保たれなかったと言うことになります。もはや、聖徳太子による憲法十七条の「話し合い絶対主義」の原則は破られているため、この場合には「身内の恥は絶対に外部には知らせない」、つまり「一揆内の揉めごとは絶対に外に出さない」という原則が適用されたはず。だから、倭の国王が替わったことは、新羅にも中国の覇権国にも一切通知せず、これは各国の史書に記録がないこととも合致します。こう考えると、一連の動きが極めて合理的に説明できることに気が付きました。

以前の繰り返しになりますが、「話し合い絶対主義」は、憲法十七条だけではなく、中世の一揆の規約にも見られます。次にあるように、山本七平氏の『日本型組織　存続の条件』によると、「何事も一揆に諮り多勢によるべし」だそうで、これは、一揆のメンバー全員による話し合いが絶対ということを意味しています。

一揆の規約については、原則があって、「抜け駆けをしないこと」、これが第一条。**次に何事も全部一揆のメンバーに相談すること。「何事も一揆に諮り多勢によるべし」**。それから**一揆内の揉めごとは絶対に外に出さないこと。**どのような揉めごとがあっても、みんなが集まって来てみんなで相談してみんなの意見を聞けと。

＊　＊

この「天の岩戸」の日食のショックは大変なもので、落日の邪馬台国の支配下にあった国は、我先に日の出の勢いの大和朝廷の支配下に入りたがり、大和朝廷と邪馬台国とで一悶着（第2次倭国大乱）があった末、最終的に首都機能は山門から大和に移転したのだと思われます。ただし、以上のような理由で、公式には「遷都」ではなく「奠都」だった可能性もあります。これにより、日本の象徴は、女性シャーマンである卑弥呼＝日巫女だったものが、軍事政権を象徴する男性の崇神天皇に一元化。少なくとも、対外的にそうだったことは、前述の『三国史記』や、大成洞で発掘された近畿系土器からも確認することができます（☞162頁）。

古墳時代の開始

このことは、『日本書紀』に書かれている、箸墓古墳の次のような記述とも合致します。

＊　＊

全長272《ママ》m［**当時は日本最大**］の前方後円墳。『日本書紀』には、倭迹々日百襲姫命《やまとととひももそひめのみこと》の墓で**崇神天皇のころの築造**と記されている。昼は人、夜は神が造ったという言い伝えがある。姫命は崇神天皇の祖父の妹で、三輪山の神、大物主の妻となった人物。夜しか訪れなかった神は、姫命の願いを聞き入れ朝まで泊まったが、その姿は蛇と化していたという。姫命が驚き騒いだために愛想をつかして神が帰ると、後悔した姫命はハシで陰部を突いて**自害した**と伝えられ、そこから「箸墓」と名付けられた。

（なら旅ネット　奈良県観光公式サイト）

＊　＊

あおきてつお氏の『邪馬台国は隠された』にあるように、この時点で女性シャーマンの役割は終了し、男性天皇に引き継がれたと考えられます。理由は、これまで書いた実績と軍事政権ということでしょう。後述するように、女性シャーマンである卑弥呼が率いる邪馬台国は、結局は南の狗奴国には歯が立たず、後の日本武尊による「熊襲征伐」を待つことになります。

この結果、邪馬台国と大和朝廷の合併のシンボルとして、日本最初の前方後円墳である巨大な箸墓古墳が建造されたはず。時期は3世紀中頃で、墳長が278mもある、当時としては日本最大の巨大古墳です。

しつこくて恐縮ですが、弥生時代に約60万人だった日本の人口は、古墳時代にはその9倍もの540万人にまで急増（☞161頁）。これは、大和朝廷の「富国強兵」政策、具体的には先進的な農業技術の普及と、環濠の廃止に努めたからだと思われます。そうだとするなら、ほとんどの地域では大和朝廷の支配を熱狂的に歓迎し、旧来の巨大な環濠は弊履のごとく捨て去り、代わりとして、新たな日本のシンボルとなる巨大な前方後円墳が各地で続々と建造された……と仮定しても、まったく何の不思議もないでしょう。私は、明治の廃仏毀釈や文明開化での熱狂を連想します。

しかし、かつては邪馬台国の本拠地だったはずの、山門や夜須は面白くなかったのかもしれません。なにしろ、前方後円墳は4期ぐらい（4世紀後半）でないと出現しないのです。これは、後述する田油津媛殺害の時期と一致します。あるいは、本家本元だから、そもそも必要がなかったのかもしれないですが……。常識的に考えると、プライドが邪魔して作りたくなかったのでしょう。なお、成務《せいむ》天皇の代になると、大和朝廷の支配を示す国造《くにのみやっこ》を多くの国で任命していますが、邪馬台国を中心とする筑紫国では、この時期には国造はいませんでした。このことも、邪馬台国の東遷を暗示していると思います。

邪馬台国滅亡の謎

その後も、大和朝廷の破竹の快進撃は続きます。

景行天皇の治世になると、日本武尊の大活躍により、ついには強大な出雲や熊襲も屈服。これは、出雲地方で一般的だった「方墳」が、この時期を境に「前方後方墳」に変わることにより確認できます。出雲では、（死者の霊を祀る）巨大な出雲大社があるので、大規模な戦闘があったのでしょう。出雲の象徴は男性の素戔嗚《すさのお》と考えられ、おそらく男王が即位していたはず。対して、南部九州の熊襲（狗奴国）では、出雲大社に相当する大きな神社は存在しないため、話し合いで平和的に大和朝廷の支配下に入ったケースが多かったと思われます。

こうなると、残るは邪馬台国のある北部九州だけです。大和朝廷では、平和裏に権力委譲を迫りますが、古くからの伝統のある邪馬台国側は頑なに拒否。

『日本書紀』の記述が正しいとすると、ついに戦端が開かれ、仲哀天皇・神功皇后のタッグは、強大な軍事力であっさりと北部九州も平定します（☞次頁）。

仲哀天皇・神功皇后の九州遠征

366年に仲哀天皇が九州内に出兵するも、敗北して急死。翌367年に、神功皇后は松峡（夜須）と山門を攻撃。山門で田油津媛が討ち取られ、兄の夏羽も逃亡して邪馬台国は滅亡した。

【出典】若井敏明『謎の九州王権』などを参考に作成、DESIGNALIKIE（図）

当時のシャーマンであった田油津媛は山門で殺害、兄の夏羽《なつは》は逃亡、これにより邪馬台国は大和朝廷に併合され、日本で最初の統一政権が発足。山門には、田油津媛の墓所と伝わる「女王塚」が存在したらしく、彼女は朝廷に逆らう地方豪族を意味する「土蜘蛛」と呼ばれましたが、いずれもこれらの仮説とぴったりです。

さて、大和朝廷が攻撃した場所ですが、最初は夜須（朝倉市、旧甘木市）で、これは安本美典氏の言う邪馬台国の本拠地であり、事実上の首都だったと考えられます。もっとも、『日本書紀』ではストレートに「夜須」とは書かず、その近くの「松峡《まつお》」とあるのは、邪馬台国に遠慮したのかもしれません。なお、弥生時代に鉄器が最も多く出土するのもこの場所です。

ただし、私は邪馬台国の発祥地は、あくまで山門だと推測します（☞口絵20頁）。なぜなら、ここで田油津媛が殺害されたからです。現在の日本でたとえるなら、夜須は政治経済が集中している東京で、山門は寺社が多い宗教的権威の京都ということになります。言い換えれば、邪馬台国は大国なので、邪馬台＝山門＝ヤマトと、事実上の首都の夜須で役割分担していたということです。これは、現在の大きな組織でもさほど珍しいことではありません。

たとえば、日本生命の発祥地は大阪で、登記上の本店も本社も大阪ですが、現在では本社機能は東京本部に移転。ただし、株主総会（総代会）はいまでも大阪で開催しています。朝日新聞社も同じで、事実上の本社は東京ですが、株主総会だけは、登記上の本店がある発祥地の大阪。日立製作所もコマツも、いずれも現在の本社は東京ですが、発祥地の日立やコマツ（小松）の名称はそのままで、どちらの場所にもシンボルとなる建物が建設されています。

次は、若井敏明氏の『謎の九州王権』１７４、１７５頁からの引用になりますが、日本をめぐる国際情勢が風雲急を告げる中、この時期に大和朝廷が山門を打ち破ったことが分かります。

＊　＊

３６４年　百済の使者、卓淳《たくじゅん》国に至る。
３６５年　この頃、仲哀天皇の軍、九州に至り、玄界灘沿岸諸国は帰順する。
３６６年　ヤマト王権、使者・斯摩宿禰《しまのすくね》を卓淳国に派遣。百済との接触はじまる。百済王、五色の絹や角の、弓箭《きゅうせん》、鉄鋌《てってい》を贈る（軍事援助を示唆）。この間に仲哀天皇、九州内陸部に出兵、敗北して急死。
３６７年　百済・新羅の使節が倭国に来る（本格的援助か）。
この間にヤマト王権、山門を征服。
３６９年　ヤマト王権、朝鮮半島南部に出兵。
３７２年　百済、七支刀《しちしとう》をヤマト王権に贈る［後日の軍事援助を示唆］。

宇佐神宮の由緒

天武天皇の即位後には、比売大神を主神とし（井沢元彦氏の説）、神功皇后・応神天皇も祀った宇佐神宮が創建されています。日本初の統一政権を打ち立てた功績により、神功皇后・応神天皇には、「神」の諡号も当然でしょう。比売大神は未詳とされていますが、いままでのことから考えると、台与以降の日巫女と考えるのが妥当だと思います。たぶん、1人は台与で、もう1人は殺害された田油津媛でしょう。ただ、台与の即位が250年前後、田油津媛が死亡したのが367年ですから、間隔が120年近くあります。当時の平均寿命を考えると、比売大神はこの2人だけという可能性は低く、おそらくは3人と推測されます。そうだとすると、宇佐神宮から勧請した石清水八幡宮（京都府八幡市）などでは、宗像《むなかた》**三女神**を祭神として祀っているので、人数はぴったりです。

比売大神を祀る宇佐神宮の創建ですが、邪馬台国とは話し合いで解決できず、最終的には誰も望まぬ戦争になってしまったことを考えると、あまりにも当然の帰結ということになります。

三韓征伐の謎

さて、こうして念願の全国統一を果たした、神功皇后・応神天皇は、その余勢を駆って朝鮮半島への出兵（三韓征伐）に乗り出します。これは広開土王碑や『三国史記』でも確認可能です。ただし、最終的には強大な高句麗には歯が立たなかったようで、それまで倭人が住んでいた任那《みまな》（金官伽耶）に影響力を強めた程度で終わったのではないかと思います。

このことを暗示するのは、初代朝鮮総督だった寺内正毅《まさたけ》が、日韓併合の際に詠んだとされる次の句です。

「小早川、加藤、小西が世にあらば　今宵の月をいかに見るらむ」

「韓国併合ニ関スル条約」は、1910年8月22日に調印、1週間後の8月29日に公布され、即日施行されました。ここで興味を引くのは、小早川秀秋、加藤清正、小西行長ら、豊臣秀吉による「朝鮮征伐」に関わった武将しか名前を挙げていないことです。仮に、神功皇后・応神天皇による「三韓征伐」が事実なら、この2人の名前も出さないとおかしいはず。そういえば、『日本書紀』でも肝心のこの点はあいまいです。理由は、最終的には天智天皇が白村江で完敗し、日本は朝鮮半島から撤退せざるを得なくなったからかもしれません。

出雲大社が改名した理由

出雲大社は、明治以前には杵築《きづき》大社という名前だったそうです。★8 恥ずかしながら、このことは最近になって初めて知りました。「忤《さからう》」は「杵《きね》」の原字とのこと。つまり、「杵築」は大和朝廷に逆らった地域という意味となります。明治になると、それでは恐れ多いということで出雲大社に改名したのではないかと思います。

弥生時代の末に出雲は大和と争い、ついに力及ばず屈服しました。杵築大社は、かつて出雲を支配していた大国主命が祀られていて、旧暦10月の「神無月」には、日本中の神々が集まる出雲だけ「神在月」。この月には、出雲で厳かな神事が執り行われます。ちなみに、「出雲」は太陽（大和朝廷）を象徴するアマテラスを覆い隠すという意味（井沢元彦氏による）でしょうから、これまた名前のとおりです。

ここで連想するのが、草薙剣《くさなぎのつるぎ》＝天叢雲剣《あめのむらくものつるぎ》です。天叢雲剣は、日本武尊が出雲の八岐大蛇《やまたのおろち》を退治したときに尾から出てきたと伝わっていますから、ひょっとすると出雲の象徴なのかもしれません。私は、百済が「七支刀」を友好の証として大和朝廷に贈ったことを連想しました。

三種の神器の意味

すみません、またまた話が現代に飛びます。

昭和天皇は、１９４５年７月26日にポツダム宣言が公表されてまもなく、本土決戦も覚悟し、三種の神器については夜も眠れないほど心配したとされます。辻田真佐憲氏によれば、終戦間近の７月31日になると、天皇は木戸内大臣にこう悲壮な胸の内を語ったとのこと。

＊　　＊

三種の神器と「運命を共にする」

先日、内大臣の話た伊勢大神宮のことは誠に重大なことと思ひ、種々考へて居たが、伊勢と熱田の神器は結局自分の身近に御移して御守りするのが一番よいと思ふ。（中略）万一の場合には自分が御守りして運命を共にする外ないと思ふ。

三種の神器は、八咫鏡《やたのかがみ》、草薙剣《くさなぎのつるぎ》、八尺瓊勾玉《やさかにのまがたま》のことで、皇位の証とされる。このうち八咫鏡は伊勢神宮に、草薙剣は熱田神宮にあった。そのため天皇は、敵に奪われないように自分の身近に移そうかと悩み、いざというときは「運命を共にする」とまで決心していたのである。

天皇は明らかに追い詰められていた。（辻田真佐憲『天皇のお言葉』）

＊　　＊

昭和天皇がなぜ「熱田の神器は結局自分の身近に御移して御守りする」とまで言って、ここまで三種の神器にこだわるのか、実感が湧かない人がほとんどだと思います。もちろん、私も気持ちは十分に分かります。ただ、皇室が残りさえすれば、もし不運にも三種の神器がなくなったとしても、伊勢神宮が焼失したとしても、もう一度作り直すか建て直せばいいと思うのではないでしょうか？

実はそうではないのです！　なぜなら、この三種の神器は、まさしく「日本そのもの」だからです。詳しく書くと1冊の本になってしまうので、意味だけ簡単に述べると、

○伊勢神宮の八咫鏡　大和朝廷の本家に当たる九州王権（邪馬台国の卑弥呼）の象徴
○熱田神宮の草薙剣＝天叢雲剣　出雲王権（大国主命）の象徴
○宮中にある八尺瓊勾玉　大和朝廷（現天皇家）の象徴

となり、**日本は、大和朝廷が九州王権と出雲王権の「国譲り」によって誕生した、連合王国で**あることを暗示しているからです。もっとも、現実にはどちらも戦争になってしまったので、霊を祀る大きな神社が建立されました。こう書くと、あまりにもバカバカしいと思う人がほと

んどかもしれませんが、そういう「マジックアイテム」は、どうやら東アジア共通の伝統のようです。

古代日本では、多くの豪族が剣、鏡、勾玉の三種の神器を持っていたとされます[★9]。また、清のホンタイジは、モンゴルの最後の皇帝リンダン・ハーンの「制誥之寶《せいこくしほう》」と書かれた大元オルスの「伝国の玉璽」なる印章を入手し、これをモンゴル帝国の正当な後継国家の最重要なシンボルとして誇示しました[★10]。

八咫鏡→天照大神→卑弥呼→邪馬台国→九州王権という連想は考えられなくもないですが、草薙剣→素戔嗚尊→大国主命→出雲王権という連想はあまり聞いたことがありません。ただ、天叢雲剣は、日本武尊が出雲の八岐大蛇を退治したときに尾から出てきたというのは印象的です。これは、出雲王権との争いで、最終的に大和朝廷が勝利したことを暗示しています。

さらに印象的なのは、草薙剣の別称が「天叢雲剣」であることです。大和朝廷は九州王権＝邪馬台国との連合王国なのですから、太陽を象徴する日巫女（卑弥呼）＝アマテラスの「敵」は、太陽を隠す雲を意味する「出雲」なのです（井沢元彦氏の説）。その意味で、天叢雲剣も太陽を隠す雲を意味する「叢雲」というのは極めて自然な連想だ……と私は考えていますが、皆さんはどうでしょうか。

また、皇居にある宮中三殿の配置も興味深いものです。中央に賢所（天照大神を示す神鏡〈八咫鏡〉）、西に皇霊殿（歴代の天皇の霊）、東に神殿（八百万の神）が位置しているということは、天照大神が最も地位が高いことを示しています。しかし、皇居にある八咫鏡と草薙剣は、次のとおり「形代《かたしろ》」であって本体ではありません。これは、八尺瓊勾玉だけルーツが大和朝廷だということではないでしょうか？

○八咫鏡　皇居は形代　本体は伊勢神宮（邪馬台国＝卑弥呼の象徴）
○草薙剣　皇居は形代　本体は熱田神宮（天叢雲剣＝出雲の象徴）
○八尺瓊勾玉　これだけは本体が皇居にある（大和朝廷の象徴）

朝鮮半島の「平和の遺伝子」

神功皇后と応神天皇の功績により、朝鮮半島への影響力の拡大に成功した大和朝廷ですが、その後、時代が下ると情勢が急変します。隋の後継国家の唐が、中国史上空前の大帝国となり、その勢力が朝鮮半島にまで迫ってきたのです。隋は日本にまで攻めてくる軍事力はなかったため、聖徳太子が「日出ずる国の天子、日没する所の天子に……」という、かなり高飛車な国書を出すことできました。しかし、唐は隋とは比較できないほど強大だったため、朝鮮半島の高句麗、百済、新羅、そして日本は厳しい対応を迫られます。

結局、この中で一番弱小だった新羅が、生存のためにやむなく唐と組むことを最終的に決断。新羅にとって幸運だったのは、武烈王という天才的指導者が出たことです。このこともあり、高句麗と百済は滅亡し、半島に最後まで残った日本・百済遺民連合軍も、663年の白村江の戦いで唐・新羅軍連合に完敗。ついに新羅は朝鮮半島を統一することに成功します。

しかし、この戦略は副作用も大きいものでした。新羅は、いままで由緒ある祖先の名前（脱《だっ》解《かい》王、羽烏《うう》など）を捨て、姓が漢字一文字の唐風に改名し、年号も新羅独自のものは廃止して唐のものを採用するなど、事実上は半独立国と言ってもよい状態になります。

その後の朝鮮半島は、後三国時代や元に占領された以外は平和が続き、対外戦争はほとんどありません。また、国内の戦争も、王制を転覆させるほど大規模なものはありませんでした。

ただ、その大きな代償として、中国大陸国家の強力な影響下に置かれることになり、対応に失敗すると王朝交代が起きています。明の建国の際に、高麗から李氏朝鮮へ変わったのが典型です。また、「天朝」である中国を過信し、軍事小国のままだったことから、倭寇には大いに苦しみ、秀吉や近代日本の軍事侵攻にも、なすすべはありませんでした。これを見ると、平和の遺伝子は、日本より朝鮮半島の方がずっと強いのではないかと思います。そもそも、朝鮮半島の国が「単独」で日本に侵攻したことは、有史以来記録がないのです。唯一の例外は「応永の外寇」ですが、対馬の攻撃だけで撤退し、日本本土へは襲来していません。

古代日本の「平和の遺伝子」

さて、日本が新羅・唐連合軍に完敗すると、主戦派の天智天皇と和平派の天武天皇に分かれ、古代最大の内戦「壬申の乱」が勃発します。一説では、天智天皇は暗殺されたとされます（井沢元彦氏の説）。

最終的に壬申の乱の勝者となった天武天皇は、この内戦で大きく傷ついた大和朝廷の威信の回復を図ることを決定。そして、天皇の神格化と権威付けのため、次のように国内を引き締めて体制の強化を図ります。

○伊勢神宮の式年遷宮　↓場所は、神武天皇ゆかりの橿原の本土東端（日が昇る東は海↓日の出がよく見える）《既述》

○宇佐神宮の創建　↓場所は、応神天皇ゆかりの宇美町の九州東端（日が昇る東は山↓日巫

女を祀るが、日の出を見るのは山が邪魔）《既述》
○天皇家と天武王朝の正統性を証明する『日本書紀』の編纂に着手
○中国の皇帝と対等である「天皇」という名称の使用
○いままで使っていた国号「倭」に代えて「日本」を使用（これは中国大陸からみて日が昇る方向である東という意味）

日本にとって幸いなことに、この後に唐は安禄山の乱などでゴタゴタが続き、最終的には日本侵攻を諦めました。

ここまで長々と書いてきました。イザヤ・ベンダサン氏の『ユダヤ人と日本人』にあるように、日本人は「平和と水はタダと思っている」というのは、昔からよく聞くフレーズですが、どうも古代は違うようです。縄文時代は人口密度も低かったためか、戦争らしい戦争もなかったと思われます。しかし、その後の弥生時代以降には、天皇の名の下に多くの対外戦争・国内戦争が続いていたようです。現代のアメリカのように、戦争に次ぐ戦争という方が実態に近いのではないでしょうか。

現代日本の「平和の遺伝子」

その後、東アジア史で空前の大帝国だった唐は滅亡。海外からの軍事的脅威が去ると、日本国内に安逸ムードが強まり、縄文的な平和が訪れたようです。この結果、天皇に在位したままでは制約が多く、執務も煩雑なため、退位した上皇が実権を握る「院政」が始まります。上皇＝天皇の父「治天の君」として実権を振るう方が、面倒な実務から解放されて気が楽だからです。また、中国に対抗する「天皇」を名乗る積極的な意味もなくなり、「院」と称するようになります。

遂には大和朝廷は治安維持に不可欠な常備軍を廃止。その結果、国内の治安が大幅に悪化して、人々はやむなく自衛のために武装するようになり、これが武士の台頭を招きます。天皇家はそれでも懲りず、承久の乱、続いて南北朝という決定的なミスを犯します。これで、伝統的な権威は大いに傷つきました。その後の応仁の乱がきっかけとなり、ついには大嘗祭《だいじょうさい》が中止になり、徳川家康は「禁中並公家諸法度」を強制し、さらに強力に封じ込めを図ります。家康は「東照大権現」となって自己神格化を図り、武力をバックに天皇の権威を越えようとします。

しかし、縄文・弥生の伝統は、山本七平氏の『現人神の創作者たち』、磯田道史氏の『家康の誤算』などにあるように、家康が思っているよりはるかに強力でした。天皇の即位を内外に示す大嘗祭は、綱吉の代になると東山天皇の即位で復活。その後は公家間の意思統一に失敗し、一時は中止されたものの、吉宗の代になると、朱子学の影響により桜町天皇の即位から再度復活。その後は現在まで続いています。

徳川時代の「お伊勢参り」には、ピーク時に400万人が参拝しました。これは、なんと当時の人口の10分の1以上という驚くべき数です。おそらく、このように日本人の宗教＝アニミズムには、天皇という象徴が絶対に必要であり、その方が政治的にも安定するのでしょう。弥生時代に、卑弥呼が倭王に「共立」されたのも、これが大きな理由だと考えます。

敗戦直後には、昭和天皇がほぼ無防備で全国を行幸しましたが、どの地方でも自然に万歳三唱が沸き起こり、多くの人々は熱狂的に大歓迎しました。令和となった現在でも、皇居での一般参賀には、多数の日本人が自発的に参加します。これらは、日本神話の伝統が現在まで続いている明確な証拠と言えるのではないでしょうか。

【まとめ】

○神武東征は、ある程度は事実を反映していると考えられる

○その証拠は、大和朝廷の象徴である巨大な前方後円墳が、神武東征のほぼすべての寄港地

に、一番最初に建造されたこと

○また、神武東征の出発地・日向のイネのDNAは稀な「c」であり、3年間滞在した（農業指導と推測）吉備のイネのDNAも同じ「c」である

○247年の皆既日食で第2次倭国大乱が発生し、邪馬台国は大和に東遷したのではないか

○これを記念して、各地に巨大な前方後円墳が続々と建造されたと考えられる

○大和朝廷の強力な「富国強兵政策」により、古墳時代には人口が急増し、国力も大きく高まった

○367年に大和朝廷が北部九州の九州王権を併合し、日本は初めて統一された

○三種の神器は、日本が九州王権と出雲王権の「国譲り」によって誕生した、大和朝廷との連合王国であることの象徴と思われる

★1　古墳の時期の分類方法は、10区分（1～10期）と3区分（前期・中期・後期）があるが、今回はより細かく分析できる前者を採用した。

★2　たとえば、奈良女子大学による「前方後円墳データベース」

★3　長浜浩明『日本の誕生―科学が明かす日本人と皇室のルーツ』２０２２年

★4　藤原哲「弥生社会における環濠集落の成立と展開」『総研大文化科学研究』２０１１年

★5　鎮目雅人・早稲田大学教授「財政政策と国債増発の行方(中)　経済力こそ国防の基盤」『日本経済新聞』２０２３年2月7日

★6「【神武天皇東征】神鳥ヤタガラスの光の導き！　邪馬台国との関係は？　こっそり先着していた謎の実力者『ニギハヤヒ』とはいったい何者なのか？」『セピアのゼロから歴史塾』（ユーチューブ）

★7　安本美典『古代史論争最前線』２０１２年

★8　杵築大社が出雲大社と改名した理由　時間探偵（ブログ）

★9　安本美典氏の『「卑弥呼の鏡」が解く邪馬台国』などによれば、「三種の神器」は大和には見られず、北部九州から持ち込まれた習慣とのこと。このことからも、邪馬台国東遷説の可能性が高いと思われる。

★10　リンダン・ハーンの遺産―制誥之寶とマハーカーラ像―　宣和堂遺事（ブログ）

【コラム】現在も生きている日本神話

日本神話から続く、天皇が最高権威という体制は、形を変えながら現在まで続いています。それは、最高法規である日本国憲法を読めば明らかです。

○天皇は、日本国の象徴であり日本国民統合の象徴であつて、この地位は、主権の存する日本国民の総意に基づく。（第1条）

この条文を素直に読むと、主権を持つ日本国民は、天皇を「日本国の象徴であり日本国民統合の象徴」として強く支持しているということになります。だから、この最も大事なことを、そのまま第1条に書いたわけで、それ以外に解釈しようがありません。つまり、この条文は、神話の時代から現在までずっと続いている「事実」を素直にそのまま書いてあるわけです。言い換えれば、憲法第1条は事実を書いているだけで、憲法学的な「天皇（国）と国民との契約の内容」が書いてあるのではありません。こう考えると、個人的には納得できるので非常にすっきりします。

細かいことを言うと、「主権」という言葉は日本人的な感覚にマッチせず、邪馬台国の卑弥呼のように「共立」と読み替えると、まさにぴったりだと思います。

同じことは、終戦後初めて迎える新年（1946年）に出された、昭和天皇の「新日本建設に関する詔書」（いわゆる「天皇の人間宣言」）にも明確に書いてあるのです。

＊　＊

［原文］
然レドモ朕ハ爾等《なんじら》國民ト共ニ在リ、常ニ利害ヲ同ジウシ休戚《きゅうせき》ヲ分タント欲ス。朕ト爾等國民トノ間ノ紐帯《ちゅうたい》ハ、終始相互ノ信頼ト敬愛トニ依リテ結バレ、單ナル神話ト傳説トニ依リテ生ゼルモノニ非ズ。
［まほろば社会科研究室による現代語訳］
しかしながら、私は国民の皆さんとともにあり、常に利害を同じくして喜びと悲しみ（休戚）を分かち合いたいと思います。私と国民の皆さんとの間の結びつき（紐帯）は、終始お互いの信頼と敬愛により結ばれた関係であり、単なる神話と伝説によって生じたものではありません。

＊　＊

なお、この点は、帝国憲法でも教育勅語でもまったく同じです。興味を持たれた方は、原文を読まれることをお勧めします。

第五章　巨大古墳建造のサイエンス

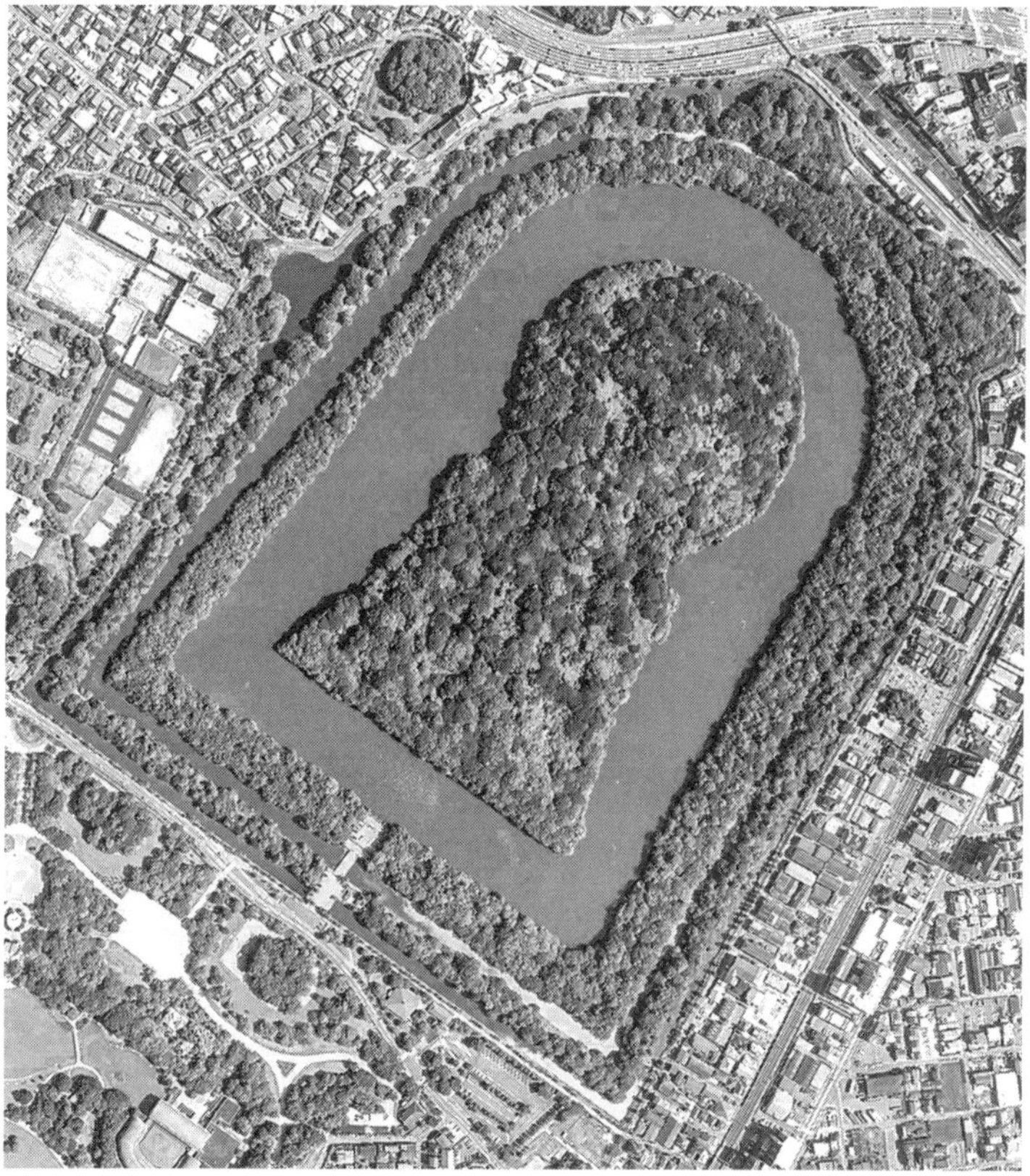

日本建国（大和朝廷）のシンボルである巨大な仁徳天皇陵
日本最大の前方後円墳である大仙陵古墳（伝仁徳天皇陵）は、墳長525mで、世界でも最大級の墳墓。建造された5世紀中頃には、近畿地方の人口が以前より大幅に増加し、大和朝廷の力が驚くほど強大になったことを示している。
Copyright © 地図・空中写真閲覧サービス 国土地理院

神武東征出発地の日向にある墳長 143m の巨大前方後円墳

神武東征の出発地である日向（宮崎市）にある生目古墳３号墳の墳長は 143m で、古墳時代のごく初期（1 期）に建造されたものとしては、大和の箸墓《はしはか》古墳（墳長 278m）に次ぐ大きさ。同時期に建造された１号墳も、墳長 130m と同規模の大きさである。このことは、かつての日向は、大和朝廷と強いつながりがあったことを物語っている。

【出典】Wikipedia　生目古墳群

古墳時代の農業革命

まず最初に、古墳時代にどんな出来事があったのか確認しておきましょう。たとえば、公益社団法人米穀安定供給確保支援機構のサイトには、こう書かれています。[★1]

＊

古墳時代には、日本全体の人口が約５４０万と、弥生時代［約60万人］**の９倍にも達します。**さらに律令時代では、国家的規模での集約的労働力の投下、進歩した土木・灌漑《かんがい》技術、国司の派遣による農業指導、農業奨励政策などを通じて、水稲耕作中心の農業基盤が確立しました。

＊

恥をさらすようですが、私にとっては衝撃的な発見でした。奈良時代の人口は約６１０万人と推測されています（☞次頁）。仮にこのとおりだとすると、弥生時代から奈良時代にかけての大幅な人口増加は、そのほとんどが古墳時代に起きていたことになります。

こうなると、もはや解答が分かったも同然です。この米穀安定供給確保支援機構のサイトでは、「律令時代では……」とあります。しかし、弥生時代からの人口増のほとんどが古墳時代に起きていたとするなら、このことは既に古墳時代から始まっていたはず。

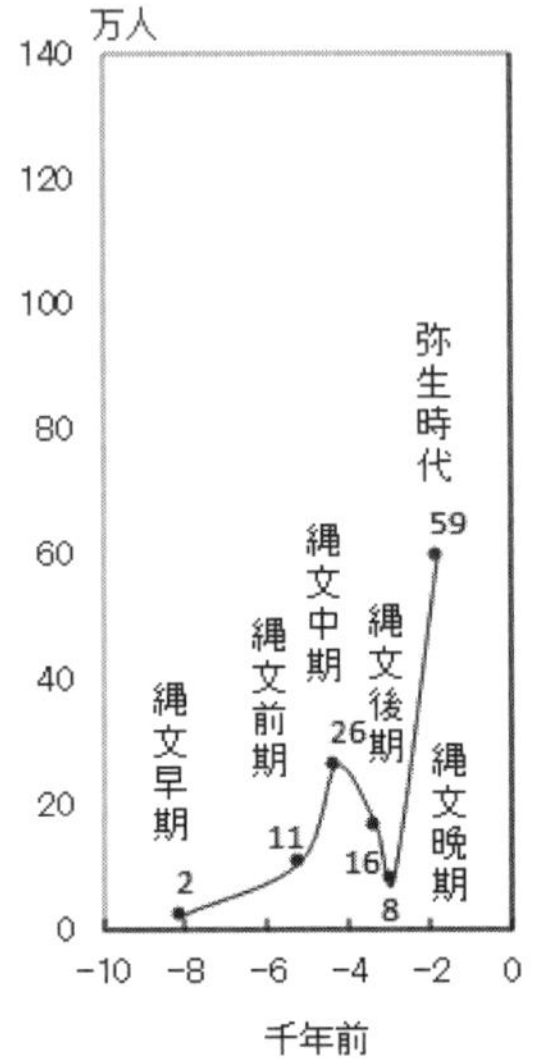

人口の超長期推移

奈良時代の人口は約 610 万人。

【出典】社会データ実録

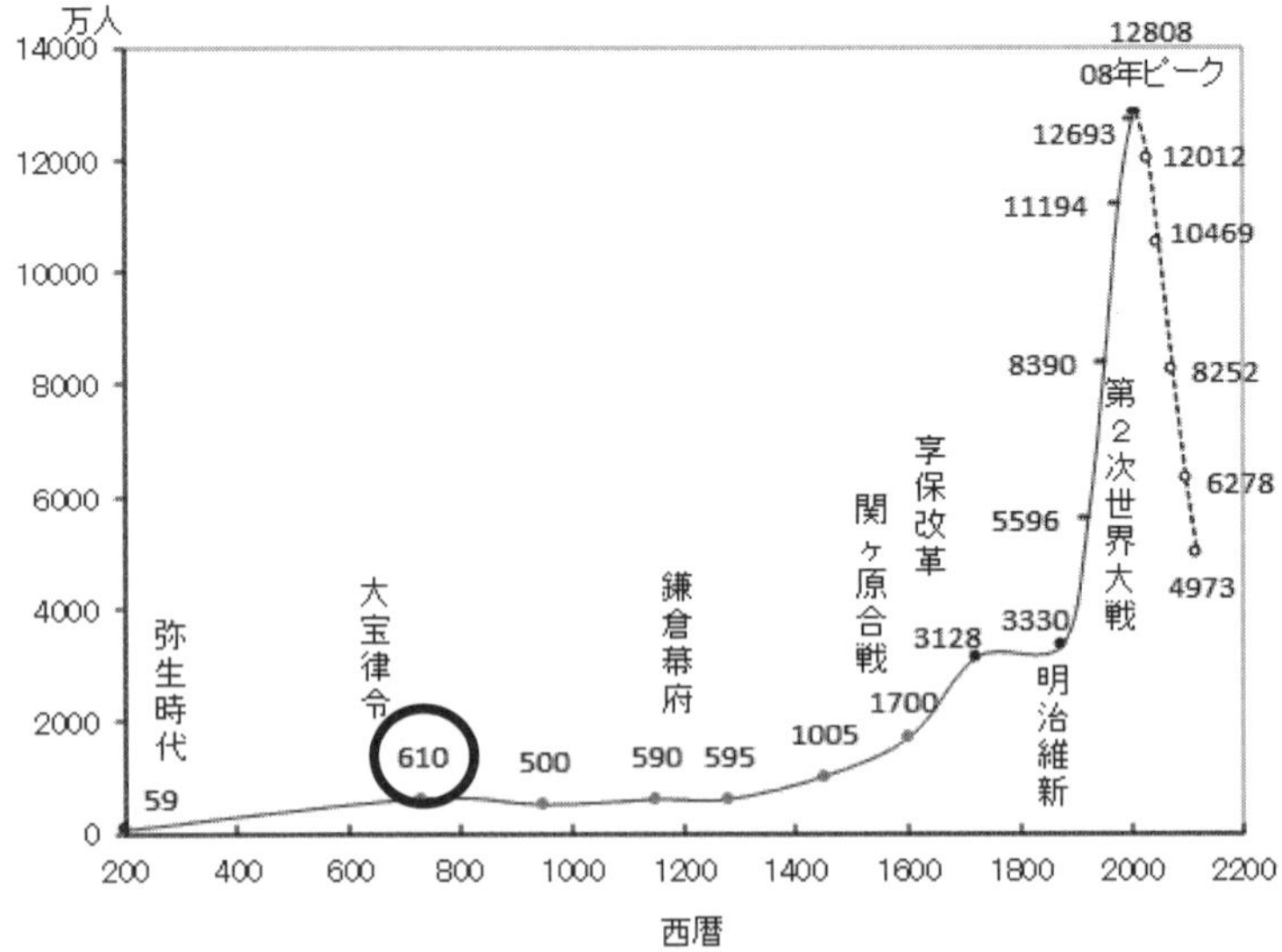

つまり、古墳時代の大和朝廷は、「国家的規模での集約的労働力の投下、進歩した土木・灌漑技術、国司の派遣による農業指導、農業奨励政策などを通じて、水稲耕作中心の農業基盤」を全国規模で確立させ、人口が弥生時代の10倍近くにまで一気に膨れ上がったことになります。

古墳時代は3世紀後半から7世紀までの約350年間とされていますから、この期間の平均人口増加率を算出すると、年間では約0・7%。言い換えれば、古墳時代の日本の人口は、100年間で約1・9倍のハイペースで増えたことになります。この数字がいかに驚異的なものなのかは、改めて説明するまでもないでしょう。では、その結果どうなったのか。

次の文章は、宇都宮市歴史文化資源活用 推進協議会のサイトからです。★2

＊　＊

古墳の出現は大和政権と深い関係があると考えられています。大和朝廷による国土統一は、3世紀後半からほぼ100年の間に急速に進められ、国土の大半を統一していきました。その勢力が日本各地におよぶと、地方の首長たちはその支配下に入って古墳を築くようになったのです。

＊　＊

なぜ大和朝廷の全国統一がハイピッチで進んだのか、なぜ地方の首長がその支配下に入ったのかは、これらの数字が正直に証言しています。なお、日本で人気がある政策は、食糧増産とインフラ整備と相場が決まっています。それは、武田信玄が築造した信玄堤や、熊本県でインフラ整備を重視した清正を祀る加藤神社が多くあることでも明らかです。最近になって、あだ名が「コンピューター付きブルドーザー」だった田中角栄元首相が注目を集めているのも、おそらくそのせいでしょう。大和朝廷の戦略も、このような日本の伝統に沿っているわけで、私にはとても印象的でした。

古墳時代の「明治維新」

以上のことを考えると、大和朝廷が邪馬台国に取って代わったのは、ある意味「明治維新」に似ていることになります。大和遷（奠）都→東京遷（奠）都、天皇親政の中央集権国家→立憲君主制の中央集権国家、新技術の導入による産業の生産性向上など……です。海外の債務や債権についても、明治政府と同じで前政権から継承しています。そして、このような「富国強兵」政策が成功すると、朝鮮半島などに出兵して領土の拡大に乗り出す。やはり、日本のような歴史が長い国では、千年や二千年では国民性は変わらないのかもしれません。

話を古墳時代に戻すと、前章にも書いたように、ほとんどの地域で大和朝廷の支配を熱狂的に歓迎し、いままでの巨大な環濠は弊履のごとく捨て去り、その代わりとして、新・邪馬台国

＝大和朝廷のシンボルとなる巨大な前方後円墳が各地で続々と建造された……と仮定しても、極めて自然なことだと思います。

実は、これは別な面からも検証できます。大和朝廷の出自は、邪馬台国、出雲王権との連合王国です。また、前著『古代史サイエンス』にも書いたように、本家筋の邪馬台国が歴代の中国皇帝に何回も朝貢していたことは、日本初の正史『日本書紀』には一言も書かれていません。『日本書紀』の編纂を命じた天武天皇は、そういう「恥ずかしい過去」はすべて封印し、国号も倭から日本に変更。自らは中国皇帝と対等である「天皇」と名乗ることにしました。こうなると、前方後円墳建造の意義などは邪魔でしかありません。だから、現在では前方後円墳の意義は誰も知る人がいないということになります。しつこいようですが、その意味で、次の山本七平氏の『日本型組織　存続の条件』の行動基準は何も変わらず、首尾一貫しているのです。

＊　＊

一揆の規約については、原則があって、「抜け駆けをしないこと」、これが第一条。次に何事も全部一揆のメンバーに相談すること。「何事も一揆に諮り多勢によるべし」。それから**一揆内の揉めごとは絶対に外に出さないこと**。どのような揉めごとがあっても、みんなが集まって来てみんなで相談してみんなの意見を聞けと。

また、山本七平氏の『一九九〇年の日本』にはこうもあります。

明治も過去を消そうとした。当時の学生は「われわれには歴史がない」といってベルツを驚かした。戦後も戦前を消そうとした。そして［お雇い外国人であるドイツ人医師の］ベルツを驚かした学生が前記の言葉につづけたように「われわれに歴史があるとすれば、消去すべき恥ずべき歴史しかない」と考えた。

＊　　＊　　＊

それなら、前方後円墳が過去にいかに重要であったかどうかとは関係なく、当時の人々に「われわれに歴史があるとすれば、消去すべき恥ずべき歴史しかない」と受け取られても、特に不思議ではないでしょう。このことは、終戦までの「神国日本」が、あっという間に「民主主義」になったこととも共通します。善し悪しは別として、日本人はそうして昔からしぶとく生き残ってきたのです。明治の廃仏毀釈や文明開化での熱狂も同じ。多数の国宝級の仏像が、二束三文で外国人に売り渡されました。また、現在では各地で再建が望まれている城郭も、明治には江戸時代の「封建的」な残滓《ざんし》として敵視され、その多くは自発的に取り壊されてしまったのです。

前方後円墳の形が示すこと

邪馬台国＝九州王権の伝統的な墳墓の形は「円墳」です。『魏志倭人伝』にも「卑彌呼以死、大作冢、徑百餘歩」（卑弥呼は死亡し、大きな塚を作り、直径は百余歩である）とあります。直径とあるのだから、明示的に円墳を意味しているわけです。対して、出雲王権の伝統は「方墳」です。

これらの古墳は、大和朝廷（大和王権）との合併時に、それぞれ「前方後円墳」と「前方後方墳」に変わります。なお、**最初の前方後方墳の建造時期は、最初の前方後円墳とほぼ同じです**。たとえば、出雲（島根県雲南市）にある松本古墳1号墳と3号墳は、最初の前方後円墳である箸墓古墳と同時期の1期に建造され、墳長も50ｍと、早期のものとしては相当大規模です。

第四章でも述べましたが、神武東征の出発地である日向（宮崎県）の生目古墳群では、箸墓古墳とほぼ同じ時期に、墳長１４３ｍもの巨大古墳が建造されました。そして、神武東征の寄港地とされる、吉備（岡山市）、岡田宮（北九州市）、宇佐（大分県宇佐市）にも、ほぼ同時期に墳長50ｍを超す大きな古墳があります。これらのことから、巨大な前方後円墳は、新・邪馬

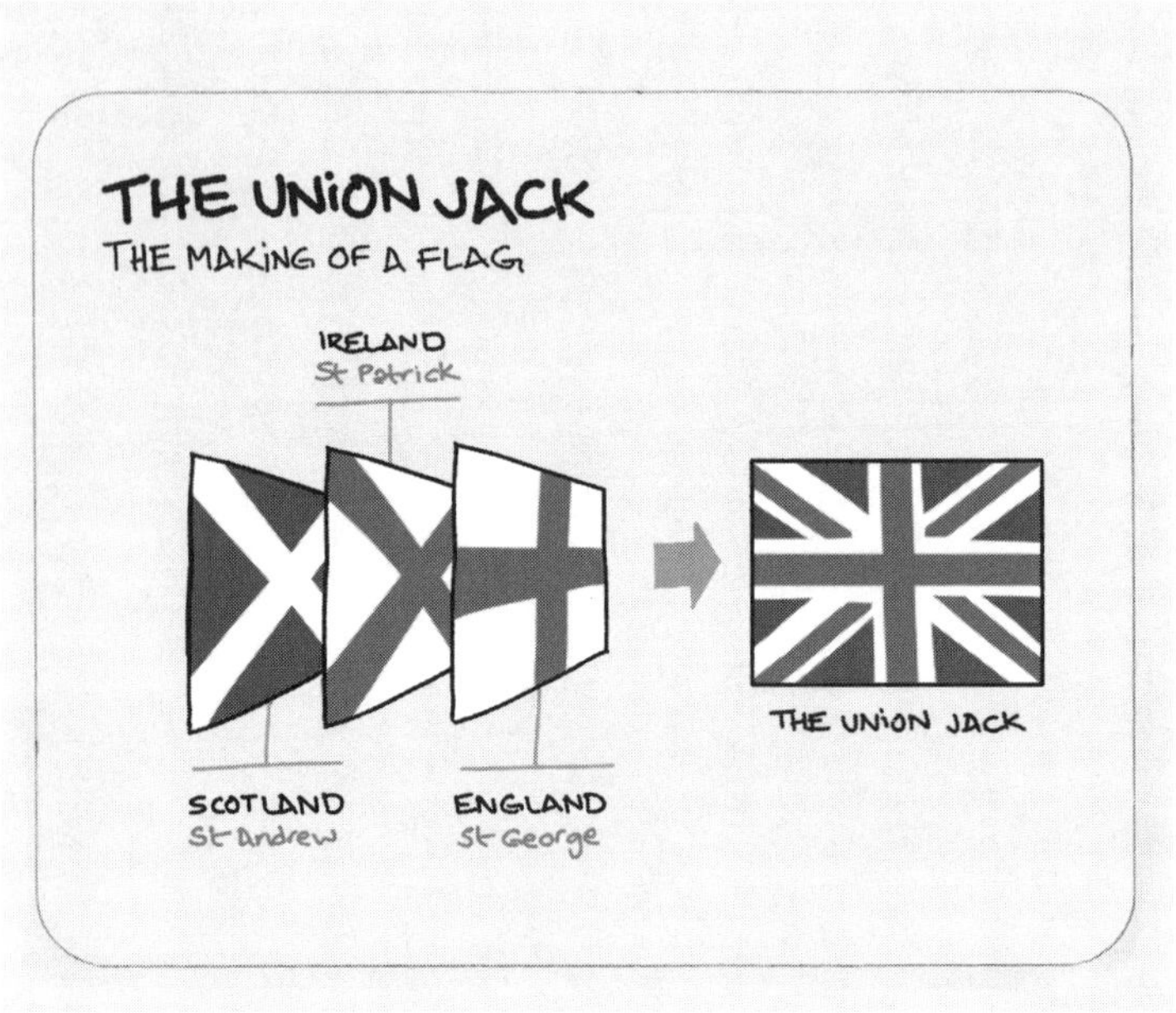

イギリス国旗「ユニオンジャック」のデザイン

イギリス国旗「ユニオンジャック」のデザインは、その元となった３つの国である、スコットランド、アイルランド、そしてイングランドの国旗のデザインを組み合わせたもの。イギリスが連合王国であることを明確に示している。

【出典】Skecthplantations

台国＝大和朝廷のシンボルと考えることは、極めて自然なことだと思われます。

イギリス国旗「ユニオン・ジャック」の成り立ちを思い出してください（☞口絵24頁 ☞前頁）。このデザインは、その元となった3つの国である、スコットランド、アイルランド、そしてイングランドの国旗のデザインを組み合わせたもの。イギリスが連合王国であることを明確に示しています。

次頁（☞口絵25頁）に示すように、前方後円墳と前方後方墳は、両方ともそれまでの円墳や方墳に、△の形の「後方墳」が合体した形を連想させます。素直に考えると、△の形が加わることで、その地域が大和朝廷の支配下に入ったことを示しているということでしょう。確かに、これは邪馬台国と大和の合邦を象徴するモニュメントの形としてはぴったりです。

私の仮説のまとめ

次は、第二章からこれまでに説明した内容、つまり私の仮説を年表の形で整理したものです。思ったよりスムーズに前後の出来事がつながっていることがお分かりいただけると思います。もちろん、これが絶対に正しいと主張するつもりはありませんが、少なくとも事実との整合性は高く、意外に矛盾も少ないものと考えています。

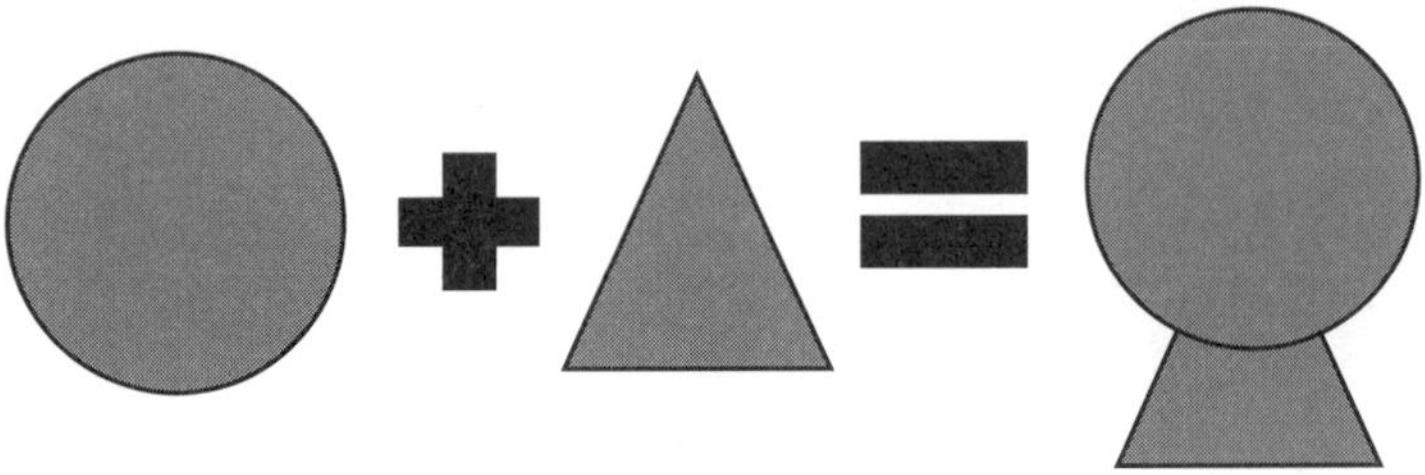

地域の円墳○　＋　大和朝廷△　＝　前方後円墳？

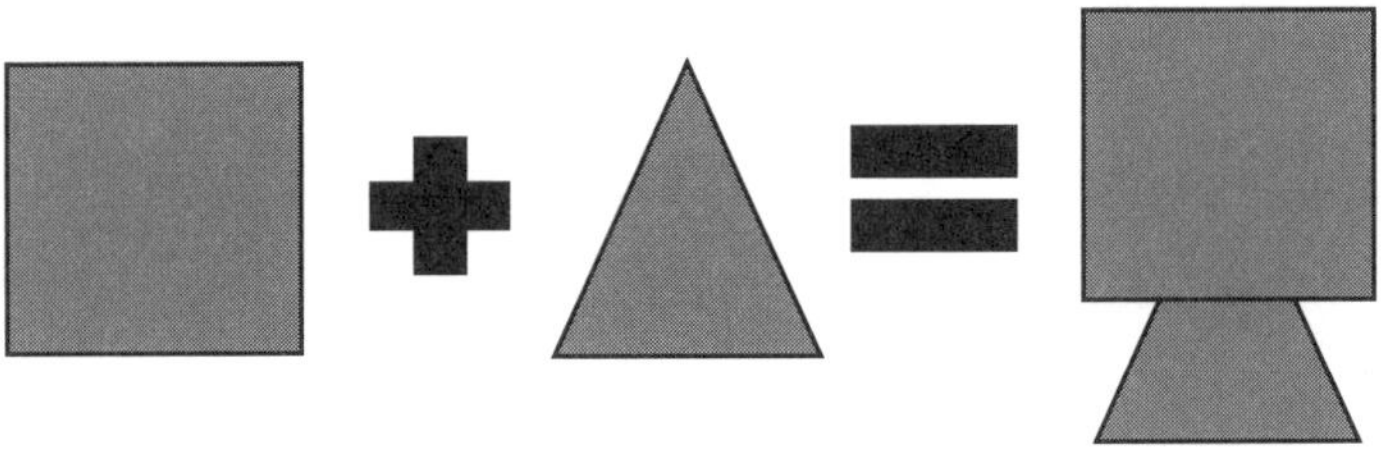

出雲の方墳□　＋　大和朝廷△　＝　前方後方墳？

前方後円墳や前方後方墳の独特なデザイン

古墳時代に入ると、大和朝廷の力が強大になり、日本列島の各地で続々と巨大な前方後円墳が建造されるようになった。

234 頁のイギリス国旗のデザインや、他国の国旗の成り立ちからから推察すると、前方後円墳や前方後方墳は、その地域独自の古墳（円墳○や方墳□）に、大和朝廷のシンボル△を組み合わせたものであることを連想させる。

○紀元前10世紀　佐賀県唐津市の菜畑遺跡で日本最初の水田稲作開始（弥生時代の開始）

○紀元前4世紀　北部九州で水田稲作が本格化

○紀元前3世紀　筑紫平野で水田稲作が本格化し環濠集落を形成

○紀元前2世紀　近畿地方で水田稲作が本格化

○紀元前1世紀　倭人は１００余りの国に別れ、館の楽浪郡と交渉する『漢書地理志』

※この頃に神武東征開始

○紀元後1世紀　吉野ヶ里遺跡で大規模環濠集落が成立

５７年　**委奴国王**が後漢に朝貢、光武帝が金印を下賜『後漢書東夷伝』↓**奴国の覇権**

○紀元後2世紀　吉野ヶ里遺跡で大規模環濠集落が拡張される

１０７年　倭国王帥升《すいしょう》、後漢に遣使『後漢書東夷伝』

１５８年　**日没時に皆既日食**（この頃倭国大乱起こる）

１７３年　**倭王卑弥呼**が新羅に遣使『三国史記』↓**邪馬台国の覇権**

（後漢末の混乱により中国への朝貢が困難に）

１８４年　後漢末の混乱により黄巾の乱起こる

189年　後漢が公孫氏を中国東北部の遼東太守に任命（後に半独立国となる）

○紀元後3世紀前半　吉野ヶ里遺跡で大規模環濠集落が拡張される

204年　公孫氏が朝鮮半島北部に帯方郡を設置

234年　五丈原の戦いで諸葛孔明が病死し蜀が弱体化

238年　司馬懿が公孫氏を滅ぼす

（蜀が弱体化→魏に余裕→公孫氏を攻撃→公孫氏の弱体化・滅亡）

倭王卑弥呼が難升米《なしめ》を魏に遣使『魏志倭人伝』

（公孫氏の弱体化・滅亡→魏に朝貢が可能に）

親魏倭王の金印を下賜

243年　**倭王卑弥呼**が魏に遣使『魏志倭人伝』

247年　**日没時に皆既日食**、卑弥呼死す、倭国大乱起こる

○紀元後3世紀後半　大和に**最初の前方後円墳**である箸墓古墳が出現→**邪馬台国が大和に東遷**

吉野ヶ里遺跡で環濠集落が縮小し前方後円墳が出現

神武東征の寄港地に前方後円墳が出現

出雲に最初の前方後方墳が出現

朝鮮半島南部の土器が北部九州系から近畿系に変わる

崇神天皇と台与が即位

266年　倭王（王名未詳）が晋に遣使『晋書』

287年　このころから特に倭兵の攻撃が激しくなる『三国史記』

↓日本には3世紀後半から、強力な統一国家が誕生した

鳥取県の古墳による仮説の検証

　では、実例により私の仮説を検証してみることにします。最初は、鳥取県の古墳です。鳥取県は、因幡の白兎にあるように、出雲の大国主命の支配下にありました。前述のように、出雲の伝統的な墳墓は「方墳」です。その後に、3世紀半ばからの「国譲り」によって大和朝廷の支配下に入ると、「前方後円墳」に変化しました。

　次の鳥取県立博物館のサイトの情報からは、ほぼ私の仮説どおりのことが起きていることが確認できます。

＊　　　＊

3世紀中頃になると、瀬戸内~近畿地方に前方後円墳が築かれるようになり、古墳時代の幕が開ける。［鳥取］**県内には、当初前方後円墳ではなく方墳が築かれたが、古墳時代前期中頃（4世紀中頃）になると大型前方後円墳が築造されるようになる。**

（鳥取県立博物館　古墳の出現と前方後円墳）

吉野ヶ里遺跡による仮説の検証

今度は、日本最大の弥生時代の遺跡である「吉野ヶ里遺跡」で検証してみましょう。次からは、国営吉野ヶ里歴史公園のサイトの記述です。

○弥生時代前期（紀元前5~前2世紀）
吉野ヶ里の丘陵一帯に分散的に「ムラ」が誕生しました。

やがて南側の一面には環壕をもった集落（2・5ha規模）が出現し、「ムラ」から「クニ」へと発展する兆しが見えてきます。

↓邪馬台国連合の形成

○弥生時代中期（紀元前2〜紀元1世紀）
南の丘陵を一周する大きな外環壕（20ha規模）が掘られます。首長を葬る「墳丘墓」やたくさんの「甕棺墓地」も見られます。
集落の発展とともに、その防御も厳重になってきていることから「争い」が激しくなってきたことがうかがえます。
↓邪馬台国連合が発足・発展したが、まだ奴国には及ばない
↓57年に**委奴国王**が後漢に朝貢、光武帝が金印を下賜『後漢書東夷伝』**【奴国の覇権】**

○弥生時代後期（紀元1〜3世紀）
集落は北方へと規模を拡大して、ついには40haを超す国内最大規模の環壕集落へと発展します。
↓158年の皆既日食により第1次倭国大乱が発生
↓邪馬台国連合が圧倒的な国力を誇るようになり奴国から覇権を奪う
↓173年　**倭王卑弥呼**が新羅に遣使『三国史記』**【邪馬台国の覇権】**
↓238年に**倭王卑弥呼**が難升米を魏に遣使、魏に倭国王卑弥呼が朝貢『魏志倭人伝』

○吉野ヶ里遺跡の終焉

3世紀後半頃、吉野ヶ里遺跡全体を取り囲む環壕は、ほぼ埋没し、北内郭、南内郭とともにその機能が失われてしまったと考えられています。それと前後して、南内郭付近の丘陵部には4基の前方後方墳が築かれます。

↓247年の皆既日食により第2次倭国大乱が発生

↓その後に邪馬台国の首都機能が夜須から大和へ移転、環壕は廃棄され、代わりに**大和朝廷のシンボルとなる「前方後円墳」が建造される**

古墳の分布から考えること

最後に、全国の古墳の分布について考察します。前方後円墳は近畿に多く、前方後方墳は前方後円墳よりはるかに少ないものの、島根県（出雲）に多いことが一目瞭然です（☞口絵26、27頁）。これは、まさに「和」の具現化でしょう。日本の別称が、漢字では「大和」、読み方が「ヤマト」なのもむべなるかなです。なお、「山門」も「邪馬台」も、読み方は「ヤマト」で、日本は聖徳太子の昔から「和」の国だということにもなります。次は、憲法十七条で最も有名な第一条の全文です。

○十七条憲法　聖徳太子　（ウィキペディア）

［読み下し文］

一に曰く、和《やわらぎ》を以て貴しと為し、忤《さか》ふること無きを宗とせよ。人皆党《たむら》有り、また達《さと》れる者は少なし。或いは君父《くんぷ》に順《したが》わず、乍《また》隣里《りんり》に違う。然れども、上和《かみやわら》ぎ下睦《しもむつ》びて、事を論《あげつら》うに諧《かな》うときは、すなわち事理おのずから通ず。何事か成らざらん。

［現代語訳］

おたがいの心が和らいで協力することが貴いのであって、むやみに反抗することのないようにせよ。それが根本的態度でなければならぬ。ところが人にはそれぞれ党派心があり、大局をみとおしているものは少ない。だから主君や父に従わず、あるいは近隣の人びとと争いを起こすようになる。しかしながら、**人びとが上も下も和らぎ睦まじく話し合いができるならば、ことがらは道理にかない、何ごとも成しとげられないことはない。**

【まとめ】

○大和朝廷は、崇神天皇の代に各国との「軍事同盟」（閨閥含む）を形成し、その他に「環濠の廃止」と「先進農業技術」との3点セットで、急速に日本の統一を進めたのではないか

○日本が統一されたことにより、古墳時代の人口は弥生時代の10倍近くにまで激増した

○そのシンボルとして、地域の古墳と大和朝廷の象徴「方墳」を融合した「前方後円墳」が、各地に多数建造されたと推測される

○その後、天武天皇の代になると、中国と対等の中央集権国家として、「天皇」や「日本」を名乗った

○このため、これらの出来事は、歴史の大きな流れの中に埋没し、急速に人々から忘れられたのではないか

★1　「米の生産量が増えて日本の人口も増えた」公益社団法人 米穀安定供給確保支援機構

★2　「古墳時代の宇都宮」宇都宮市歴史文化資源活用 推進協議会

【コラム】朝鮮半島南部に前方後円墳がある理由

朝鮮半島南部に見られる前方後円墳（長鼓墳《ちょうこふん》）は、5世紀後半から6世紀前半（朝鮮半島の三国時代、日本の古墳時代中期〜後期）の建造とされています。なぜ造られたのかは諸説ありますが、この頃の地図を見れば疑問は氷解します。

実は、このエリアは日本の統治下にある「任那四県」だったのです。その後、新羅に圧迫されて苦しくなったため、この地は百済に割譲されます。

６６０年になると百済が滅亡。６６３年には、日本・百済遺民連合軍が新羅・唐連合軍に白村江で完敗し、日本の朝鮮半島への影響力は一掃されることになりました。

前方後円形墳（長鼓墳）の分布

【出所】Wikipedia 朝鮮半島南部の前方後円墳

あとがき

現在の古代史のルーツは、どうやら津田左右吉の学説のようです。彼は、神がかり的なものを否定しており、明治という時代背景を考慮すると、極めて科学的な学問的態度は尊敬に値します。しかし、宗教面の軽視は残念というしかありません。

繰り返しになりますが、綏靖《すいぜい》天皇以下の「欠史八代」はありえないはず。なぜなら、「皇祖皇宗」を〝捏造〟してしまうことは、祖先に対する最大の侮辱だからです。もちろん、神話自体も無価値になりますし、周囲の人々も絶対に納得せず、間違いなく宗教的な反乱が起きるでしょう。

参考までに、若井敏明氏による『邪馬台国の滅亡』での指摘を紹介しておきます。

＊　＊

『記紀』などの国内史料を用いた研究にたいする学界の対応はあまりに冷淡であった。たとえば、田中卓《たかし》氏は戦後一貫して国内史料を利用した古代国家論を提唱してきたが（『日本国家の成立』など）、その主張は反論すらされず、無視されつづけてきた。同様のことは、神武東征から邪馬台国東遷説を主張する安本美典氏にたいしてもいえる。

（中略）

もちろん、わたしがこのように述べても、大半の古代史家は『記紀』などへの懐疑的な姿勢は純学問的なものであって、ここで意図するようなことはないと主張するであろう。しかし、当事者がどういおうと、ただでさえ史料のすくない古代史の分野で、残された史料を積極的に活用しようというしごくもっともなことが企てられても、かたくなにそれを拒否しつづけ、反論すらせずに黙殺に走るのみならず、場合によっては感情的な対応すらとるというのは、その根底に学問とはまた別のなんらかの心理的要素がないかぎり、わたしには説明が困難である。

＊　＊

もっとも、戦前には、考古学による知見は極めて乏しく、ましてや現在では極めて強力なツールであるＤＮＡも未発見だったため、日本神話をそのまま「史実」として教えていました。これは、『聖書』と同じということです。言い換えれば、現在大きなブームとなっている縄文と弥生は、戦後に学問が発展したことによる新たな産物です。その意味でも、津田左右吉による研究の原点に立ち返り、新たな視点に立って古代史を見直すべきではないでしょうか。

私の素朴な疑問なのですが、古墳や鏡のデータについて、時期や地域、そして形式などのクロス分析は誰もしていないようです。しようがないので、自分でテスト的に分析してみました。よく探せばあるのでしょうか……。

前方後円墳の特異な形について、誰にでも納得できるような論考が見当たらないのも理由が分かりません。これも、竹倉史人氏の『土偶を読む』のように、そんな分析がしにくい「空気」が存在するのでしょうか。現在は古墳のデータベースが充実しているので、思いつきでもいいから、クロス分析をすれば面白い結果が出そうです。本書では、神武東征の寄港地とクロス分析を行い、その結果を第四章に示しました。プロなら、より画期的な発見が可能に違いありません。

幸いなことに、日本は古代から国家が継続しているので、意外にスムーズに分析ができると感じました。最終的な出来上がりは、少なからずSF的な内容となりましたが、結論はシンプルでストレートなものです。読めば分かるとおり、楽しみながら『日本書紀』や『古事記』を読み進め、考古学的な証拠、ゲノム解析の結果、数々のオープンデータなどと照合し、それらに最新英語論文による研究成果を加味することにより、最終的に出来上がったものが本書となります。

たとえば、『日本書紀』の記述は、相当の精度で事実（?）を復元することも可能だと信じます。邪馬台国、神武東征、天孫降臨、天の岩戸、欠史八代……などについても、ほぼ矛盾なく説明できるようです。

私には、邪馬台国の勢力拡大がヨーロッパの「大航海時代」とダブって見えます。ご存じのとおり、ヨーロッパとアジアをつなぐ交通の要衝「コンスタンチノープル」は、強大なオスマントルコにより15世紀に占領されます。中世ヨーロッパ諸国は、やむなく代わりの喜望峰回りの航路を開拓し、大西洋を渡って新大陸に到達しました。これは、中国大陸との交易ルートを奴国が独占していたため、新天地である大和を目指した邪馬台国にそっくりです。神武天皇が日向から出発したのは、邪馬台国最大級の植民市のノウハウが生かせるからでしょう。

現在の常識で考えると奇妙なことほど、実は本当かもしれないという逆説も成り立ちます。大和朝廷が邪馬台国の正統な後継国家だとすれば、朝鮮半島南部の土器などの物証とも一致します。神武東征の途中では、なぜか進路を西に変更して筑紫・岡田宮に向かうのですが、遠賀川式土器を積み込んだとすれば納得。大和に邪馬台国からの先発隊がいて、ピンチを救ってもらったとすれば、「天の磐船」や「八咫烏」のエピソードは当然のこと。「天の岩戸」が皆既日食なら時期はぴったり一致します。

「欠史八代」についても、陵墓が橿原周辺の狭い地域にあることからすれば、特筆するほどの業績はなかったと言うことでしょう。これは、奈良県では、弥生時代の鏡の出土数がわずか7面に過ぎないこととも整合的です。また、193頁の神武天皇の系図を眺めると、ここまで血統を重視しているなら、「万世一系」は事実ではないでしょうか。なぜ女性天皇が存在するにもかかわらず、皇位継承は男系に限られるのかも理解できます。

その意味では、『日本書紀』や『古事記』などの日本の歴史書は、事実をきちんと記録しているだけではなく、非常な「気配り」の書なのかもしれません。そして、こう考えると――少々意外かもしれませんが――当時の多くの人々は読んで満足し、かつ納得したとも感じるのです。

『魏志倭人伝』も同様で、投馬国や邪馬台国への行程に「水行」が入るのは、誰もが疑問に感じていたはず。当時の有明海沿岸の集落（吉野ヶ里遺跡など）は、現在の海岸線から相当離れた場所にあります（☞口絵21頁）。これは、筑紫平野の大部分が海の底だったと考えると説明が可能です。

こう言っては学問的に問題なのかもしれませんが、「恥は地獄に持っていく」なら、文献より宗教や考古学的なものの方が信用できるケースもあるのかもしれません。日本人の思考法はあまり変わっていないので、近代史にも応用できるのではないでしょうか。その一部は拙著

『「空気の研究」の研究』に記しました。

本書の上梓に際しては、このような新たな事柄を発見するたび、内容変更や追加が生じました。いつも辛抱強く対応していただいた鳥影社の北澤晋一郎さん、丹念に校正作業を行っていただいた矢島由理さんには、この場をお借りして深くお礼を申し上げます。また、口絵20、21頁の鏡のデータの分析は、かぬそぬ氏のX上のポストから貴重なアイデアを拝借しました。氏に謝意を表し、考古学ＧＩＳの充実を願うものです。

最後になりますが、ご著書『草書体で解く邪馬台国への道程』からの転載を快諾くださった井上悦文氏、そしてオクキョン遺跡の位置図の使用許諾と励ましのお言葉をいただいた石田泉城氏、そしてまた、拙著『古代史サイエンス』をお読みいただき、最新のご著書『「卑弥呼の鏡」が解く邪馬台国』をご恵贈くださった安本美典氏など、書き切れないほど多くの先達に厚く感謝するとともに、議論の輪がますます広がることを願って結びの言葉とします。

補足説明

古代史研究の「学問の壁」

古代史の研究は、いまだに歴史学、考古学、ゲノム解析など、数々の厚い「学問の壁」に分断されているようです。その一つ、日本神話における分析の不足は、極めて大きな問題となります。なぜなら、既存の学問分野では、神話は「公式」な分析の対象外らしいからです（☞２４６頁）。

典型的な例が、２月11日の「建国記念の日」に関するエピソード。西暦紀元前６６０年「旧暦1月1日」に初代・神武天皇が即位した、と『日本書紀』には記されています。２月11日なのは、当時の日付を現代の暦に換算した結果です。しかし２６００年以上前の日本は、いったいどのような暦を使用していたのでしょうか？

疑問に思った天文学者が独自に調べてみたところ、なんと「唐」の暦だったそうです。唐が建国したのは１４００年ほど前の西暦６１８年。仮に神武天皇が旧暦1月1日に即位したのが本当だとしても、千年以上後の暦を使ったのでは、正確な日付に換算できるわけがありません。このように、『日本書紀』に書かれた「史実」の解明には、緻密な天文計算と歴史的背景の理解が必要なのです。

特定の学問分野における研究だけでは、もはや限界が来ています。現在では、ＡＩ、ゲノム解析、天文学、経済学、経営学、進化心理学、宗教学……も必要でしょうし、線形代数や確率統計などのデータサイエンスも含めた「総合力」が試されているのではないでしょうか。

二重構造説は正しいのか

残念なことに、そういう総合的な取り組みが、まだ不十分だと思われるケースも散見されます。たとえば、『日経サイエンス』２０２４年2月号には「ＤＮＡが語る古代ヤポネシア」という特集が組まれ、最新のゲノム解析の結果により、日本人のルーツである縄文人や弥生人についての詳細な考察があります。

現在の定説「二重構造説」によれば、水田稲作などの先進技術を携え、**朝鮮半島から渡来した**「渡来人」が、原日本人である縄文人と混血し、弥生人になったとされます。そして、こうやって誕生した弥生人が、現代日本人の直接の祖先であると言われます。しかし、２０２３年のゲノム解析の英語論文では――韓国人の研究者でさえ――日本列島に住んでいた縄文人が、**朝鮮半島へ渡来した**という説を提唱している時代なのです（☞口絵10頁）。

従来の定説にそんな見直しの動きがあることには、いくつかの理由が考えられます。

一つは、弥生時代や古墳時代の文献によるものです。この時代の出来事が文字による記録として残っている書物は、邪馬台国で有名な『魏志倭人伝』のほか、『漢書地理志』『晋書』などがあります。このほか、朝鮮半島の記録としては『三国史記』や『三国遺事』が挙げられます。このうち、扱う年代が幅広い『三国史記』を読むと分かりますが、割と頻繁に「倭＝日本」が新羅に侵攻しているのです（☞１００頁）。常識的に考えて、敵対している国にわざわざ「先進技術を携えて朝鮮半島から渡来する」でしょうか。なにしろ、運が悪ければ、新羅からの攻撃と間違えられて、殺害されてしまうかもしれないのです。また、常識的にも、敵国に「最新」の技術を伝えたりはしないでしょう。『三国史記』によれば、古墳時代に倭が新羅や百済から王子を人質に取った（が逃亡した）という記録もあるぐらいですから……。

ゲノム解析で見逃されていた事実

お恥ずかしい話ですが、前著『古代史サイエンス』で紹介したネイチャーの論文で、本文中にはなく、膨大な附属資料の中に含まれていたため、〃うっかり〃見逃していたのが口絵11頁に掲げたグラフです。この図を素直に解釈すると、本文中の記述とはかなり違う――たとえば水田稲作の伝来は朝鮮半島を必ずしも経由しない――ことになるのです。

この論文にある朝鮮半島古代人の人骨が出土した安島、加徳島、欲知島、煙台島は、半島南岸にある小島。これらの島から出土した人骨を分析した結果によると、同時代の縄文人や弥生人とほぼ同じDNAが検出されています。また、2022年の論文（☞75頁）で分析対象となった群山市・堂北里遺跡ですが、母親だけから遺伝するミトコンドリアのハプログループを詳細に分析したところ、現代韓国人や中国人にはほとんど見られないタイプでした。反対に、現代日本人では多数を占めているのです。もっとも、男性のY染色体のハプログループ「Q」を調べると、現代では黄河流域に多い型なので、ひょっとすると中国北部人との混血なのかもしれません。

これも奇妙な話なのですが、朝鮮半島古代人は、Y染色体とミトコンドリアのハプログループが縄文人や弥生人寄りなのに（☞次頁）、主成分分析の結果は反対に韓国人寄りだったりするのです。また、従来は「渡来人」とされているY染色体のハプログループ「O1b2」の発生は8000〜9000年前ぐらいなので、朝鮮半島はほぼ無人。つまり、日本で発生したと考えるしかないのです。

不思議なことはまだあります。従来の主成分分析による核ゲノムの解析では、口絵11頁などにあるように、縄文人と弥生人の距離は相当離れています（ADMIXTUREやf3・f4分析でも同じ）。つまり、縄文人と弥生人の遺伝子は相当違っているということです。これが、

Table 1. Main descriptive information of the eight Korean Three Kingdoms period individuals

Individual	Cluster	mtDNA haplogroup	Y- haplogroup	Date	Typology	Coverage
AKG_10203 (♂)	Korea-TK_2	D4e2	D1a2a1	350–500 CE	Daeseong-dong -burial	1.58×
AKG_10204 (♂)	Korea-TK_1	D4e2a	O1b2a1a2a1b1	350–500 CE	Daeseong-dong -sacrifice	0.79×
AKG_10207 (♀)	Korea-TK_2	B4c1a1a1a	–	350–500 CE	Daeseong-dong -sacrifice	6.11×
AKG_10209 (♀)	Korea-TK_1	M10a1b	–	350–500 CE	Daeseong-dong -sacrifice	1.78×
AKG_10210 (♀)	Korea-TK_1	F1b1a1a1	–	350–500 CE	Daeseong-dong -sacrifice	2.72×
AKG_10218 (♂)	Korea-TK_1	D4a1	O	300–500 CE	Daeseong-dong -burial	0.64×
AKG_3420 (♀)	Korea-TK_1	D4a1	–	300–500 CE	Yuha-ri shell mound	3.20×
AKG_3421 (♀)	Korea-TK_1	D5a2a1a1	–	300–500 CE	Daeseong-dong -sacrifice	0.74×

朝鮮半島南部古代人のゲノム解析の対象

【出典】Pere Gelabert et al. Northeastern Asian and Jomon-related genetic structure in the Three Kingdoms period of Gimhae, Korea. 2022.

朝鮮半島から渡来人が日本列島に到来し、縄文人と混血して弥生人になったという「二重構造説」の有力な根拠となっていました。しかし、2021年のネイチャーの論文（☞口絵11頁）などによると、数千年前の朝鮮半島には「縄文人」が多かったのですから、現実とは明らかに矛盾します。では、弥生人のDNAは本当はどこから来たのか。

IBDセグメントの分析

この問題を解決する糸口となるのが、2022年の論文（☞口絵12頁）です。この図には、核ゲノムのIBDセグメント（Identity By Descent Segment）の分析結果が示され、祖先のDNAのパターンが「そのまま」残っているかどうかが調査されました。生殖細胞が作られる減数分裂では、染色体に組み替えが起こりますから、祖先のDNAのパターンは、代が下るにつれて徐々にバラバラに。ただし、細分化されるだけで、完全にゼロになるわけではないため、類似度を調べれば、ある程度の傾向は分かるはずです。

実際にも、「アルコール脱水酵素」ALDH2に変異がある（お酒に弱い）個体は、水田稲作により生ずる寄生虫に有利と言われ、我々日本人は4割強がこの変異を持っています。しかし、水田稲作がなかった時代の縄文人はほぼゼロとされ、弥生人とは大きな差があるのです。[★1]

この調子で、他の感染症でも同様に差が出るとすると、仮に弥生人が縄文人の直系の子孫だとしても、淘汰圧により多めの差が生じる理屈になります。

実際、現代人で染色体別に差を分析してみると、免疫系に関するＨＬＡなどは相当大きな違いがありますが、免疫に直接関係ない染色体では差はあまり見られません[★2]。

結果を確認してみると、紀元３００年～５００年ぐらいの金官伽耶の古代人との比較では、ＩＢＤセグメント分析では違いはあまりないのに、主成分分析やＡＤＭＩＸＴＵＲＥでは差が大きくなっているのです（☞口絵13頁の横棒グラフなど）。そして、場合によっては、次のようにまったく逆の結果が出ていました。

○ＩＢＤセグメント　**→縄文人、弥生人、現代日本人に近い**（☞口絵12頁）

○主成分分析やＡＤＭＩＸＴＵＲＥ　**→韓国人、中国人に近い**（☞口絵13頁）

従来の**主成分分析の結果では、金官伽耶の古代人は、韓国人、中国人に近い**とされ、２０２１年のネイチャーの論文[★3]や２０２２年の論文[★4]では本文にはそう書かれています。しかし、後者の**ＩＢＤセグメント分析の結果を考慮すると、金官伽耶の古代人は、縄文人、弥生人、現**

代日本人に近いと判断した方が妥当という結果になります。これは、前著『古代史サイエンス』で〝見逃した〟主成分分析の結果ともある程度一致します（☞口絵11頁）。

また、水田稲作をした渡来人は食料が豊富なため、「急速に人口が増えて縄文人を上回った」という説も、相当根拠が怪しくなってきます。しつこくて大変申し訳ないのですが、考古学的な知見によると、水田稲作は北部九州に約２５０年、東北まで広がるのになんと約７００年という長期間かかっていたのです。

こうなると、縄文人と弥生人のＤＮＡがかなり違うのは、感染症による淘汰圧の影響なのかもしれません。そこで、実データ[★5]を使って、縄文人（船泊23号）と現代日本人と現代中国人のゲノムの変異を比較してみました。しかし……少々意外なことに、現代日本人と現代中国人が最も似ていて、次が縄文人と現代日本人、最も似ていないのが縄文人と現代中国人だったのです。素直に考えると、農業は極めて環境に対する影響が大きく、縄文人のゲノムはその強い淘汰圧ゆえに大きく変化したということになります。

そう思って、口絵11頁の図をもう一度よく眺めてみました。アムール川流域にある「悪魔の門」（Devil's Gate）洞窟の古代人は、Ｙ染色体のハプログループがＣ２で、現在のこの地の人々とあまり変わりません。よって、昔も今も同じ民族である可能性は高いはずです。しかし、主成分分析の結果は、縄文人と弥生人と同様に相当違っています。面白いことに、変化の向きは上方向で、縄文人とも（たまたま？）同じようです。このことからすると、農業の開始により同じ方向にゲノムが変化したのかもしれません。

残念ながら、私の能力ではこれ以上の分析は難しいのですが、そのうち誰かが確認すれば、何が正しいかがはっきりすると思います。

朝鮮半島古代人のY染色体

もう一つの課題は、より本質的な問題である、Y染色体のハプログループが挙げられます。第一章にもあるように、朝鮮半島は約2万年前から約7千年前まで、事実上無人地帯となっていました。その後には徐々に人口が増えてきたようです。ところが、実際に調べてみると、**発見された朝鮮半島古代人では、男性の持つY染色体のハプログループの発生時期は、この事実上無人地帯だった約2万年前から約7千年前が多いのです！**

第一章で説明したように、現在まで発見されているものは、主に「C」「D」「O」「Q」です。CやDは通説では縄文系とされます。Oのうち、日韓現代人の大部分を占めるO1b2a1a（O―47z、O―K7）が発生したのは8、9千年前とされているため、これはほぼ確実

朝鮮半島古代人のＹ染色体ハプログループ

番号	論文	Ｙ染色体ハプログループ	発生時期	縄文系
1	A	D1a2a1 (M116.1)	（縄文系）	◎
2	A	O1b2a1a2a1b1 (PH40)	（縄文系）	◎
3	A	O (不明)	?	?
4	B	Q1a (L472)	2.8 万年前	△
5	B	Q1a1a1 (M120)	1.6 万年前	△
6	B	Q1a1 (F1096)	2.6 万年前	△
7	B	O1b2a1a2a1a (CTS7620)	（縄文系）	◎

【論文】

A. P Gelabert et al. Northeastern Asian and Jomon-related genetic structure in the Three Kingdoms period of Gimhae, Korea. Current Biology. 2022.

B. DN Lee et al. Genomic detection of a secondary family burial in a single jar coffin in early Medieval Korea. American Journal of Biological Anthropology. 2022.

※発生時期については、YFull YTree / Wikipedia による

に「縄文系」と判断していいでしょう（派生含む）。Q（☞上の表）はアメリカ大陸に多いのですが、日韓中のどこでも少数のQ1a（派生含む）は存在しています。

実際に調べてみると、現代人では中国が最も多いので、中国大陸から来た可能性が高いと思いますが、縄文人や弥生人である可能性も否定できません。このように、**縄文系を否定できる朝鮮半島南部古代人は、現時点ではただの1人もいないのです！**

さて、前出の『日経サイエンス』２０２４年2月号の「ＤＮＡが語る古代ヤポネシア」という特集には、少々気になる点があります。というのは、**核ゲノムとミトコンドリアはきちんと解析しているのに、Y染色体についてはほとんど何も書いてないからです。また、最近続々と発表されている朝鮮半島古代人のゲノム解析の成果にもあまり触れていません。**

既に説明したように、〝渡来人〟のY染色体のハプログループは、実は「縄文系」が少なくないと推定されます。私だけではなく、第一章で紹介した韓国の研究でも、朝鮮半島からの〝渡来人〟は、実は「縄文人」や「弥生人」だったという可能性について、わざわざ図示して説明しています（☞口絵10頁）。

仮にこれらの説が正しいとすると、現在の定説「二重構造説」はほぼ完全に否定されるはず。

日本人のルーツについて、これほど興味を引き、かつ面白いことはないと思います。なぜ権威ある『日経サイエンス』には、一言もこの点について説明がないのか……。まったく不思議と言うしかありません。

弥生人のミトコンドリア

ミトコンドリアは母系だけから遺伝します。前著『古代史サイエンス』では未調査だった、韓国南岸で出土したD４a１、D４e２、D４e２aについて調査した結果を記しておきます。具体的には、MTreeというサイトで、現代人に同じタイプが報告されているかを調べました。もし、弥生人のミトコンドリアが「渡来人」由来なら、同じタイプは日本人よりも韓国人に多く見られるはず。

次頁に結果を示しますが、同じタイプが見つかるのは日本人ばかりでした（黒枠）。また、発生年代も数千年前が意外と多いようです。よって、ほぼ確実に縄文人か、あるいは祖先が縄文人だと考えていいと思います。また、前述したIBDセグメントの分析でも、韓国人や中国人より縄文人、弥生人、現代日本人の方が近く、これも祖先は縄文人だという裏付けになります。こうなると、主成分分析やADMIXTURE、f３やf４を使った分析結果は、対象に縄文人が含まれる場合は、極めて注意深く読み込むしかないでしょう。

このほか、青谷上寺地遺跡のミトコンドリアハプログループのうち、「渡来系」とされているハプログループ「D」を集中的に調べてみました。結果は次頁のとおりで、日本の人口が韓国の約２・５倍であることを考慮しても、圧倒的に現代日本人の方が多いのです。

以上の結果は、Y染色体のハプログループの調査と同じく、弥生人の主要なルーツが縄文人であることの有力な証拠になります。よって、消去法で考えると、弥生人と縄文人のDNAが

補足説明

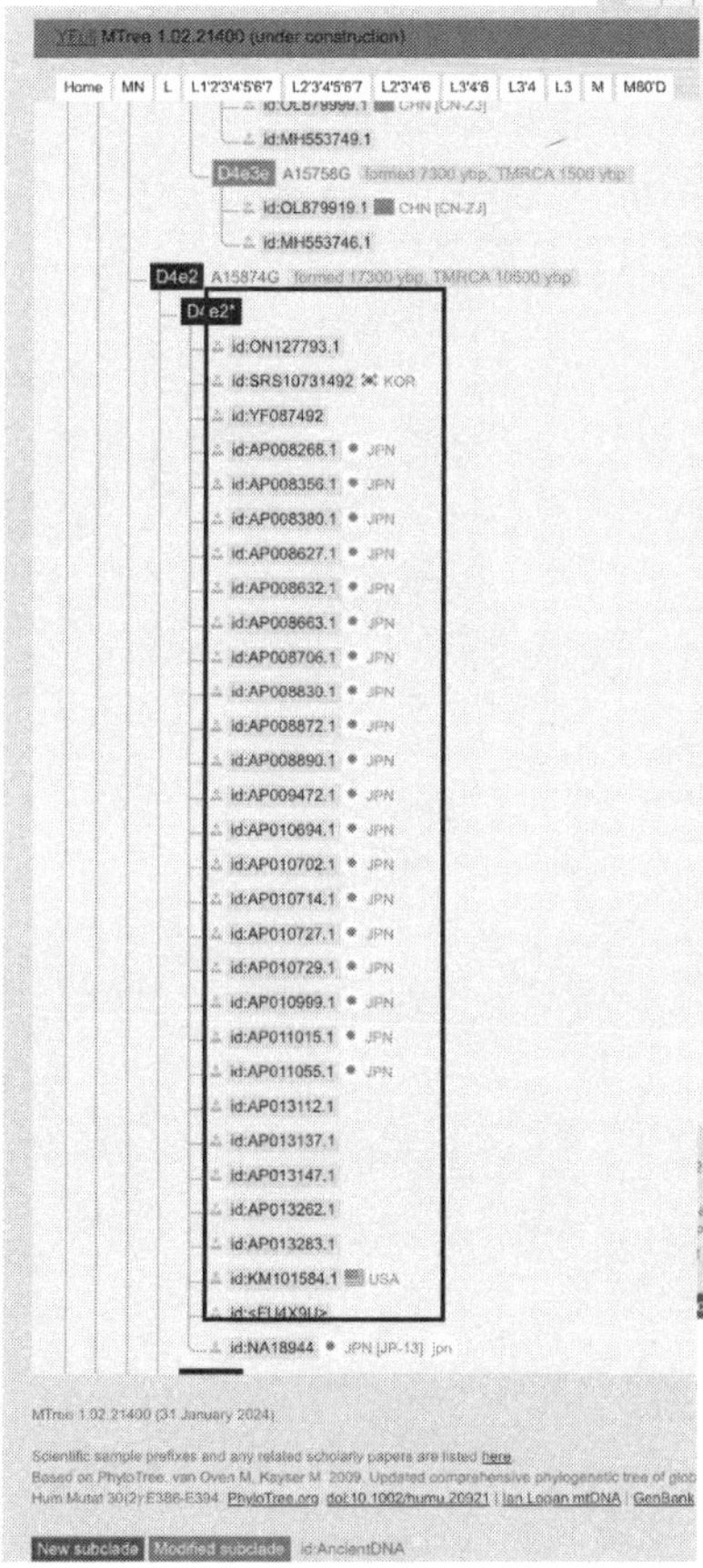
YFull MTree 1.02.21400 (under construction)
Home MN L L1'2'3'4'5'6'7 L2'3'4'5'6'7 L2'3'4'6 L3'4'6 L3'4 L3 M M80'D
id:MH553749.1
D4e3e A15758G formed 7300 ybp, TMRCA 1500 ybp
id:OL879919.1 CHN [CN-ZJ]
id:MH553746.1
D4e2 A15874G formed 17300 ybp, TMRCA 10600 ybp
D4e2*
id:ON127793.1
id:SRS10731492 KOR
id:YF087492
id:AP008268.1 JPN
id:AP008356.1 JPN
id:AP008380.1 JPN
id:AP008627.1 JPN
id:AP008632.1 JPN
id:AP008663.1 JPN
id:AP008706.1 JPN
id:AP008830.1 JPN
id:AP008872.1 JPN
id:AP008890.1 JPN
id:AP009472.1 JPN
id:AP010694.1 JPN
id:AP010702.1 JPN
id:AP010714.1 JPN
id:AP010727.1 JPN
id:AP010729.1 JPN
id:AP010999.1 JPN
id:AP011015.1 JPN
id:AP011055.1 JPN
id:AP013112.1
id:AP013137.1
id:AP013147.1
id:AP013262.1
id:AP013283.1
id:KM101584.1 USA
id:NA18944 JPN [JP-13] jpn
MTree 1.02.21400 (31 January 2024)
Scientific sample prefixes and any related scholarly papers are listed here.
Based on PhyloTree. van Oven M, Kayser M. 2009. Updated comprehensive phylogenetic tree of glob
Hum Mutat 30(2):E386-E394. PhyloTree.org doi:10.1002/humu.20921 | Ian Logan mtDNA | GenBank
New subclade Modified subclade id:AncientDNA

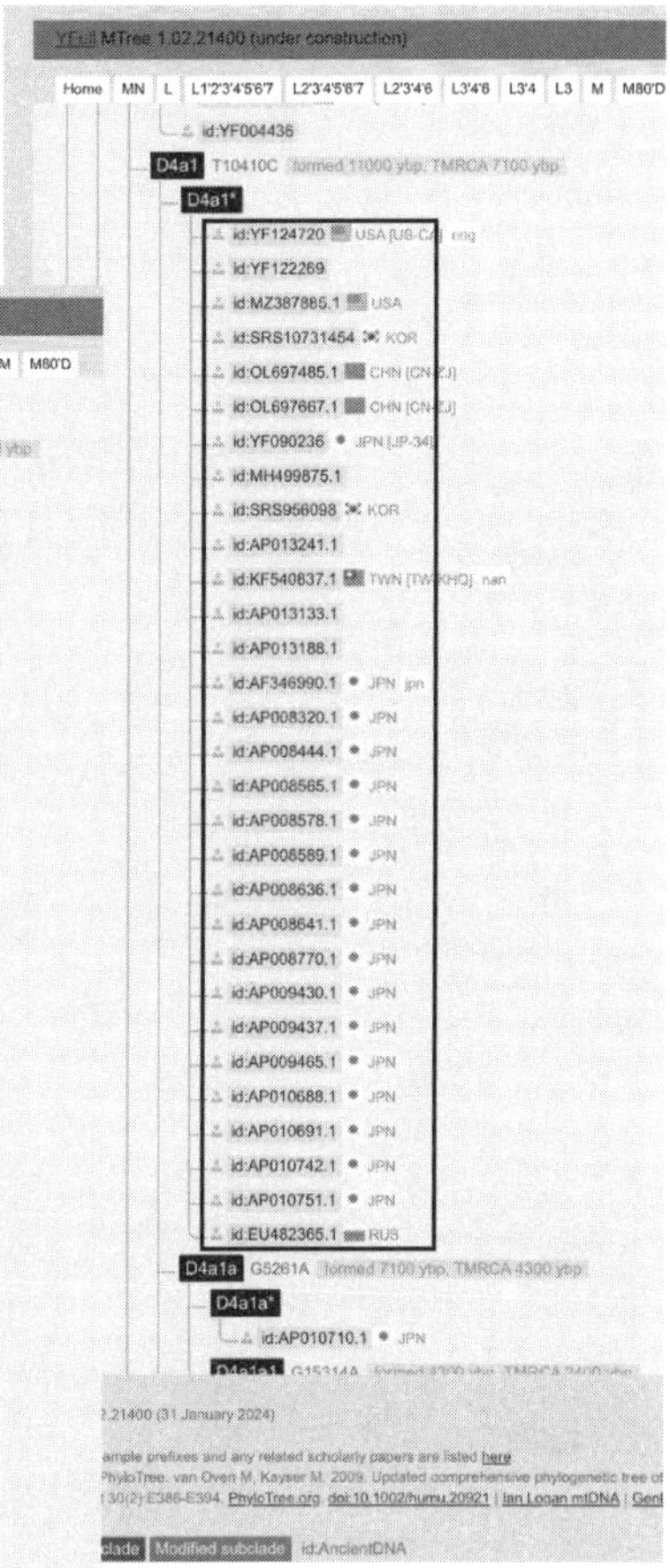
YFull MTree 1.02.21400 (under construction)
Home MN L L1'2'3'4'5'6'7 L2'3'4'5'6'7 L2'3'4'6 L3'4'6 L3'4 L3 M M80'D
id:YF004436
D4a1 T10410C formed 11000 ybp, TMRCA 7100 ybp
D4a1*
id:YF124720 USA
id:YF122269
id:MZ387885.1 USA
id:SRS10731454 KOR
id:OL697485.1 CHN
id:OL697667.1 CHN
id:YF090236 JPN
id:MH499875.1
id:SRS956098 KOR
id:AP013241.1
id:KF540837.1 TWN
id:AP013133.1
id:AP013188.1
id:AF346990.1 JPN jpn
id:AP008320.1 JPN
id:AP008444.1 JPN
id:AP008565.1 JPN
id:AP008578.1 JPN
id:AP008589.1 JPN
id:AP008636.1 JPN
id:AP008641.1 JPN
id:AP008770.1 JPN
id:AP009430.1 JPN
id:AP009437.1 JPN
id:AP009465.1 JPN
id:AP010688.1 JPN
id:AP010691.1 JPN
id:AP010742.1 JPN
id:AP010751.1 JPN
id:EU482365.1 RUS
D4a1a G5261A formed 7100 ybp, TMRCA 4300 ybp
D4a1a*
id:AP010710.1 JPN
2.21400 (31 January 2024)
ample prefixes and any related scholarly papers are listed here.
PhyloTree. van Oven M, Kayser M. 2009. Updated comprehensive phylogenetic tree of
30(2):E386-E394. PhyloTree.org doi:10.1002/humu.20921 | Ian Logan mtDNA | Gen
clade Modified subclade id:AncientDNA

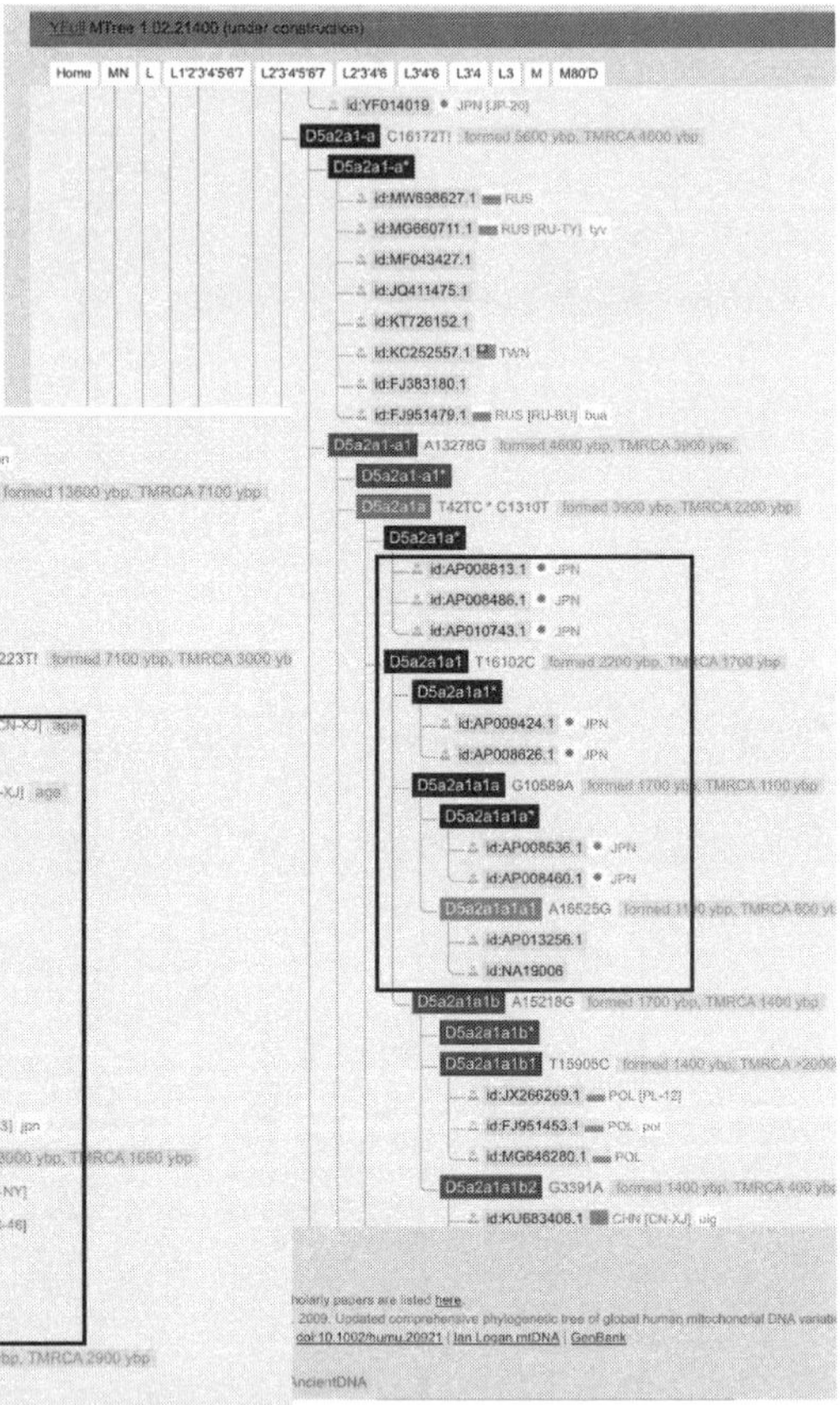
YFull MTree 1.02.21400 (under construction)
Home MN L L1'2'3'4'5'6'7 L2'3'4'5'6'7 L2'3'4'6 L3'4'6 L3'4 L3 M M80'D
id:YF014019 JPN [JP-20]
D5a2a1-a C16172T! formed 5600 ybp, TMRCA 4600 ybp
D5a2a1-a*
id:MW698627.1 RUS
id:MG660711.1 RUS [RU-TY] tyv
id:MF043427.1
id:JQ411475.1
id:KT726152.1
id:KC252557.1 TWN
id:FJ383180.1
id:FJ951479.1 RUS [RU-BU] bua
D5a2a1-a1 A13278G formed 4600 ybp, TMRCA 3900 ybp
D5a2a1-a1*
D5a2a1a T42TC * C1310T formed 3900 ybp, TMRCA 2200 ybp
D5a2a1a*
id:AP008813.1 JPN
id:AP008486.1 JPN
id:AP010743.1 JPN
D5a2a1a1 T16102C formed 2200 ybp, TMRCA 1700 ybp
D5a2a1a1*
id:AP009424.1 JPN
id:AP008626.1 JPN
D5a2a1a1a G10589A formed 1700 ybp, TMRCA 1100 ybp
D5a2a1a1a*
id:AP008536.1 JPN
id:AP008460.1 JPN
D5a2a1a1a1 A16525G
id:AP013256.1
id:NA19006
D5a2a1a1b A15218G formed 1700 ybp, TMRCA 1400 ybp
D5a2a1a1b*
D5a2a1a1b1 T15905C
id:JX266269.1 POL [PL-12]
id:FJ951453.1 POL pol
id:MG646280.1 POL
D5a2a1a1b2 G3391A formed 1400 ybp, TMRCA 400 ybp
id:KU683408.1 CHN [CN-XJ] uig

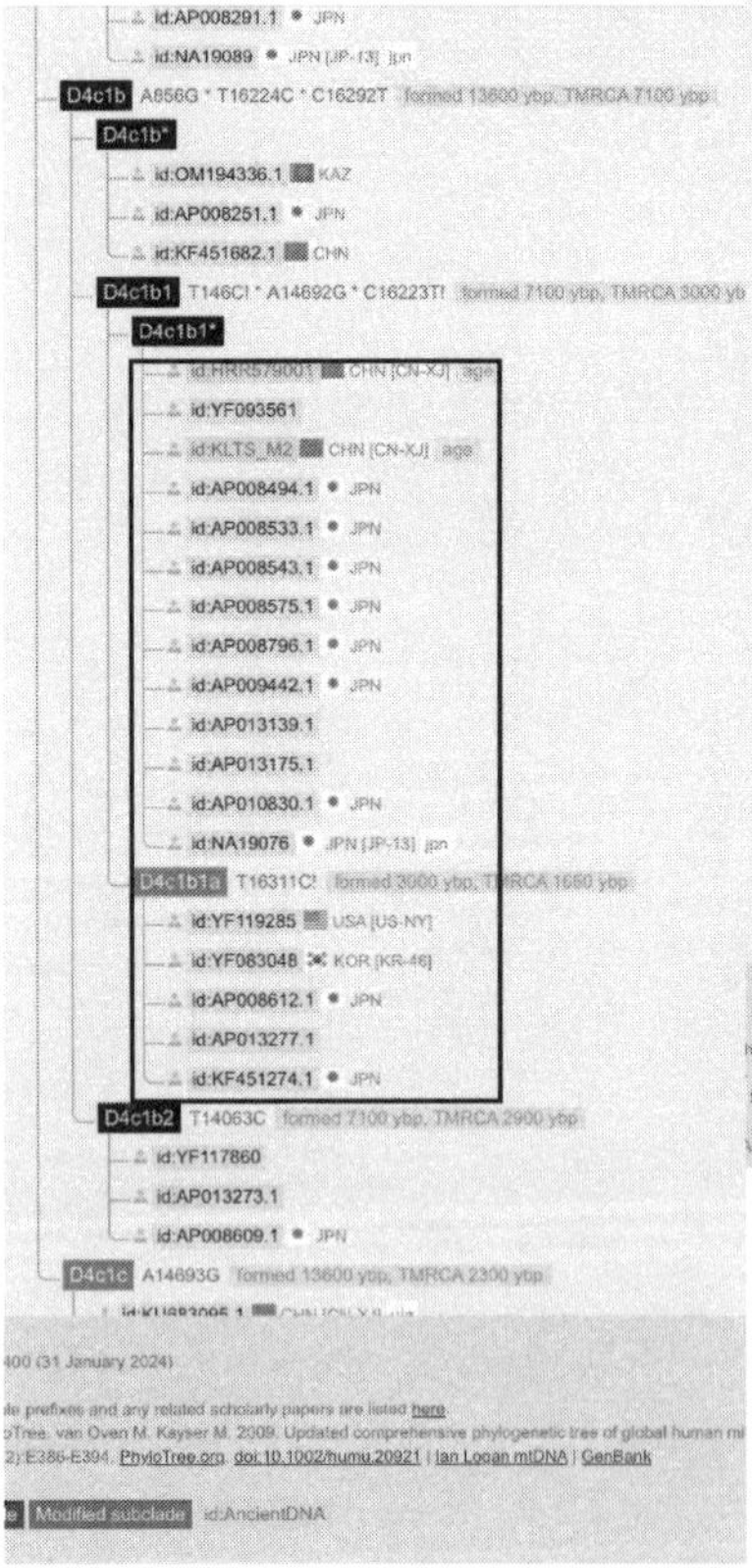
id:AP008291.1 JPN
id:NA19089 JPN [JP-13] jpn
D4c1b A856G * T16224C * C16292T formed 13600 ybp, TMRCA 7100 ybp
D4c1b*
id:OM194336.1 KAZ
id:AP008251.1 JPN
id:KF451682.1 CHN
D4c1b1 T146C! * A14692G * C16223T! formed 7100 ybp, TMRCA 3000 yb
D4c1b1*
id:YF093561
id:KLTS_M2 CHN [CN-XJ] age
id:AP008494.1 JPN
id:AP008533.1 JPN
id:AP008543.1 JPN
id:AP008575.1 JPN
id:AP008796.1 JPN
id:AP009442.1 JPN
id:AP013139.1
id:AP013175.1
id:AP010830.1 JPN
id:NA19076 JPN [JP-13] jpn
D4c1b1a T16311C! formed 3000 ybp, TMRCA 1650 ybp
id:YF119285 USA [US-NY]
id:YF083048 KOR [KR-46]
id:AP008612.1 JPN
id:AP013277.1
id:KF451274.1 JPN
D4c1b2 T14063C formed 7100 ybp, TMRCA 2900 ybp
id:YF117860
id:AP013273.1
id:AP008609.1 JPN
D4c1c A14693G formed 13600 ybp, TMRCA 2300 ybp
400 (31 January 2024)
PhyloTree.org doi:10.1002/humu.20921 Ian Logan mtDNA GenBank
Modified subclade id:AncientDNA

異なる大きな理由は、感染症による淘汰圧しか考えられないのです。

これは、先ほど述べた、水田稲作が北部九州に２５０年ほどとどまり、最終的に東北まで広がるのに７００年もかかったという事実とも整合的です。水田稲作は、感染症の増加という劇的な副作用を伴うために普及には時間が必要になり、適応できなかった少なくない縄文人は（おそらく）死亡したのでしょう。

言い換えれば、我々現代日本人は、そういう激烈な感染症との勝負に打ち勝った縄文人の生き残りということなのです。そういえば、ミトコンドリアのハプログループ「Ｄ４」は、弥生時代に急増し、その理由は生存に有利だからという論文[★6]が出ていたことを思い出しました。

他の例も挙げておきます。

２０２３年に報告書が公開された「置賜の女王」[★7★8]（☞口絵２頁）では、縄文人の祖先型のミトコンドリアＤＮＡ（ハプログループＭ７ａの祖先型）を持っていました。

また、灰塚山古墳の男性人骨からは〝渡来系〟とされるミトコンドリア（ハプログループＤ４ｌ１ａ１）が見つかりました。[★9]しかし、前述した方法で調べたところ、同じタイプが見つかるのは日本人だけで、Ｙ染色体も縄文人由来とされるＤ１ｂ１ａ２ｂ１ａでした。

以上の事実は、**弥生人が縄文人の直系の子孫であることを強く示しています。**

青谷上寺地遺跡弥生人のミトコンドリアハプログループ「D」
現代日本人と現代韓国人との人数比較　　2024/2/10 現在

ハプログループ	現代日本人	現代韓国人
D4g1c	4 人	1 人
D4b2b1d	3 人	0 人
D4c2(c)	9 人	1 人
D4b2a2a1	8 人	1 人
D4c1b2	1 人	0 人
D4a2a	4 人	0 人
D4g1a	4 人	2 人
D4b2a2b	3 人	0 人
D4b2b1d	3 人	0 人
D4b2a2b	3 人	0 人
D4a1a1	11 人	0 人
D5a1a1	4 人	0 人

ハプログループの出所
篠田謙一・神澤秀明・角田恒雄・安達登「鳥取県鳥取市青谷上寺地遺跡出土弥生後期人骨の DNA 分析」『国立歴史民俗博物館研究報告』2020 年

海洋リザーバー効果について

　朝鮮半島南部にある遺跡の推定年代のデータを84頁に示しました。これらの数値は放射性炭素年代測定法によるもので、有機物中にごくわずかに含まれる放射性の炭素14の量を測定して推定。大気中の炭素14の量は時代によって変動しているため、「較正曲線」（現在は２０２０年に発表されたIntCal20）に基づき誤差を修正する必要があるのです。

　この時期なら、生データに約８００年を加えた数字が較正後の数値となります。具体的には**一番古いケースが安島（Ando）の７４３０年前なので、これに８００年を加えて得られた約８２００年前が本来の値**で、これがソウル大教授らの論文★[10]に書いてある結論です。

　ところが、放射性炭素による年代測定は、「海洋リザーバー効果」にも影響されます。海水は大気に比べ数%も炭素14の濃度が低く、見かけ上の測定値が古く出てしまうのです。たとえば、海で取れた魚ばかり食べていたら、出土した人骨は見かけ上は何百年も古い結果となります。補正すべき数値は、朝鮮半島南岸なら２００〜３００年★[11]。

　２０１９年の熊本大学の報告書★[12]では、この影響が試算されました（☞次頁）。結果を見ると、韓国・蔚山市の細竹《さいちく》遺跡（中段の内面付着炭化物＝食物）は、越高遺跡とほぼ同じで約７２００年前ということになります。ただし、上段の外面付着炭化物（燃料となる薪や炭）は

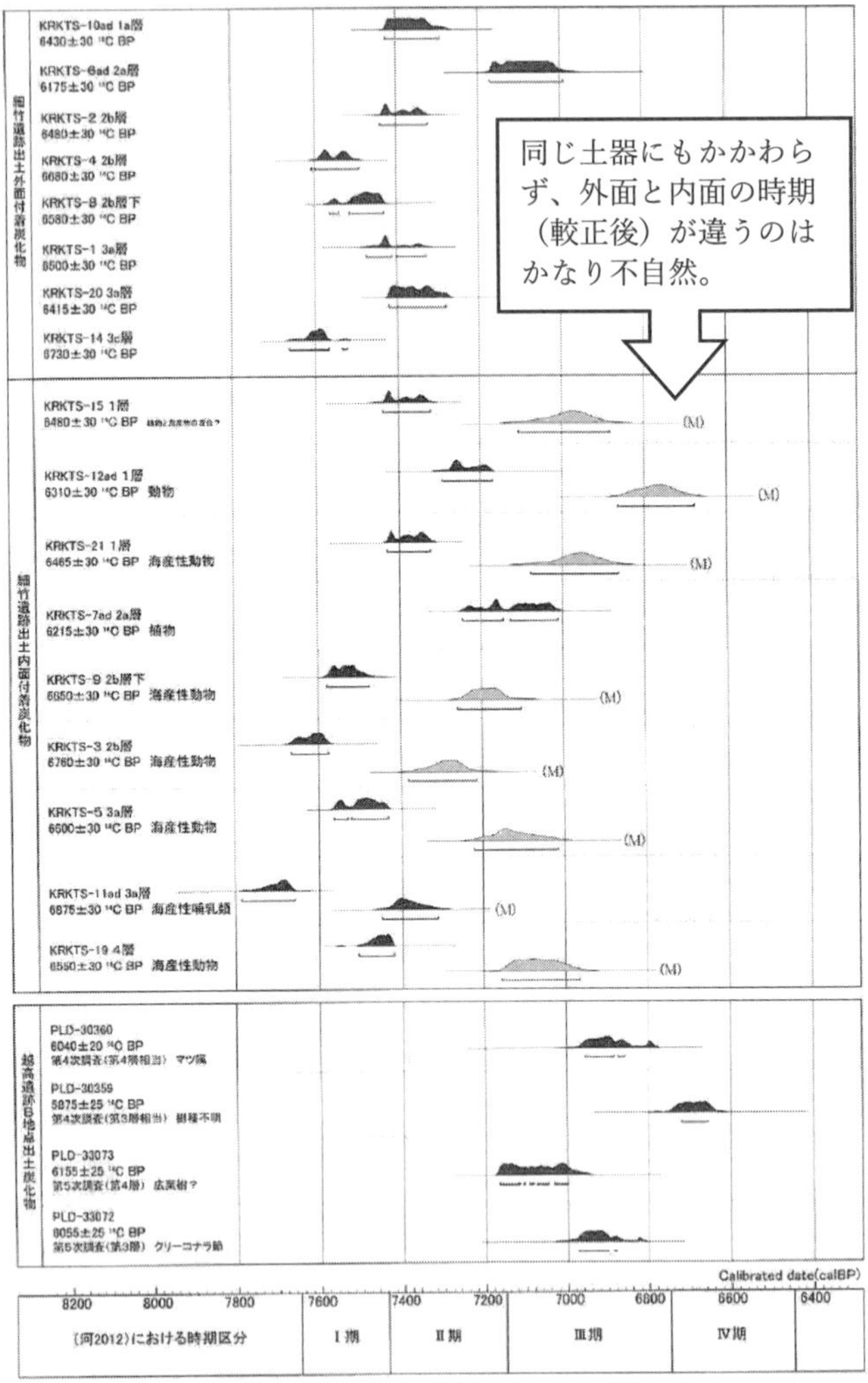

(M)は海洋リザーバー効果の影響を考慮したもの。また、層序ごとに比較するため並び替えを行った。
ただし、平均的な表層海水の値であるMarine13による較正年代が土器付着物の真の年代を示しているのではなく、IntCal13の値とMarine13の値の範囲内である可能性が高い(小林・工藤 2016より引用)。

第32図　放射性炭素年代測定結果比較

明らかにこれより古いようです。土器の編年では、細竹遺跡は東三洞遺跡（約７２００年前☞80頁）より新しいとされ、[★13] 標高が低い川辺にあることから、縄文海進の影響で長らく海面下となったなど、海洋リザーバー効果の影響があるのかもしれません。

朝鮮半島最古で独自の土器の分布

このほかにも、極めて不可解な出来事に遭遇しました。朝鮮半島独自かつ最古とされる土器は、「隆起文土器」（通説では紀元前８０００年〜６０００年頃とされる）と呼ばれます。では、この土器はどこで出土したのか？　なぜか、私が調べた日本語の文献には遺跡名が出ていません。では、半島独自で隆起文土器の次に古いとされる「櫛目文土器」（通説では紀元前４０００年〜１５００年頃とされる）はどうか？　これも分かりません。

不思議なことに、**韓国語版のウィキペディアにも見当たらなかった**のです。その後、なんと**英語版**のウィキペディアの「櫛目文土器時代」（Jeulmun pottery period）という項目に説明があることを発見（☞次頁）。奇妙なことに、隆起文土器の出土場所も、英語版のウィキペディアが最も詳しく、日本語版には地名さえ見当たりませんでした。

これが、英語版と韓国語版には掲載されているが、日本語版にないだけなら理解できます。

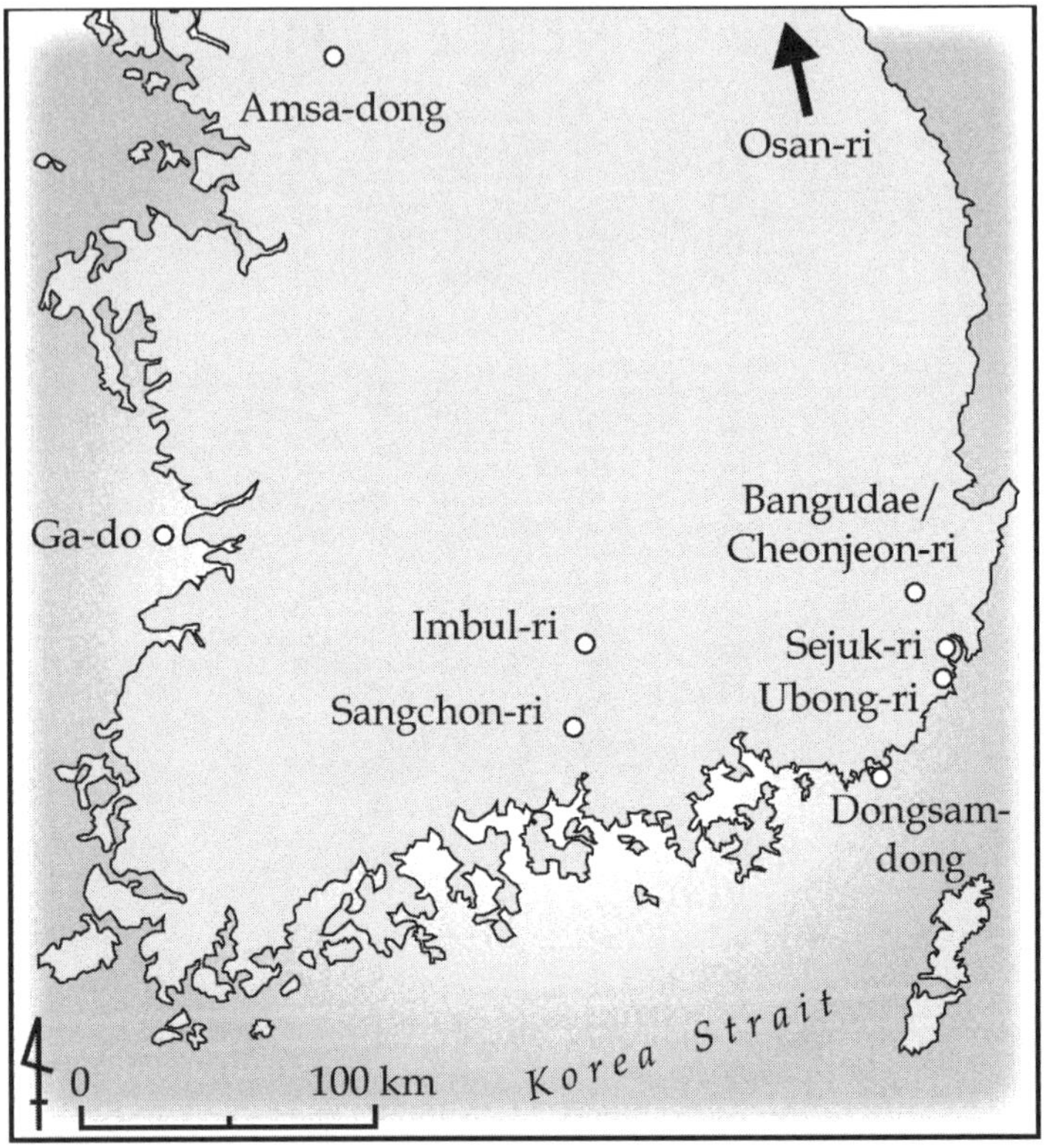

朝鮮半島南部で出土した櫛目文土器

朝鮮半島独自とされる櫛目文土器（BC4000-BC1500 頃）は、日本寄りの海岸に多く分布する。これに先立つ隆起文土器（BC8000-BC6000 頃）は半島独自の最古の土器とされ、Dongsam-dong（東三洞）などで出土し、同じ遺跡では南九州の轟 B 式（縄文）土器も出土。櫛目文土器も隆起文土器も、形は縄文土器によく似ている。

【出典】櫛目文土器時代　Wikipedia 英語版（地図）

ところが、問題の前頁の地図は、17もの言語版のうち、英語版、インドネシア語版、ベトナム語版、シンハラ語（スリランカの一部）の4つだけで、不思議なことに韓国語版には見当たりません。余談ですが、「縄文土器」はこれより少ない14言語（いずれも２０２４年3月現在）でした。

これでは、どう見ても、**出土場所を日本人や韓国人には知られたくないとしか考えられません！**

ちなみに、櫛目文土器も隆起文土器も、同時期の縄文土器によく似ています。次はウィキペディアの説明の抜粋です。なお、これらの項目は日本語版のみ存在しています。

○轟B式土器

熊本県宇土市にある轟貝塚で発見されたものが標式に設定されていることに由来する。深鉢型を原則とし、器面の内外にバイガイなどのアルカ属系二枚貝で条痕調整され、外面の上部に細い粘土の紐を数本貼り付けてある。（中略）**ほぼ同じころ、朝鮮半島に分布した新石器時代早期（隆起文系）の土器と特徴が類似している。**

○曽畑式土器

熊本県宇土市の曾畑《そばた》貝塚からはじめて出土した土器である。縄文時代前期（鬼界カルデラ大噴火後）の標式土器であり、九州や沖縄から見つかっている。朝鮮半島の櫛目文土器とは表面の模様のみならず、粘土に滑石を混ぜるという点も共通しており、**櫛目文土器の影響を直接受けたものと考えられている。**

ただし、いずれの土器も、朝鮮半島系の土器とは微妙に違うため、半島から運ばれたのではなく、九州の縄文人がまねて製作したとされます。なお、日本語の多くの文献では、半島で出土している縄文土器は、現地の土器よりずっと少ないとありますが、そもそも隆起文式土器が朝鮮半島で出土しているとされるのは、日本寄りの海岸である鰲山里《ごうさんり》、新岩里、東三洞、瀛仙《えいせん》洞《どう》、山達島、凡方、煙台島、上老大島、欲知島、突山松島の10か所ほど[★14★15★16]（☞口絵8頁）、櫛目文土器は前頁の9か所ぐらいで、約10万か所ある縄文遺跡に比べると、ほとんど無視できるほど少ないのです。

こうなると、調べれば調べるほど奇妙な感覚に襲われます。前述のように、轟B式土器はアカホヤ直上の地層から出土するので、鬼界カルデラ大噴火後の土器なはずです。

以上のことから、もっとも可能性が高いシナリオは、**約７３００年前の鬼界カルデラの破局**

的大噴火で生き残った縄文人は、朝鮮半島南部沿岸に避難・移住した、ということになります。

データサイエンスの重要性

線形代数の問題も避けられません。古代人のゲノムの研究は、最初はゲノム自体を抽出することが技術的に極めて困難だったのですが、これだけサンプルが多くなってくると、どう解析すればよいかに研究の中心が移ってきます。言い換えれば、データサイエンスの重要性が増してくるのです。

しかし、最近の論文や研究報告書を読んでいると、〝素人〟の私でさえ、首をかしげる事例が少なくありません。私は一応は理系なものですから、解析学、線形代数、確率統計の初歩は学びました。他人に自慢できるほど勉強したわけでもない平凡な学生でしたが、それにしても奇妙な結論が多いと感じます。

前著『古代史サイエンス』にも記しましたが、現在のゲノム解析の主流な手法である「主成分分析」には、様々な欠点があります。典型的なのは、結果を直感的に理解できるように図に表すと、2次元までの情報しか表現できないため、3次元以上の情報が切り捨てられてしまうことです。これを避けるには、「マハラノビス距離」という数値の計算が必要です（☞巻末の私の論文★2）。

また、1つの研究結果だけを絶対視しないことも必要です。主成分分析は、入力したデータの「全体」の特徴を抽出します。このため、現代の東アジア人と古代の東アジア人の違いを分析する場合、欧米人のデータを含めると、正確な結果が得られなくなる可能性が高まります。一般的に、現代と古代との東アジア人の違いより、東アジア人と欧米人の違いの方が大きいため、必要な前者の差が明確に出ない危険性があるのです。このように、データサイエンスを重視して論文を執筆すれば、よりよい研究成果が得られるはずなのですが……。

別な問題もあります。前述したように、感染症による淘汰圧や環境の変化に伴い、ゲノム解析の結果が予期せず影響されることがあるのです。アルコール脱水酵素ALDH2の変異は、縄文人ではほぼゼロとされますが、現代日本人では40％以上が持っています。弥生時代に主食が米に変わったことにより、結核や脊椎カリエスが日本に持ち込まれ、ミトコンドリアも縄文時代には珍しいD4が半分近くにまで増加しました。これらはすべて感染症による淘汰圧で引き起こされたはずで、縄文人と弥生人のゲノムの違いの多くは、あるいはそのせいなのかもしれません。

どうやら、これは決して珍しいことではないようです。スコットランドの北にあるオークニ

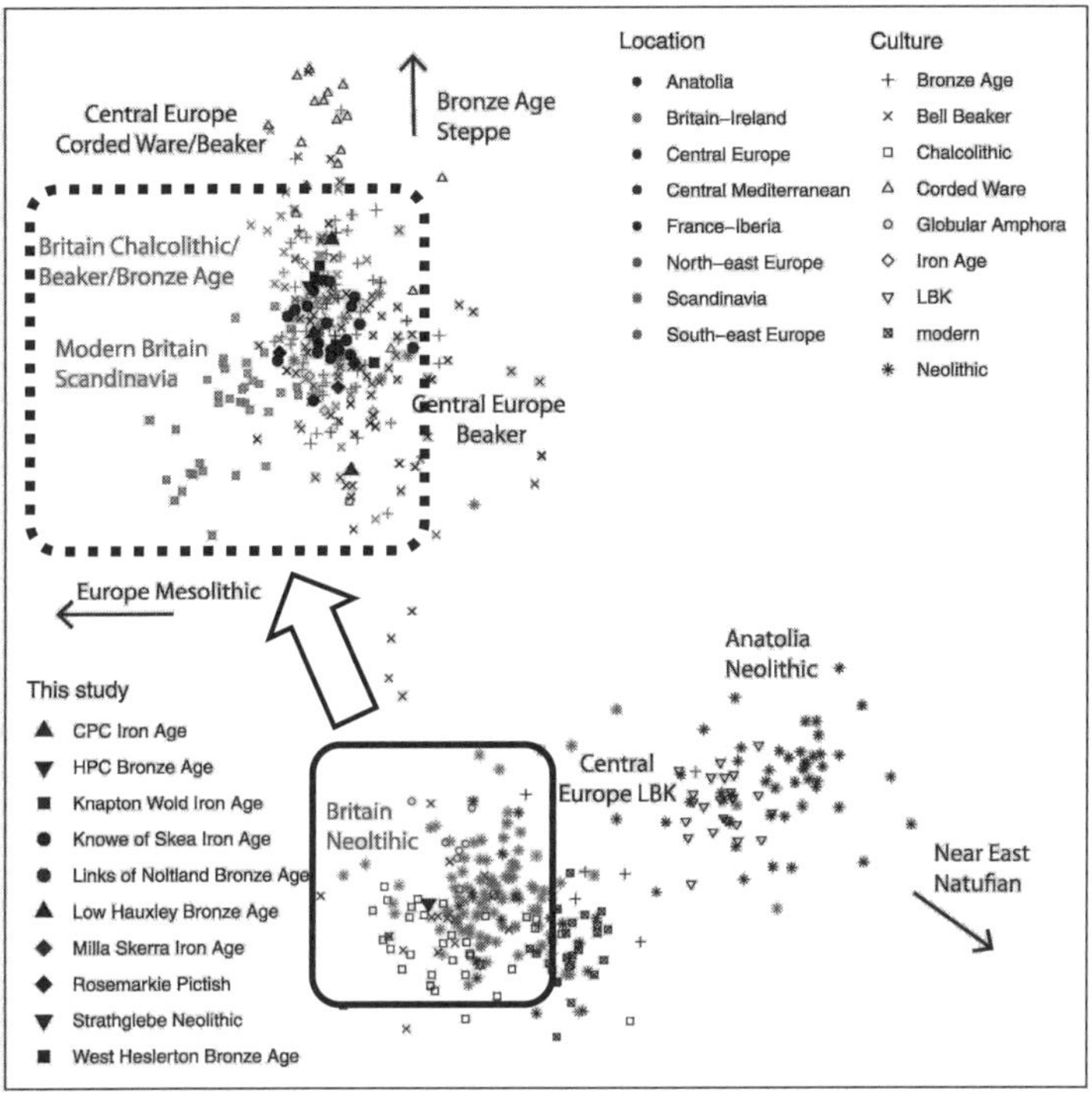

ブリテン島とオークニー諸島の核ゲノム解析の結果

核ゲノムは、新石器時代（実線内）から鐘状ビーカー文化・青銅文化・現代（点線内）に変化したのに対して、オークニー諸島のＹ染色体(I2a）では大きな変化は見られない。

【出典】Katharina Dulias et al. Ancient DNA at the edge of the world: Continental immigration and the persistence of Neolithic male lineages in Bronze Age Orkney. PNAS. 2022.

ー諸島でも同じような現象が観察されています。

4000年ほど前、ブリテン島に鐘状ビーカー文化が到来し、人々のゲノムには劇的な変化が起きました。おそらく、この時期に移住した人々が本格的な農業を始めたのでしょう。しかし、オークニー諸島では核ゲノムこそ大きく変化したものの、Y染色体はあまり変化していません。ミトコンドリアはこの中間で、大半はブリテン島のものと同じですが、それ以前の女系の子孫が連続している証拠も見つかっています。★17 オークニー諸島のこの変化は、元の住民が見よう見まねで農業を開始後、感染症による淘汰圧で生じたと考えるのが妥当ではないでしょうか（このほかにも、同じような例がいくつか見られるようです）。

もし、移民の流入で説明するなら、ブリテン島から移住してきた人々はほとんど女性ということになります。もちろん、そんなことが絶対にあり得ないとは言えませんが、極めて非現実な仮定であることは明らかでしょう。

「パラダイム転換」が求められる

あとがきで、「『記紀』などの国内史料を用いた研究にたいする学界の対応はあまりに冷淡であった」という若井敏明氏の嘆きを引用しました。なんとなく理由が分かってきたような気がするので、自分自身の備忘録として記しておきます。

日本最大の考古学者の団体とされる日本考古学協会のホームページで、同協会のあゆみとして、次のような記述を見つけました。

＊　　＊

１９４５年8月、日本の敗戦より、それまでの**皇国史観から脱却**し、新たな科学的に歴史を研究することができるようになった。特に、**先史時代については、実証的な発掘調査に基づく考古学研究の成果が重要視される**ことになった。

＊　　＊

それなら、『日本書紀』や『古事記』、そして『魏志倭人伝』などの歴史的な書籍は、原則として〝無視〟するのが考古学者としての〝科学的態度〟ということになります。もっとも、〝必要〟な部分だけ参照するのは問題ないのでしょう。

では、そういう〝空気〟の中で、現実にはどういう行動をすればいいのか。池田信夫氏は次のように述べています。

＊　　＊

理論は事実で倒せないのだ。パラダイムを倒すのは新しいパラダイムであって反証ではない。

それを反証とみなすかどうかというメタレベルの判断がパラダイムに依存するからだ。
これは科学史では常識だが（以下略）

（池田信夫ブログ　「古代ギリシャで生まれた『否定的知識』」　２０２４年2月17日）

＊　＊

海外では、聖書を科学的に分析する「聖書学」は立派に学問として成立しています。同様に、我が国においても『日本書紀』や『古事記』を科学的に分析し、考古学的な知見と併用するという「パラダイム転換」が求められているのではないでしょうか。

★1　Yukinori Okada et al. Deep whole-genome sequencing reveals recent selection signatures linked to evolution and disease risk of Japanese. Nature. 2018.

★2　Masayuki Kanazawa. New perspective on GWAS: East Asian populations from the viewpoint of selection pressure and linear algebra with AI. Biology and Medicine. 2022.

★3　Martine Robbeets et al. Triangulation supports agricultural spread of the Transeurasian languages. Nature. 2021.

★4　Pere Gelabert et al. Northeastern Asian and Jomon-related genetic structure in the Three

Kingdoms period of Gimhae, Korea. 2022.

★5 国立研究開発法人 科学技術振興機構 ＮＢＤＣヒトデータベース ID: hum0364.v1

★6 Erhan Bilal et al. Mitochondrial DNA haplogroup D4a is a marker for extreme longevity in Japan. PLOS ONE. 2008.

★7 米沢市教育委員会「戸塚山第１３７号墳シンポジウム〜よみがえる置賜の女王〜」２０２２年11月12・13日

★8 米沢市教育委員会『米沢市埋蔵文化財調査報告書』第１２４集（戸塚山古墳発掘報告書）２０２３年

※現代人同様アルコール耐性が低かった（ＡＤＨ１Ｂは変異あり、ＡＬＤＨ２は変異なし）。核ゲノム解析の結果は弥生人や現代人と同じ。

★9 辻秀人編『灰塚山古墳の研究』２０２３年

※核ゲノム解析の結果は弥生人や現代人と同じ。

★10 Jangsuk Kim, Chuntaek Seong. Final Pleistocene and early Holocene population dynamics and the emergence of pottery on the Korean Peninsula. Quaternary International. 2022.

★11 中西利典ほか「九州沿岸における放射性炭素海洋リザーバー効果の時空間変化の検

討」『国土地理協会第14回学術研究助成報告書』２０１９年
★12　小畑弘己監修、新垣匠・嘉戸愉歩・エンフマグナイ編「越高遺跡Ａ地点」『考古学研究室報告第54集』熊本大学文学部考古学研究室　２０１９年
★13　川道寛ほか「東三洞貝塚・凡方遺跡出土の黒曜石産地同定」『研究紀要』第13号　長崎県埋蔵文化財センター　２０２３年
★14　李相均「縄文前期前半期における轟Ｂ式土器群の様相―九州、山陰地方、韓国南岸を中心に」『東京大学文学部考古学研究室研究紀要』第12号　１９９４年
★15　広瀬雄一「対馬海峡を挟んだ日韓新石器時代の交流」『西海考古』第6号　２００５年
★16　藤尾慎一郎「弥生人の成立と展開Ⅱ：韓半島新石器時代人との遺伝的な関係を中心に」『国立歴史民俗博物館研究報告』第２４２集　２０２３年
★17　Katharina Dulias et al. Ancient DNA at the edge of the world: Continental immigration and the persistence of Neolithic male lineages in Bronze Age Orkney. PNAS. 2022.

主な参考文献

■単行本

《日本史全般》

井沢元彦『逆説の日本史』小学館　1993年〜

井沢元彦『天皇の日本史』角川書店　2018年

井沢元彦『日本史真髄』小学館　2018年

井沢元彦『逆説の日本史』(コミック版)小学館　2018年〜

玉城哲・旗手勲『風土―大地と人間の歴史』平凡社　1974年

山本七平『一九九〇年の日本』ベネッセコーポレーション　1983年

山本七平『山本七平ライブラリー　1〜12』文藝春秋　1997年

辻田真佐憲『天皇のお言葉―明治・大正・昭和・平成』幻冬舎　2019年

《古代史》

小山修三『縄文時代―コンピュータ考古学による復元』中央公論社　1984年

井上光貞『日本古代の王権と祭祀』東京大学出版会　１９８４年
寺沢薫『日本の歴史０２　王権誕生』講談社　２０００年
松木武彦『古墳とはなにか―認知考古学からみる古代』角川書店　２０１１年
安本美典『古代史論争最前線』柏書房　２０１２年
水谷千秋『継体天皇と朝鮮半島の謎』文藝春秋　２０１３年
藤尾慎一郎『弥生時代の歴史』講談社　２０１５年
下垣仁志『日本列島出土鏡集成』同成社　２０１６年
青松光晴『図でわかりやすく解き明かす日本古代史の謎』シリーズ　デザインエッグ社ほか　２０１７年〜
広瀬和雄『前方後円墳とはなにか』中央公論新社　２０１９年
長浜浩明『日本の誕生―科学が明かす日本人と皇室のルーツ』ワック　２０２２年
金澤正由樹『古代史サイエンス―ＤＮＡとＡＩから縄文人、邪馬台国、日本書紀、万世一系の謎に迫る』鳥影社　２０２２年
藤尾慎一郎『弥生人はどこから来たのか―最新科学が解明する先史日本』吉川弘文館　２０２４年

《邪馬台国》

安本美典『邪馬台国への道―科学が解いた古代の謎』梓書院　1998年（1967年の改訂版）

安本美典『邪馬台国は、銅鐸王国へ東遷した―大和朝廷の成立前夜』勉誠出版　2016年

安本美典『データサイエンスが解く邪馬台国　北部九州説はゆるがない』朝日新聞出版　2021年

安本美典『「卑弥呼の鏡」が解く邪馬台国』中央公論新社　2024年

古田武彦『「邪馬台国」はなかった―解読された倭人伝の謎』朝日新聞社　1971年

孫栄健『【決定版】邪馬台国の全解決―中国「正史」がすべてを解いていた』言視社　2018年（1982年の改訂版）

大和岩雄『新邪馬台国論―女王の都は二カ所あった』大和書房　2000年

豊田有恒『歴史から消された邪馬台国の謎』青春出版社　2005年

若井敏明『邪馬台国の滅亡―大和王権の征服戦争』吉川弘文館　2010年

若井敏明『謎の九州王権』祥伝社　2021年

中小路駿逸『九州王権と大和王権』海鳥社　2017年

石野博信『邪馬台国時代の王国群と纒向王宮』新泉社　2019年
井上よしふみ『草書体で解く邪馬台国への道程―書道家が読む魏志倭人伝』梓書院　2019年
関川尚功『考古学から見た邪馬台国大和説―畿内ではありえぬ邪馬台国』梓書院　2020年
星野盛久『「邪馬台国」、その結論』ブックウェイ　2020年
長浜浩明『最終結論「邪馬台国」はここにある』展転社　2020年
藤尾慎一郎『日本の先史時代―旧石器・縄文・弥生・古墳時代を読みなおす』中央公論新社　2021年
あおきてつお『マンガ家が解く古代史ミステリー 邪馬台国は隠された〈改訂版〉』三冬社　2022年
小沢文雄『邪馬台国連合のすべて―データから読み解く』梓書院　2023年
大野治『邪馬台国の謎を解く―IT（情報技術）の「V字アプローチ」を用いて』パブフル　2023年

《日本書紀・古事記》

中村啓信訳注『新版古事記　現代語訳付き』角川学芸出版　2009年

福永武彦訳『現代語訳　日本書紀』河出書房新社　２００５年
文部科学省『復刻版　初等科國史』ハート出版　２０１９年
津田左右吉『古事記及び日本書紀の研究　完全版』毎日ワンズ　２０２０年
大川周明『日本二千六百年史』毎日ワンズ　２０１７年

《遺伝子》

佐藤洋一郎『稲の日本史』角川学芸出版　２００２年
佐藤洋一郎『米の日本史―稲作伝来、軍事物資から和食文化まで』中央公論新社　２０２０年
斎藤成也『核DNA解析でたどる　日本人の源流』河出書房新社　２０１７年
デイヴィッド・ライク著　日向やよい訳『交雑する人類―古代DNAが解き明かす新サピエンス史』NHK出版　２０１８年
篠田謙一『新版 日本人になった祖先たち』NHK出版　２０１９年
奥田昌子『日本人の「遺伝子」からみた病気になりにくい体質のつくりかた』講談社　２０２２年
坂野徹『縄文人と弥生人―「日本人の起源」論争』中央公論新社　２０２２年
太田博樹『古代ゲノムから見たサピエンス史』吉川弘文館　２０２３年

《古天文学》

斉藤国治「『天の岩戸』はA．D．248年の皆既日食か」『星の手帖』1982年秋
斉藤国治『古天文学―パソコンによる計算と演習』恒星社厚生閣　1989年
斉藤国治『古天文学の散歩道 天文史料検証余話』恒星社厚生閣　1992年
斉藤国治『歴史のなかの天文―星と暦のエピソード』雄山閣　2017年

《中国語》

班固ほか『漢書地理志』
范曄『後漢書東夷伝』
陳寿『魏志倭人伝』（三国志魏志東夷伝倭人の条）
房玄齢ほか『晋書倭人伝』
姚思廉『梁書倭伝』
沈約『宋書倭国伝』
魏徴撰『隋書倭国（俀国）伝』
劉昫ほか『旧唐書倭国伝／日本伝』
金富軾『三国史記』

佐伯有清編訳『三国史記倭人伝　他六編』朝鮮正史日本伝1　岩波書店　１９８８年

■論文等

《日本語》

古田正隆「山の寺梶木遺跡：長崎県南高来郡深江町山の寺梶木遺跡の報告」『百人委員会埋蔵文化財報告』第1集　１９７３年
唐津市教育委員会『唐津市文化財調査報告書５：菜畑遺跡』１９８２年
小山修三ほか「縄文人口シミュレーション」『国立民族学博物館研究報告』１９８４年
斉藤国治ほか「天文史料を使って『史記』の「六国年表」を検証する」『科学史研究』25　１９８６年
藤尾慎一郎「西部九州の刻目突帯文土器」『国立歴史民俗博物館研究報告』第26集　１９９０年
外山秀一ほか「日本における稲作の開始と波及」『植生史研究』第9号　１９９２年
李相均《イサンキュン》「縄文前期前半期における轟B式土器群の様相：九州、山陰地方、韓国南岸を中心に」『東京大学文学部考古学研究室研究紀要』第12号　１９９４年

長崎県教育委員会「県内主要遺跡内容確認調査報告書Ⅱ」『長崎県文化財調査報告書』第151集　1999年
広瀬雄一「対馬海峡を挟んだ日韓新石器時代の交流」『西海考古』第6号　西海考古同人会　2005年
農業生物資源研究所ほかプレスリリース「コメの大きさを決める遺伝子を発見！　日本のお米の起源に新説！」２００８年７月７日
東京大学大気海洋研究所プレスリリース「三内丸山遺跡の盛衰と環境変化─過去の温暖期から将来の温暖化を考える」２００９年12月24日
谷川清隆ほか「『天の磐戸』日食候補について」『国立天文台報』２０１０年
相馬充ほか「２４７年３月24日の日食について」『国立天文台報』２０１２年
白井久美子「前方後円墳の理解─規模・地域展開」『千葉大学人文社会科学研究科研究プロジェクト報告書２７６』２０１４年
小畑弘己監修、岡田勝幸・豊永結花里編「越高遺跡Ｂ地点」『考古学研究室報告第52集』熊本大学文学部考古学研究室　２０１７年
小畑弘己監修、新垣匠・嘉戸愉歩・エンフマグナイ編「越高遺跡Ａ地点」『考古学研究室報告

第54集』熊本大学文学部考古学研究室　２０１９年
頸城野郷土資料室学術研究部「ディスカッションペーパー　視点を変えた『謎の4世紀』朝鮮側の資料から日本の『謎の4世紀』を探る」『研究紀要』２０１７年9月12日
岡山大学プレスリリース「戦争の考古学─岡大考古学の学際的研究②─」２０１８年1月26日
国立科学博物館プレスリリース「遺伝子から続々解明される縄文人の起源～高精度縄文人ゲノムの取得に成功～」２０１９年5月31日
東京大学プレスリリース「現代人のゲノムから過去を知る～Y染色体の遺伝子系図解析からわかった縄文時代晩期から弥生時代にかけておきた急激な人口減少～」２０１９年6月17日
中西利典ほか「九州沿岸における放射性炭素海洋リザーバー効果の時空間変化の検討」『国土地理協会第14回学術研究助成報告書』２０１９年
山下大輔「鬼界アカホヤ火山灰の年代」阡陵─『関西大学博物館彙報』関西大学博物館２０２０年
篠田謙一・神澤秀明・角田恒雄・安達登「鳥取県鳥取市青谷上寺地遺跡出土 弥生後期人骨のDNA分析」『国立歴史民俗博物館研究報告』第２１９集　２０２０年
藤尾慎一郎・篠田謙一・坂本稔・瀧上舞「考古学データとDNA分析からみた弥生人の成立と

展開」『国立歴史民俗博物館研究報告』第２３７集　２０２２年
米沢市教育委員会「戸塚山第１３７号墳シンポジウム―よみがえる置賜の女王」２０２２年11月12・13日
米沢市教育委員会『米沢市埋蔵文化財調査報告書』第１２４集（戸塚山古墳発掘報告書）２０２３年
川道寛ほか「東三洞貝塚・凡方遺跡出土の黒曜石産地同定」『研究紀要』第13号　長崎県埋蔵文化財センター　２０２３年
藤尾慎一郎「弥生人の成立と展開Ⅱ：韓半島新石器時代人との遺伝的な関係を中心に」『国立歴史民俗博物館研究報告』第２４２集　２０２３年
辻秀人編『灰塚山古墳の研究』雄山閣　２０２３年
内村直之ほか「特集：ＤＮＡが語る古代ヤポネシア」『日経サイエンス』２０２４年２月号
藤尾慎一郎編「考古学とＤＮＡ」『季刊考古学』雄山閣　２０２４年第1号
鳥取県立青谷かみじち史跡公園「特集　続々・倭人の真実―見えてきた青谷上寺地遺跡の人びと―」『とっとり弥生の王国』2024 Spring

《英語》

M Youn, Y M Song, J Kang, J C Kim, M K Cheoun. Seoul National University accelerator mass spectrometry (SNU-AMS) radiocarbon date list III. Radiocarbon. 2007.

Erhan Bilal, Raul Rabadan, Gabriela Alexe et al. Mitochondrial DNA Haplogroup D4a Is a Marker for Extreme Longevity in Japan. PLOS ONE. 2008.

Ayahiko Shomura, Takeshi Izawa, Kaworu Ebana, Takeshi Ebitani, Hiromi Kanegae, Saeko Konishi, Masahiro Yano. Deletion in a gene associated with grain size increased yields during rice domestication. Nature Genetics. 2008.

Kyungcheol Choy, Deogim An, Michael P. Richards. Stable isotopic analysis of human and faunal remains from the Incipient Chulmun (Neolithic) shell midden site of Ando Island, Korea. Journal of Archaeological Science. 2012.

Shao-Qing Wen, Xin-Zhu Tong, Hui Li. Y-chromosome-based genetic pattern in East Asia affected by Neolithic transition. Quaternary International. 2016.

Hisashi Nakao, Kohei Tamura, Yui Arimatsu et al. Violence in the prehistoric period of Japan: The spatio-temporal pattern of skeletal evidence for violence in the Jomon period. Biology Letters. 2016.

Tomomi Nakagawa, Hisashi Nakao, Kohei Tamura, Yui Arimatsu, Naoko Matsumoto and Takehiko Matsugi. Violence and warfare in prehistoric Japan. Letters on Evolutionary Behavioral Science. 2017.

Ye Zhang, Jiawei Li, Yongbin Zhao et al. Genetic diversity of two Neolithic populations provides evidence of farming expansions in North China. Journal of Human Genetics. 2017.

Yukinori Okada, Yukihide Momozawa, Saori Sakaue et al. Deep whole-genome sequencing reveals recent selection signatures linked to evolution and disease risk of Japanese. Nature. 2018.

Jenna M. Dittmar, Elizabeth Berger, Xiaoya Zhan et al. Skeletal evidence for violent trauma from the bronze age Qijia culture (2,300-1,500 BCE). Gansu Province. China. 2019.

Martine Robbeets, Remco Bouckaert, Matthew Conte et al. Triangulation supports agricultural spread of the Transeurasian languages. Nature. 2021.

Tomomi Nakagawa, Kohei Tamura, Yuji Yamaguchi, Naoko Matsumoto, Takehiko Matsugi, Hisashi Nakao. Population pressure and prehistoric violence in the Yayoi period of Japan. Journal of Archaeological Science. 2021.

Jangsuk Kim, Chuntaek Seong. Final Pleistocene and early Holocene population dynamics and the emergence of pottery on the Korean Peninsula. Quaternary International. 2022.

Chuntaek Seong, Jangsuk Kim. Moving in and moving out: Explaining final Pleistocene-Early Holocene hunter-gatherer population dynamics on the Korean Peninsula. Journal of Anthropological Archaeology. 2022.

Pere Gelabert, Asta Blazyte, Yongjoon Chang et al. Northeastern Asian and Jomon-related genetic structure in the Three Kingdoms period of Gimhae, Korea. Current Biology. 2022.

Don-Nyeong Lee, Chae Lin Jeon, Jiwon Kang et al. Genomic detection of a secondary family burial in a single jar coffin in early Medieval Korea. American Journal of Biological Anthropology. 2022.

Masayuki Kanazawa. New perspective on GWAS: East Asian populations from the viewpoint of selection pressure and linear algebra with AI. Biology and Medicine. 2022.

Katharina Dulias, M. George B. Foody, Pierre Justeau et al. Ancient DNA at the edge of the world: Continental immigration and the persistence of Neolithic male lineages in Bronze Age Orkney. PNAS. 2022.

Gichan Jeong, Haechan Gill, Hyungmin Moon, Choongwon Jeong. An ancient genome perspective on the dynamic history of the prehistoric Jomon people in and around the Japanese archipelago. Human

Population Genetics and Genomics. 2023.
Qu Shen, Zhigang Wu, Jinguo Zan, Xiaomin Yang et al. Ancient genomes illuminate the demographic history of Shandong over the past two millennia. Journal of Genetics and Genomics. 2024.

■ホームページなど

福岡市博物館ホームページ
日本旧石器学会ホームページ「旧石器時代の教科書　旧石器時代はどんな環境だった？」
千葉県酒々井町ホームページ「旧石器時代とは」２０１９年7月2日
前方後円墳データベース　奈良女子大学
国営吉野ヶ里歴史公園ホームページ「弥生ミュージアム」
白井克也（九州国立博物館）　考古学のおやつ　日本出土の朝鮮産土器・陶器—新石器時代から統一新羅時代まで—
海の道むなかた館「館長講座『邪馬台国への道』」２０２１年
ヤポネシアゲノム
なら旅ネット　奈良県観光公式サイト

主な参考文献

「米の生産量が増えて日本の人口も増えた」公益社団法人 米穀安定供給確保支援機構
「古墳時代の宇都宮」宇都宮市歴史文化資源活用 推進協議会
ITメディアニュース「縄文時代は〝平和〟だった　暴力死亡率は1・8%――『戦争は人間の本能』は誤り?」
『弥生人』とは何者か　急速に進む核ゲノム分析、見直し迫られる通説」『朝日新聞』2023年9月27日
日本神話・神社まとめ「日本人の遺伝子の起源について　Y染色体ハプロタイプの簡易一覧」
ぺんの古墳探訪記「古墳密集度マップ」
日本古代史つれづれブログ「三国史記新羅本紀を読む1～5」
邪馬台国大研究
古代史幻想「『草書体で解く邪馬台国の謎』の紹介」
日本語の意外な歴史「パズルの最後の1ピースを探し求めて、注目される山東省のDNAのデータ」
池田信夫ブログ
言論プラットフォーム　アゴラ

ウィキペディア
社会データ実録
まほろば社会科研究室
石田泉城「水田稲作は朝鮮半島から伝播か?」『東海の古代』第234号　古田史学の会・東海　2020年2月
関西農業史研究会『新農業史通信』7号　2015年12月13日
marineと奈央のブログ「弥生の土器と鉄器を訪ねて 番外編3 夜臼式よりも古いって?山ノ寺式土器」
日本史TV「【古代史の仮説】鬼海カルデラ噴火と縄文人の移動」(ユーチューブ)
セピアのゼロから歴史塾(ユーチューブ)
Y-DNA Haplogroup Tree 2019-2020 ISOGG
YFull/Mtree/YTree
日食シミュレーションソフト　EmapWin
国土地理院ホームページ

英語論文紹介

◎概要

著者 Masayuki. Kanazawa.（金澤正由樹）

タイトル New Perspective on GWAS: East Asian Populations from the Viewpoint of Selection Pressure and Linear Algebra with AI.

掲載誌 Gene Technology (2022)

OPEN ACCESS Freely available online

ISSN: 2329-6682
Gene Technology

Research Article

New Perspective on GWAS: East Asian Populations from the Viewpoint of Selection Pressure and Linear Algebra with AI

Masayuki Kanazawa*

◎要約

Genome Wide Association Studies (GWAS) are useful for comparing the characteristics of different human population groups. However, genomes can change rapidly over time when there is a strong selection pressure, such as a pandemic. The genetic information related to the immune system is thought to be very sensitive to such diseases. Therefore, it may be necessary to conduct not only the standard whole-genome GWAS but also a more detailed, chromosome-focused GWAS.

In this study, we compared chromosomes of immune system genes to those that are not thought to be related to the immune system, and analyzed GWAS results for SNPs in each chromosome to examine the differences. In order to keep the sample conditions as identical as possible, we limited the comparisons and the analyses to a few groups

for which population movements were easy to interpret, and we also made sure the sample sizes were as close as possible. We selected a population of 403 East Asian people, consisting of 104 Japanese people in Tokyo (JPT), 103 Han Chinese people in Beijing (CHB) and 105 in southern China (CHS), and 91 Korean people (KOR). PCA and Manhattan plot were used to analyze and compare the results.

Japanese, Chinese, and Korean populations formed distinctly different groups, with major differences observed. Validity of PCA and Manhattan plot was also discussed using Mahalanobis distance and AI.

◎内容（抜粋）

RESULTS

The results of the PCA of the first half of the study, where the HLA genes are located, were almost identical for Japanese, Chinese, and Korean populations, with individual differences more significant than group differences (Figure 3).

The Manhattan plot at chromosome 6 showed substantial differences in HLA positions, suggesting that the genes of HLA, a major immune system, had been significantly altered and mutated, resulting in extremely large differences between Japanese, Chinese, and Korean groups (Figure 5).

Figure 3: PCA result of chromosome 6 (First half)

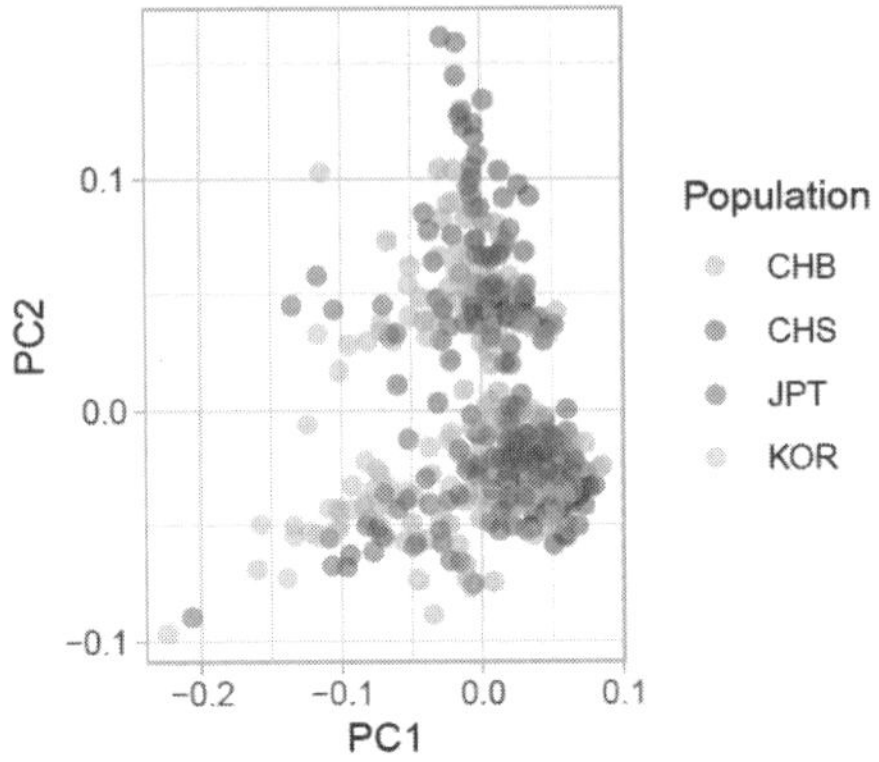

Figure 5: Manhattan plot of chromosome 6

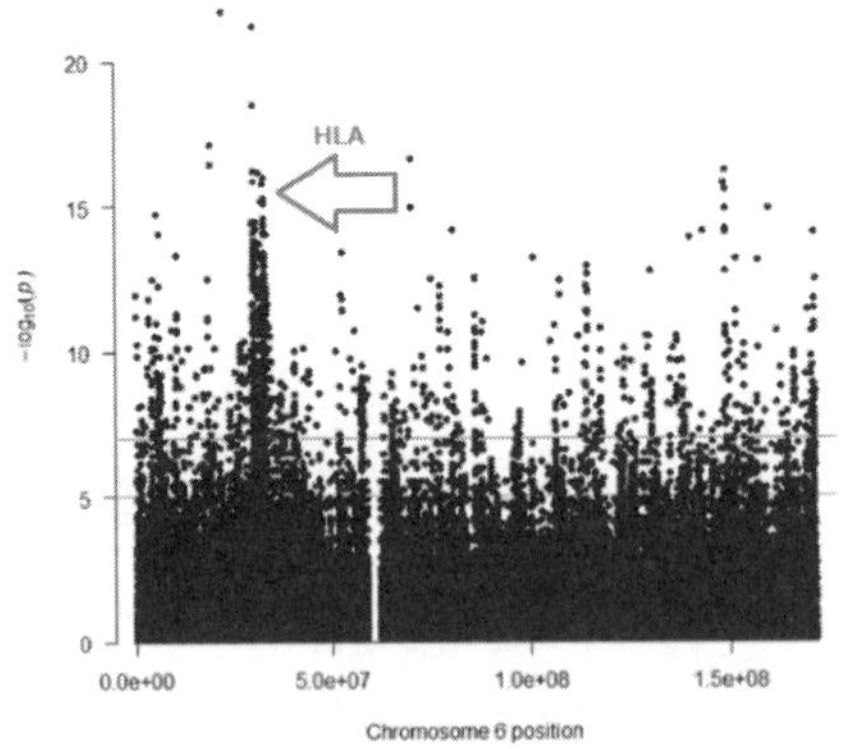

Note: Dots above the solid red line were statistically significant.

CONCLUSION

GWAS is useful for comparing characteristics of human groups. However, genomes may change rapidly over time when selection pressures, such as environmental changes, are strong. In particular, the immune system seems to be very sensitive to environmental changes. Therefore, there will be a need to perform GWAS not only on whole genomes, but also at the level of individual chromosomes when necessary.

Japanese, Chinese, and Korean people form distinctly different groups genetically. However, the sample size for this study is small (403 individuals), the targeted samples are limited to the East Asian population, and only a few basic methods were used for data analysis. Studies with a larger global dataset and methodological innovations will be needed to get one step closer to the truth.

◎ AI の活用について

一般的な論文では、主成分分析（PCA）の結果から各集団の特徴を導き出しています。この論文では、このほかに AI（Microsoft Azure Machine Learning）を活用して次の分析を行いました。

① 主成分分析の結果から 4 集団（JPT/CHB/CHS/KOR）を正しく予測できるか確認しました。正解率は 73.3% ～ 96.7% です。

② 2 型アセトアルデヒド脱水素酵素（ALDH2）前後 100 の変異 (SNP) パターンから集団を予測しました。正解率は 63.9% です。

どちらも、偶然の確率は 1/4 の 25% となりますから、各集団の特徴が AI でも確認できたことになります。

〈著者紹介〉

金澤 正由樹（かなざわ まさゆき）

1960年代関東地方生まれ。ABOセンター研究員。
社会人になってから、井沢元彦氏の著作に出会い、日本史に興味を持つ。
以後、国内と海外の情報を収集し、ゲノム解析や天文学などの知識を生かして、独自の視点で古代史を研究。コンピューターサイエンス専攻。
数学教員免許、英検1級、TOEIC900点のホルダー。

主な著書
『「空気の研究」の研究』（2024年）、『B型女性はなぜ人気があるのか』（2024年）、『古代史サイエンス』（2022年）、『デジタル時代の「血液型と性格」』（2021年）、『Blood Type and Personality 3.0』（2018年）など

主な論文
『Pilot Analysis of Genetic Effects on Personality Test Scores with AI: ABO Blood Type in Japan』（2023年）
『New Perspective on GWAS: East Asian Populations from the Viewpoint of Selection Pressure and Linear Algebra with AI』（2022年）
『A Pilot Study Using AI for Psychology: ABO Blood Type and Personality Traits』（2021年）

古代史サイエンス 2
DNAと最新英語論文で
日本建国、邪馬台国滅亡、巨大古墳、
渡来人の謎に迫る

A Scientific Study of Ancient Japanese History 2.0

乱丁・落丁はお取り替えします。

2024年9月12日初版第1刷発行
著　者　金澤正由樹
発行者　百瀬　精一
発行所　鳥影社（www.choeisha.com）
〒160-0023　東京都新宿区西新宿3-5-12トーカン新宿7F
電話　03-5948-6470, FAX 0120-586-771
〒392-0012　長野県諏訪市四賀 229-1（本社・編集室）
電話 0266-53-2903, FAX 0266-58-6771
印刷・製本　シナノ印刷

ISBN978-4-86782-099-5　C0021